G. Dreher-Edelmann

Wirbelsäulengymnastik

Wirbelsäulengymnastik

zur Behandlung und Vorbeugung von Wirbelsäulenschäden

Von
G. Dreher-Edelmann

Mit 258 Zeichnungen

7 Übungen für jeden Tag
10-Minuten-Programme
Übungen für 30 Tage

Gustav Fischer Verlag · Stuttgart · New York · 1989

Anschrift der Autorin

Gabriele Dreher-Edelmann
Krankengymnastin
Hafnerweg 2
D-7570 Baden-Baden

Anschrift des Grafikers

Reiner Stolz
Stolzenbergstr. 13
D-7570 Baden-Baden

CIP-Titelaufnahme der Deutschen Bibliothek
Dreher-Edelmann, Gabriele:
Wirbelsäulengymnastik: zur Behandlung und Vorbeugung von Wirbelsäulenschäden; 7 Übungen für jeden Tag, 10-Minuten-Programme, Übungen für 30 Tage / von G. Dreher-Edelmann. Graph. Gestaltung von Reiner Stolz. – Stuttgart; New York: Fischer, 1989
ISBN 3-437-00575-8

© Gustav Fischer Verlag · Stuttgart · New York · 1989
Wollgrasweg 49, D-7000 Stuttgart 70
Das Werk einschließlich aller seiner Teile ist urheberrechtlich geschützt. Jede Verwertung außerhalb der engen Grenzen des Urheberrechtsgesetzes ist ohne Zustimmung des Verlags unzulässig und strafbar. Das gilt insbesondere für Vervielfältigungen, Übersetzungen, Mikroverfilmungen und die Einspeicherung und Verarbeitung in elektronischen Systemen.
Satz: Typobauer Filmsatz, Ostfildern
Druck: Karl Grammlich, Pliezhausen
Einband: Clemens Maier, Leinfelden-Echterdingen

Printed in Germany   0 1 2 3 4 5

Vorwort

Dieses Buch mit seinen Übungen habe ich für jeden zusammengestellt, der zur Vorbeugung etwas für seinen Rücken tun *möchte* und für denjenigen, der für seine Rückenbeschwerden etwas tun *muß*.

Außerdem hoffe ich, daß nicht nur übungsfreudige Mitmenschen, sondern auch Kolleginnen, Kollegen, Übungsleiter, Turn- und Sportlehrer Anregungen zum Aufbau einer gezielten Wirbelsäulengymnastik finden werden.

Aus eigener Erfahrung eines Wirbelsäulenschadens, kenne ich den Wirbelsäulenschmerz, und ich kenne die Angst vor dem Schmerz.

Nur ein vorsichtiger, intensiver Aufbau der stützenden Muskulatur und ein Vermeiden von schädigenden Bewegungen haben mir geholfen, mich heute schmerzfrei zu bewegen.

Diese Erkenntnisse habe ich vertieft und ausgearbeitet. Seit 5 Jahren gebe ich mein Übungsprogramm mit Erfolg an Patienten mit Rückenschmerzen bei degenerativ geschädigter Wirbelsäule weiter. Seit 4 Jahren gebe ich dieses Übungsprogramm in Kursen für die Volkshochschule zum Thema „Wirbelsäulengymnastik" weiter. Viele Kursteilnehmer haben mit den Übungen eine bessere Haltung erlernt und können sich, Dank ihrer gekräftigten Muskulatur wieder sicherer bewegen.

Ausgangsstellungen, deren Haltung eine Korrektur erfordern, habe ich weggelassen.

Bitte beginnen Sie mit den Übungen am ersten Übungstag und beenden Sie Ihr Übungsprogramm mit dem 30. Übungstag. Jeder Übungstag ist auf den nächstfolgenden Tag aufgebaut. Nach Beendigung der Übungen am 30. Übungstag, beginnen Sie bitte wieder mit dem 1. Übungstag.

Nach der zweiten Wiederholung der Übungstage können Sie nun Ihre Übungen individuell aus dem Programm zusammenstellen.

Für die Übungen in der Rückenlage legen Sie sich bitte ein kleines Kissen unter den Kopf.

Bei starken Schmerzen beginnen Sie bitte erst dann mit den Übungen, wenn Sie das Programm mit Ihrem Arzt und einer Krankengymnastin durchgesprochen haben.

Ich hoffe, und wünsche mir, daß Ihre Beschwerden mit den Übungen besser werden, daß Sie Ihren Körper mit seinen Bewegungen bewußter erleben können, und daß Ihnen die Übungen Freude bereiten, damit Sie Ihr tägliches Übungsprogramm von 10 Minuten nicht mehr missen möchten. An dieser Stelle möchte ich mich besonders bei Herrn Dr. med. Gerhard Himmerich, Arzt für Orthopädie / Chirotherapie, Baden-Baden für die Durchsicht des Manuskripts und seine freundliche, anerkennende Beurteilung bedanken.

Ganz herzlich möchte ich mich bei Herrn Reiner Stolz für seine Zeichnungen und die intensive Mitarbeit bedanken.

Dem Gustav Fischer Verlag sage ich ein herzliches Dankeschön für die freundliche Zusammenarbeit.

 Der liegende oder stehende **«Anton»** trägt die Nummer der jeweiligen Übung.

Inhalt

Teil I: Übungen für 30 Tage
1. Übungstag: Rückenlage 1
2. Übungstag: Rückenlage 9
3. Übungstag: Rückenlage 17
4. Übungstag: Rückenlage 25
5. Übungstag: Rückenlage 33
6. Übungstag: Rückenlage 41
7. Übungstag: Rückenlage 49
8. Übungstag: Rückenlage 57
9. Übungstag: Rückenlage 65
10. Übungstag: Rückenlage 75
11. Übungstag: Rückenlage 81
12. Übungstag: Rückenlage 89
13. Übungstag: Rückenlage 97
14. Übungstag: Rückenlage 105
15. Übungstag: Rückenlage 113
16. Übungstag: Rückenlage 121
17. Übungstag: Rückenlage 129
18. Übungstag: Rückenlage 137
19. Übungstag: Rückenlage 145
20. Übungstag: Bauchlage 153
21. Übungstag: Bauchlage 161
22. Übungstag: Bauchlage 169
23. Übungstag: Bauchlage 177
24. Übungstag: Bauchlage 185
25. Übungstag: Bauchlage 193
26. Übungstag: Fersensitz und Vierfüßlerstand 201
27. Übungstag: Fersensitz und Vierfüßlerstand 209
28. Übungstag: Fersensitz und Vierfüßlerstand 217
29. Übungstag: Vierfüßlerstand 225
30. Übungstag: Vierfüßlerstand 233

Teil II: Weitere Übungen
Im Stand 241
Das Drehen von der Rückenlage zur Bauchlage und zurück 247
Das richtige Aufstehen aus der Rückenlage 248
Das richtige Bücken 249
Das richtige Sitzen 250

Teil III: Übungen bei Schmerzen
Ein Übungstag 251

Teil IV: Übungen, die man nicht üben soll
Übungen, die für den Rücken ungünstig, ja schädlich sind
Aus der Rückenlage, aus der Bauchlage, aus dem Stand 259

Teil I
Übungen für 30 Tage

Übung 1-7

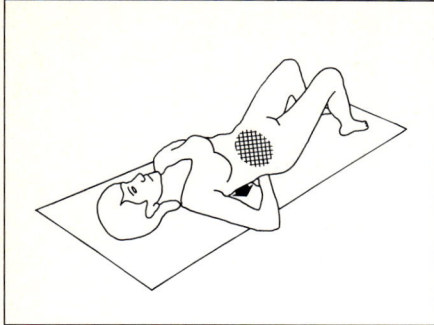
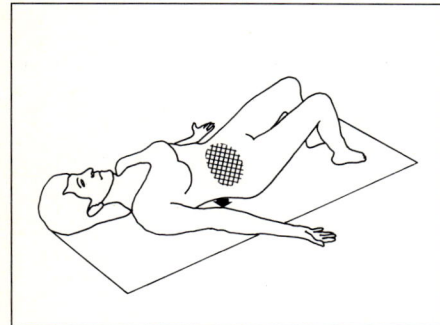
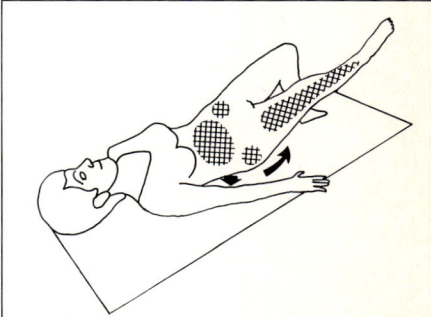
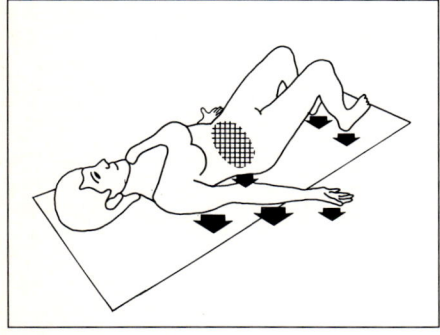
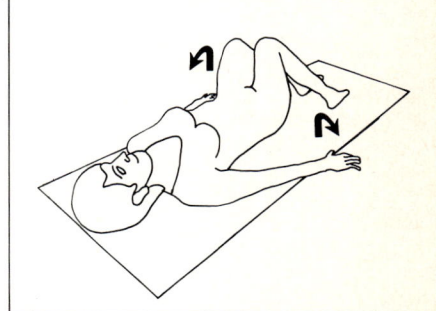
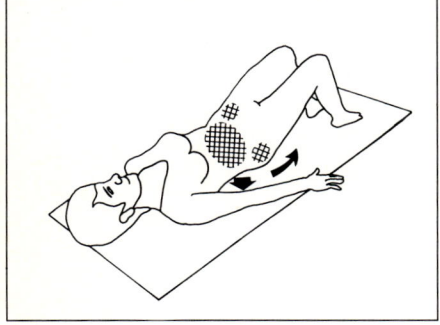
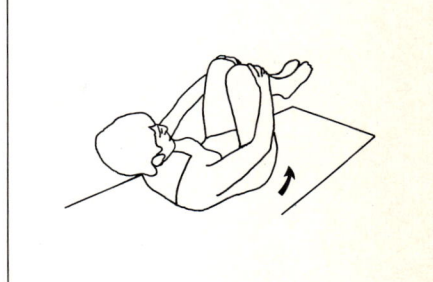

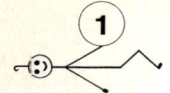

1. Übungstag

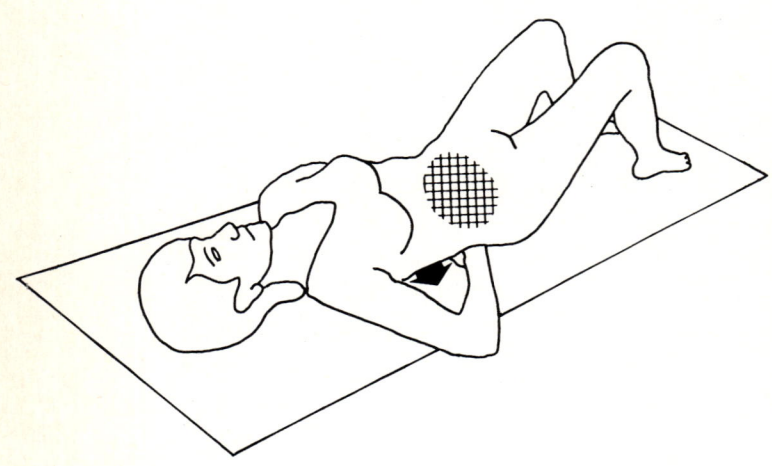

Ausgangsstellung:

Rückenlage
Beine gebeugt
Füße am Boden
Hände unter dem Kreuz

Anzahl:

3mal wiederholen

Ausführung:

Bauchmuskeln spannen
Kreuz in die Hände drücken
Lendenwirbelsäule an den
Händen spüren
Spannung halten – bis 10 zählen
Spannung lösen – bis 5 zählen
Übung wiederholen

Aufpassen:

weiter atmen

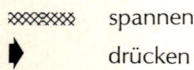   spannen
◆   drücken

1. Übungstag

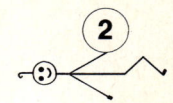

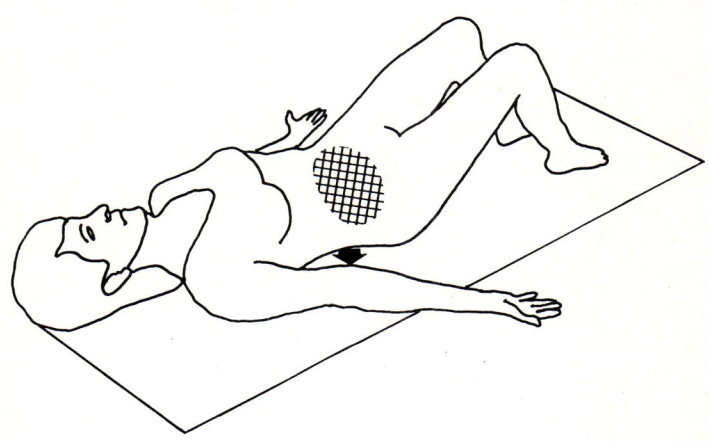

Ausgangsstellung:

Rückenlage
Beine gebeugt
Füße am Boden
Arme gestreckt leicht abgespreizt
neben dem Körper
Handflächen nach oben

Anzahl:

3mal wiederholen

Ausführung:

Bauchmuskeln spannen
Kreuz in den Boden drücken
Spannung halten – bis 10 zählen
Spannung lösen – bis 5 zählen
Übung wiederholen

Aufpassen:

weiter atmen

▪▪▪▪▪▪▪▪   spannen
▶   drücken

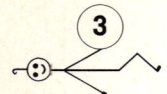

1. Übungstag

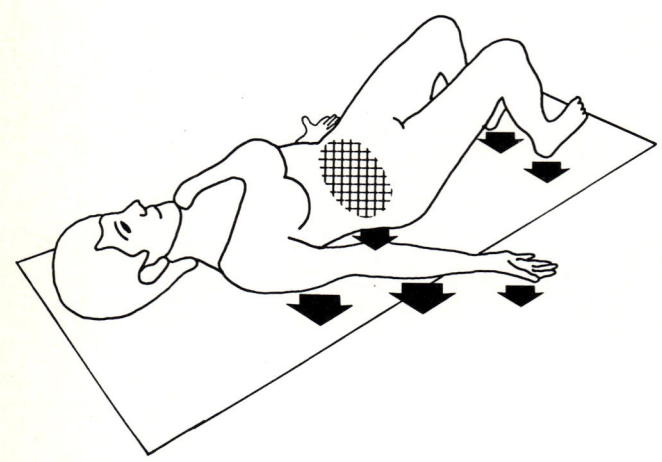

Ausgangsstellung:

Rückenlage
Beine gebeugt
Fersen am Boden
Arme gestreckt leicht abgespreizt neben dem Körper
Handflächen nach oben

Anzahl:

3mal wiederholen

Ausführung:

Bauchmuskeln spannen
Kreuz in den Boden drücken
Fersen in den Boden drücken
Arme und Hände in den Boden drücken
Spannung halten – bis 10 zählen
Spannung lösen – bis 5 zählen
Übung wiederholen

Aufpassen:

weiter atmen

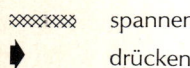   spannen
                        drücken

1. Übungstag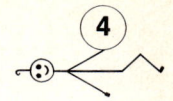

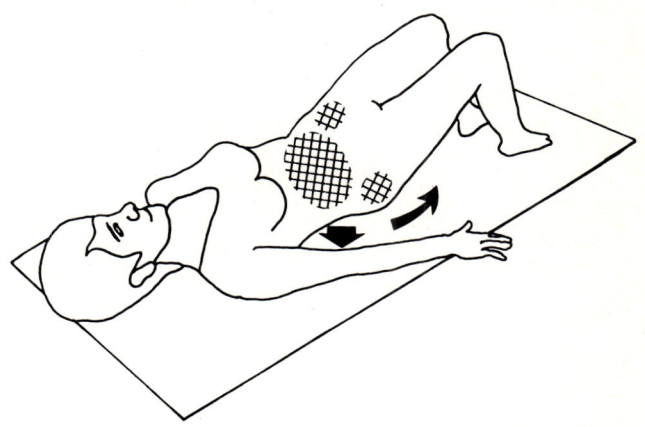

Ausgangsstellung:

Rückenlage
Beine gebeugt
Füße am Boden
Arme gestreckt leicht abgespreizt
neben dem Körper
Handflächen nach unten

Anzahl:

3mal wiederholen

Ausführung:

Bauchmuskeln spannen
Kreuz in den Boden drücken
Gesäßmuskeln fest spannen
das Becken leicht anheben
Spannung einen Augenblick halten
langsam wieder zurücklegen
Spannung lösen

Aufpassen:

den Rücken nicht ins Hohlkreuz
drücken
weiter atmen

  spannen
  drücken
       Bewegungsrichtung

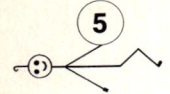

1. Übungstag

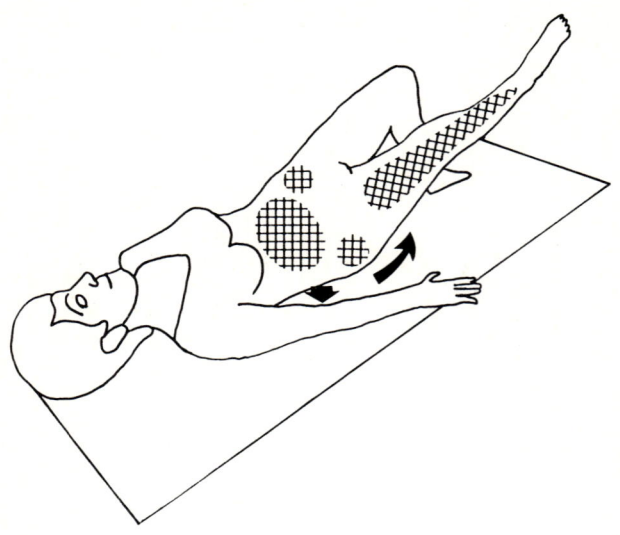

Ausgangsstellung:

Rückenlage
Beine gebeugt
Füße am Boden
Arme gestreckt leicht abgespreizt neben dem Körper
Handflächen nach unten

Anzahl:

jedes Bein 2mal üben

Ausführung:

Bauchmuskeln spannen
Kreuz in den Boden drücken
Gesäßmuskeln fest spannen
das Becken leicht anheben
ein Bein nach vorn strecken
Spannung einen Augenblick halten
das Bein zurückstellen
langsam wieder zurücklegen
Spannung lösen

Aufpassen:

das Bein nicht nach oben strecken
weiter atmen

⠿⠿⠿⠿⠿ spannen
▶ drücken
↪ Bewegungsrichtung

1. Übungstag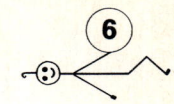

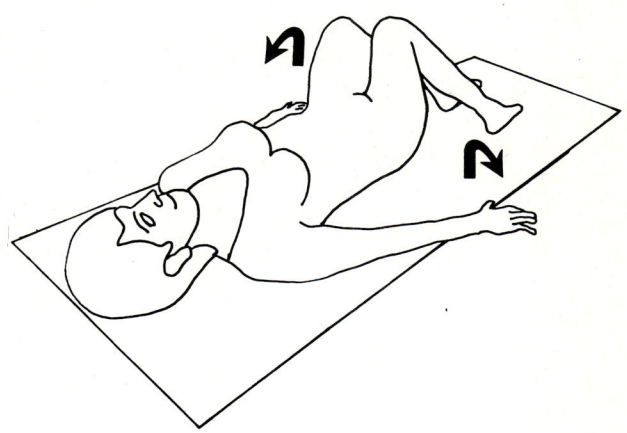

Ausgangsstellung:

Rückenlage
Beine gebeugt
Füße am Boden
Arme gestreckt leicht abgespreizt
neben dem Körper
Handflächen nach unten

Anzahl:

einige Male wiederholen

Ausführung:

die gebeugten Beine vorsichtig
zusammen nach rechts und links
zur Seite senken
wenn möglich beide Beine bis
auf den Boden senken
oder bis zur Schmerzgrenze

Aufpassen:

beide Schultern bleiben am Boden

➜   Bewegungsrichtung

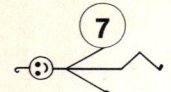

1. Übungstag

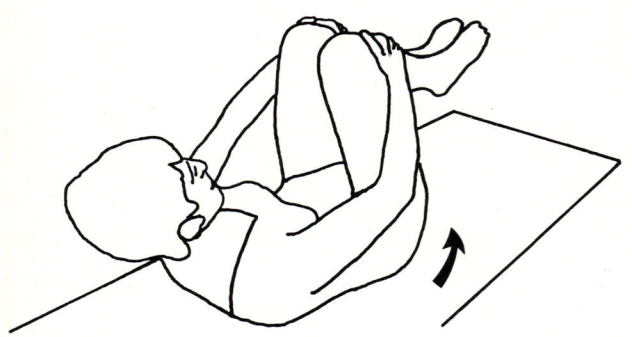

Ausgangsstellung:

Rückenlage
Beine gebeugt
Füße am Boden
Arme neben dem Körper

Anzahl:

einige Male hin und her
schaukeln

Ausführung:

beide Knie an den Bauch ziehen
mit beiden Händen die Knie fassen
bei Kniebeschwerden die Beine
unter den Knien halten
auf dem Rücken leicht schaukeln

Aufpassen:

nur üben: wenn Sie bei dieser
Übung keine Schmerzen haben

➜   Bewegungsrichtung

Übung 1-7

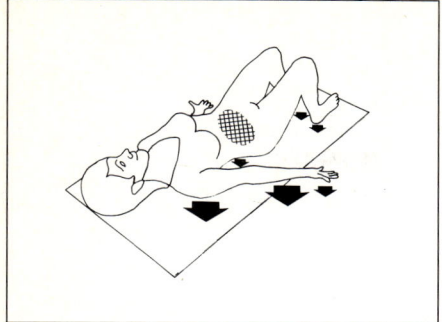
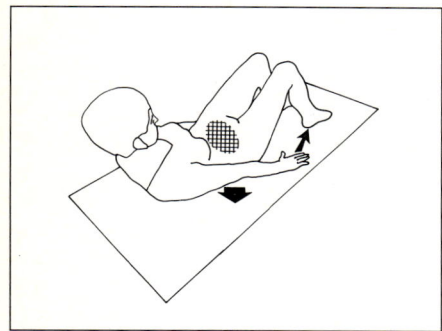
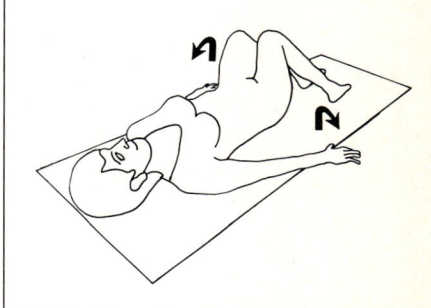
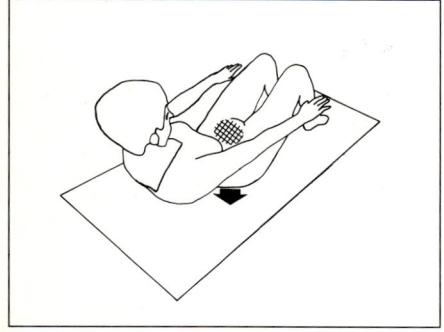
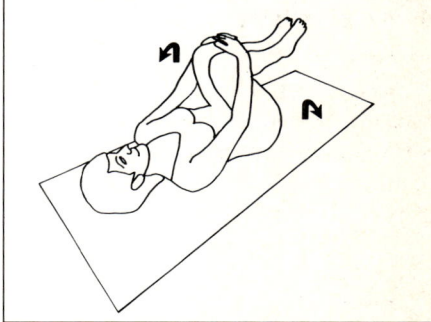
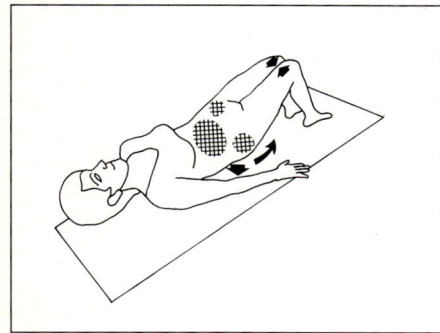
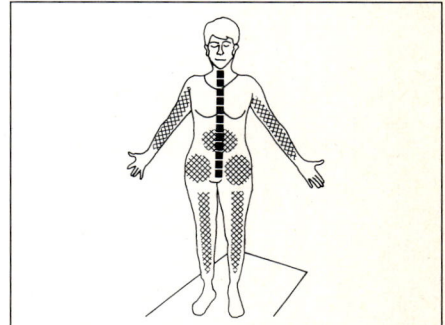

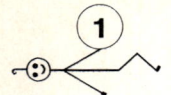

2. Übungstag

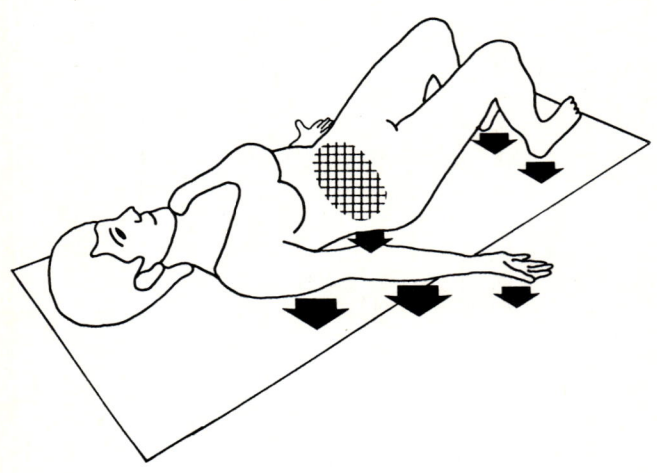

Ausgangsstellung:

Rückenlage
Beine gebeugt
Fersen am Boden
Arme gestreckt leicht abgespreizt
neben dem Körper
Handflächen nach oben

Anzahl:

3mal wiederholen

Ausführung:

Bauchmuskeln spannen
Kreuz in den Boden drücken
Fersen in den Boden drücken
Arme und Hände in den Boden
drücken
Spannung halten – bis 10 zählen
Spannung lösen – bis 5 zählen
Übung wiederholen

Aufpassen:

weiter atmen

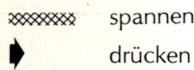 spannen
⬤ drücken

2. Übungstag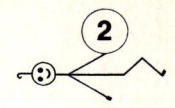

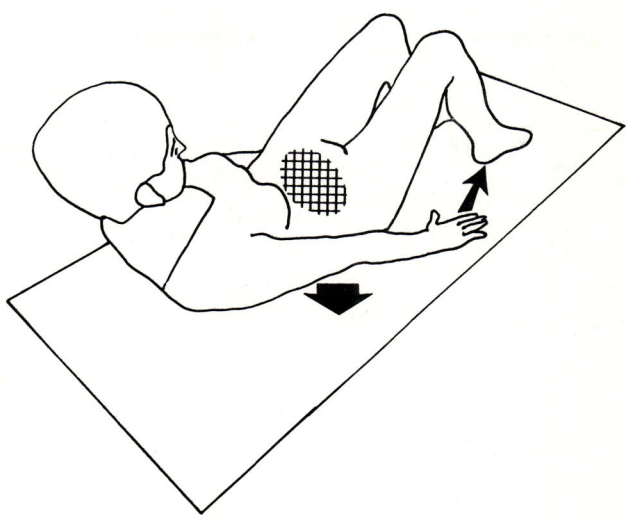

Ausgangsstellung:

Rückenlage
Beine gebeugt
Füße am Boden
Arme gestreckt neben dem Körper
Handflächen nach unten

Anzahl:

3mal wiederholen

Ausführung:

Bauchmuskeln spannen
Kreuz in den Boden drücken
Kopf anheben
auf die Knie schauen
Hände am Boden zu den Fersen schieben
Spannung einen Augenblick halten
langsam wieder zurücklegen
Spannung lösen

Aufpassen:

nicht zum Sitz hochkommen
die Bauchmuskelspannung spüren

⋙⋙⋙ spannen
▶ drücken
→ Bewegungsrichtung

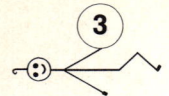

2. Übungstag

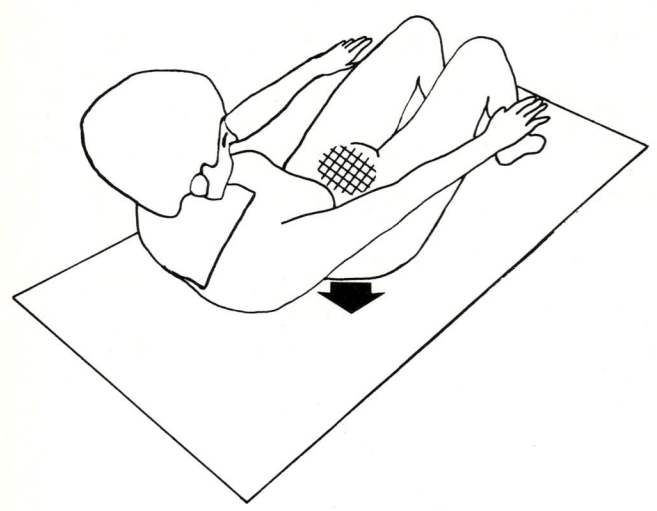

Ausgangsstellung:

Rückenlage
Beine gebeugt
Füße am Boden
Arme gestreckt neben dem Körper
Handflächen nach unten

Anzahl:

3mal wiederholen

Ausführung:

Bauchmuskeln spannen
Kreuz in den Boden drücken
Kopf und Oberkörper anheben
Arme in Körperhöhe anheben
Arme neben den Knien vorstrecken
Spannung einen Augenblick halten
langsam wieder zurücklegen
Spannung lösen

Aufpassen:

nicht zum Sitz hochkommen
die Bauchmuskelspannung spüren

    ⋙⋙⋙   spannen
    ▶   drücken

2. Übungstag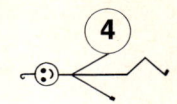

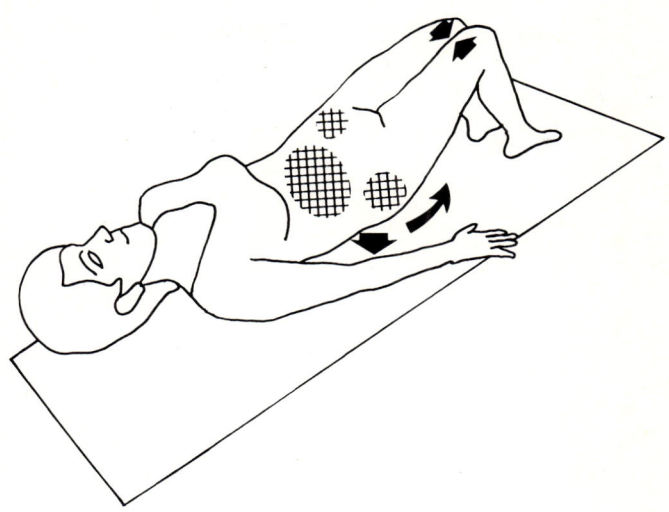

Ausgangsstellung:

Rückenlage
Beine gebeugt
Füße am Boden
Arme gestreckt neben dem Körper
Handflächen nach unten

Anzahl:

3mal wiederholen

Ausführung:

Bauchmuskeln spannen
Kreuz in den Boden drücken
Gesäßmuskeln fest spannen
das Becken leicht anheben
beide Knie schließen und
zusammendrücken
Spannung einen Augenblick halten
langsam wieder zurücklegen
Spannung lösen

Aufpassen:

den Rücken nicht ins Hohlkreuz
drücken
weiter atmen

 spannen

 drücken

Bewegungsrichtung

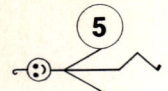

2. Übungstag

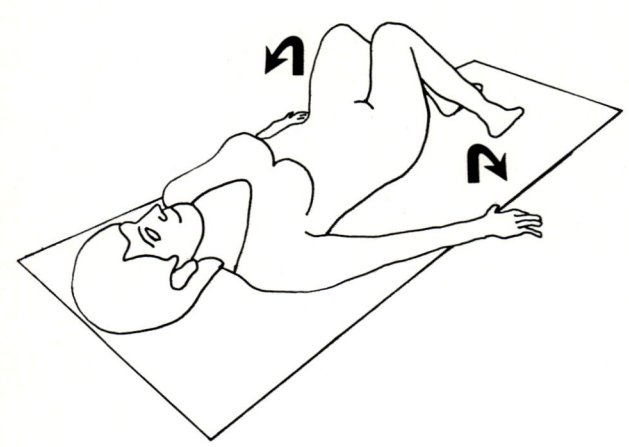

Ausgangsstellung:

Rückenlage
Beine gebeugt
Füße am Boden
Arme gestreckt leicht abgespreizt
neben dem Körper
Handflächen nach unten

Anzahl:

einige Male wiederholen

Ausführung:

die gebeugten Beine vorsichtig
zusammen nach rechts und links
zur Seite senken
wenn möglich beide Beine bis
auf den Boden senken
oder bis zur Schmerzgrenze

Aufpassen:

beide Schultern bleiben am Boden

   Bewegungsrichtung

2. Übungstag

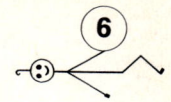

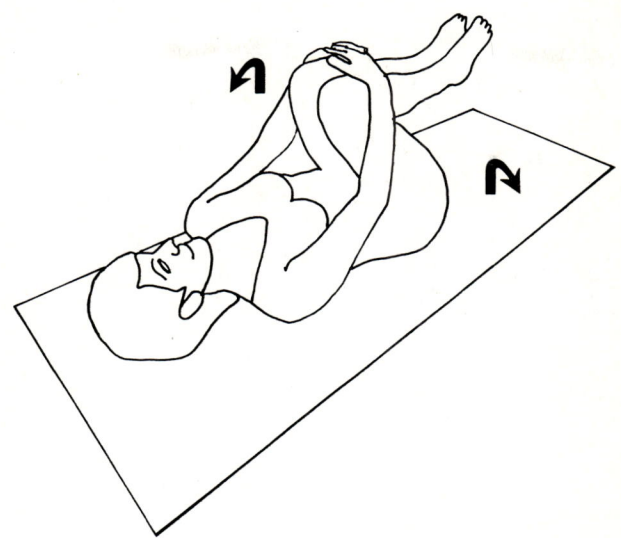

Ausgangsstellung:

Rückenlage
Beine gebeugt
Füße am Boden
Arme neben dem Körper

Anzahl:

einige Male hin und her wiegen

Ausführung:

beide Knie an den Bauch ziehen
mit beiden Händen die Knie fassen
bei Kniebeschwerden die Beine
unter den Knien halten
auf dem Rücken leicht zur Seite
nach rechts und links wiegen

Aufpassen:

nicht zur Seite umfallen
der Kopf bleibt liegen

➘   Bewegungsrichtung

2. Übungstag

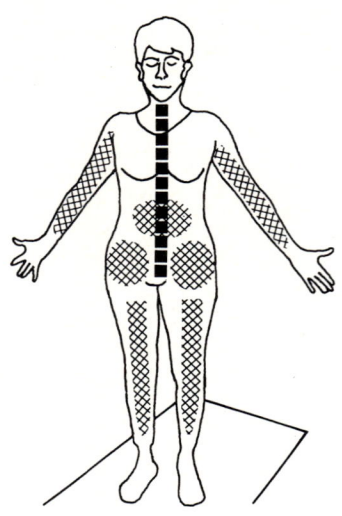

Ausgangsstellung:

Stand: Haltungskontrolle
Füße hüftbreit auseinandergestellt
Zehen zeigen nach vorn

Anzahl:

3mal wiederholen

Ausführung:

Bauch- und Gesäßmuskeln spannen
Beinmuskeln spannen
Schultern etwas zurücknehmen
Rücken strecken
Arme nach außen drehen
leicht vom Körper abspreizen
Finger spreizen
Kopf und Nacken lang heraus-
strecken
Spannung halten, bis 10 zählen
Spannung lösen

Aufpassen:

Kopf nicht nach hinten beugen
Kinn leicht zum Brustkorb ziehen
weiter atmen

⋈⋈⋈⋈⋈ spannen
▪▪▪▪▪ strecken

3
Übung 1-7

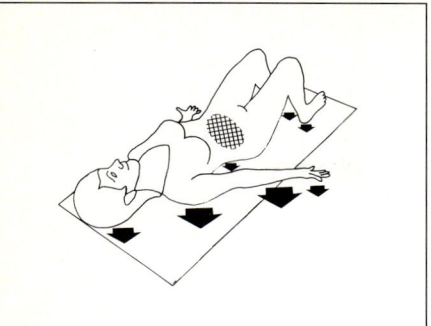
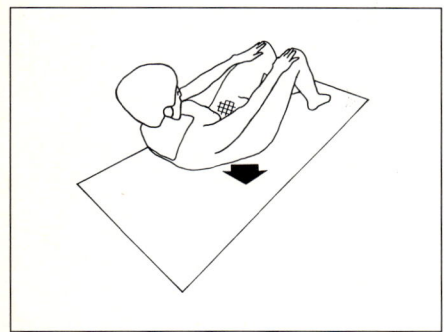
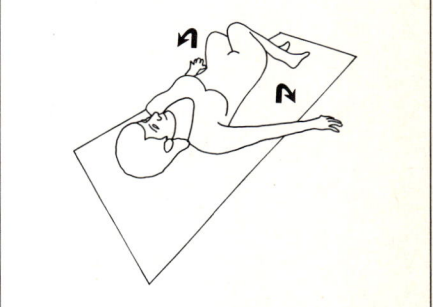
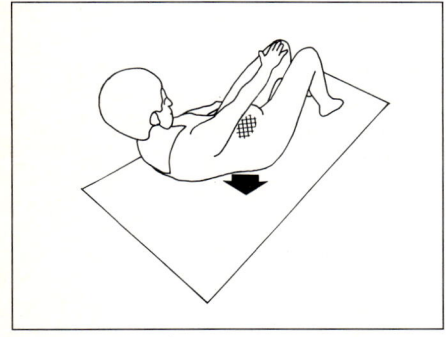
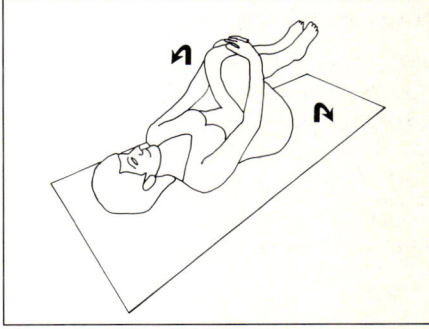
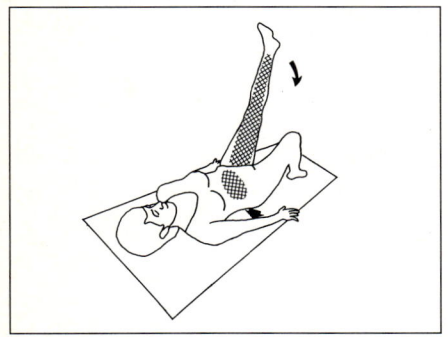
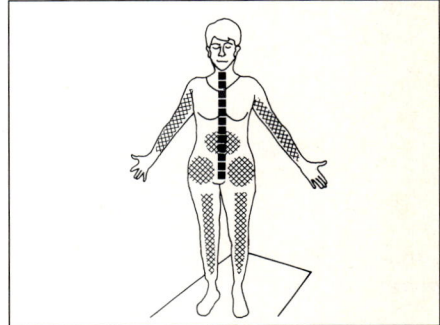

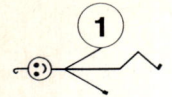

3. Übungstag

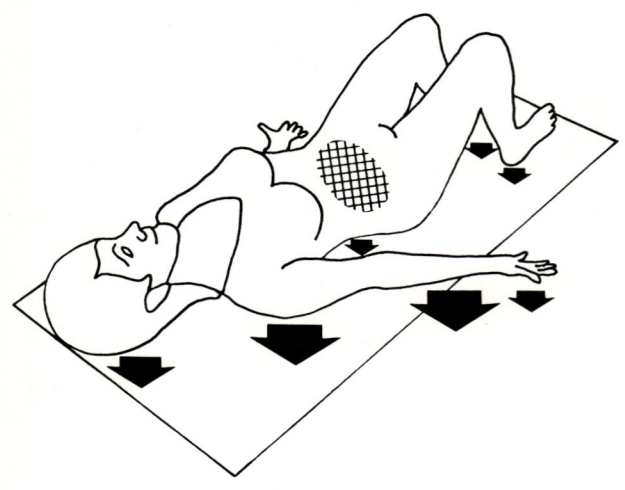

Ausgangsstellung:

Rückenlage
Beine gebeugt
Füße am Boden
Arme gestreckt leicht abgespreizt
neben dem Körper
Handflächen nach oben

Anzahl:

3mal wiederholen

Ausführung:

Bauchmuskeln spannen
Kreuz in den Boden drücken
Fersen in den Boden drücken
Arme und Hände in den Boden drücken
heute dazu: den Hinterkopf in den Boden drücken
Spannung halten – bis 10 zählen
Spannung lösen – bis 5 zählen
Übung wiederholen

Aufpassen:

weiter atmen
Spannung halten
bis 10 zählen

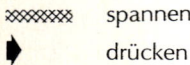 spannen
　　　　　　drücken

3. Übungstag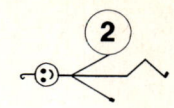

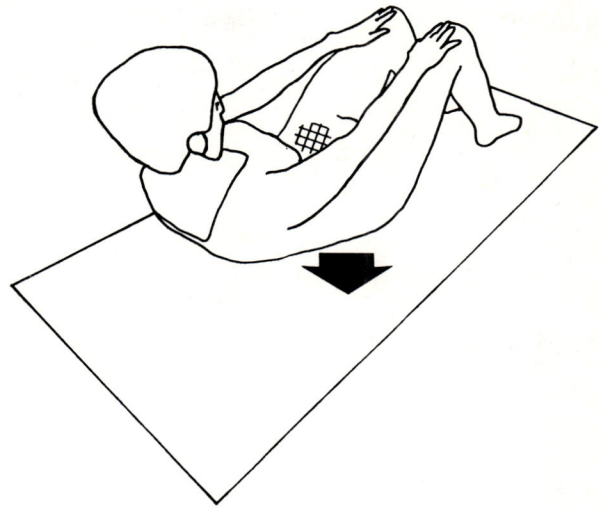

Ausgangsstellung:

Rückenlage
Beine gebeugt
Füße am Boden
Arme gestreckt neben dem Körper
Handflächen nach unten

Anzahl:

3mal wiederholen

Ausführung:

Bauchmuskeln spannen
Kreuz in den Boden drücken
beide Hände auf die Oberschenkel legen
Kopf und Oberkörper anheben
die Hände zu den Knien schieben
Spannung einen Augenblick halten
langsam wieder zurücklegen
Spannung lösen

Aufpassen:

nicht zum Sitz hochkommen
weiter atmen

༄༅༅༅༅༅ spannen
▶ drücken

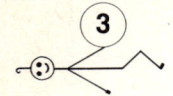

3. Übungstag

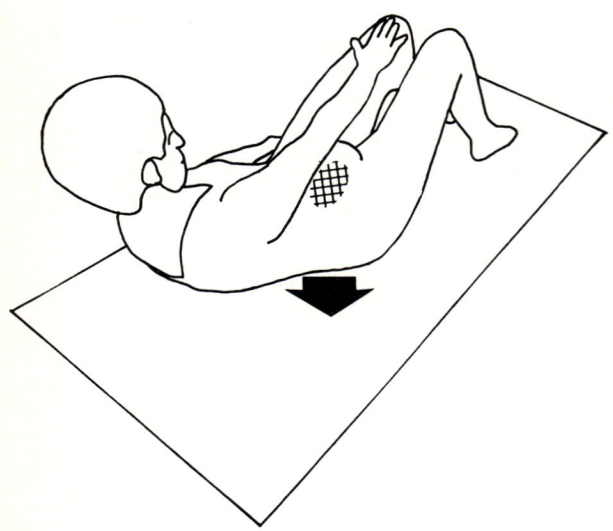

Ausgangsstellung:

Rückenlage
Beine gebeugt
Füße am Boden
Arme gestreckt neben dem Körper
Handflächen nach unten

Anzahl:

2mal zu jedem Knie aufrichten

Ausführung:

Bauchmuskeln spannen
Kreuz in den Boden drücken
Kopf und Oberkörper anheben
rechte Hand zum linken Knie führen
Spannung einen Augenblick halten
langsam wieder zurücklegen
Spannung lösen
linke Hand zum rechten Knie ebenso
üben

Aufpassen:

wenn es schwer fällt, den Kopf anzuheben, eine Hand unter den Kopf legen, den Kopf mit Unterstützung anheben

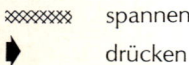

3. Übungstag

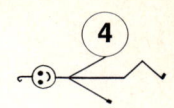

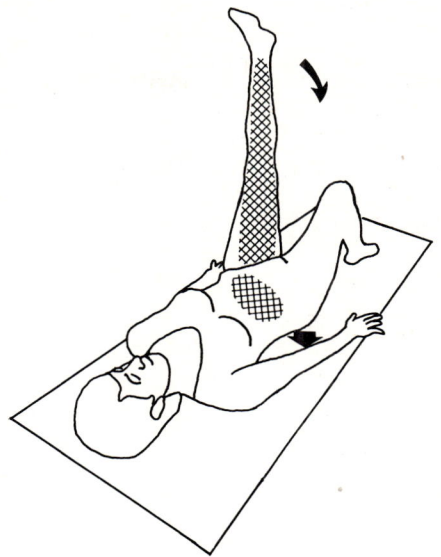

Ausgangsstellung:

Rückenlage
ein Bein ist gebeugt
das andere Bein nach oben strecken
Arme gestreckt neben dem Körper

Anzahl:

2mal jedes Bein zum Boden senken

Ausführung:

Bauchmuskeln spannen
Kreuz in den Boden drücken
das gestreckte Bein langsam
zum Boden senken
Spannung lösen
das gestreckte Bein mit leichtem
Schwung wieder nach oben anheben
und langsam zum Boden senken
Spannung lösen
die Beine wechseln

Aufpassen:

das Kreuz während der Übung
fest am Boden halten
weiter atmen

XXXXXXX spannen
➧ drücken
↪ Bewegungsrichtung

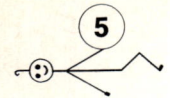

3. Übungstag

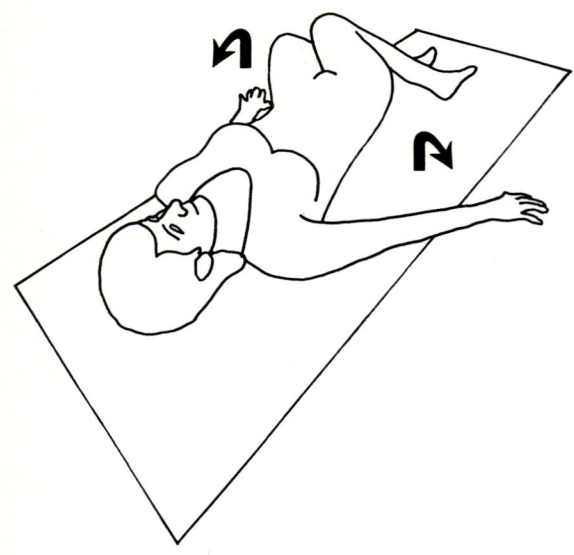

Ausgangsstellung:

Rückenlage
Beine gebeugt
Füße am Boden
Arme gestreckt neben dem Körper

Anzahl:

einige Male wiederholen

Ausführung:

mit der Ausatmung:
die gebeugten Beine vorsichtig zusammen nach links zur Seite senken
mit der Einatmung:
die Beine zur Mittelstellung führen
mit der Ausatmung:
die gebeugten Beine vorsichtig zusammen nach rechts zur Seite senken
mit der Einatmung:
die Beine zur Mittelstellung führen

Aufpassen:

die Bewegung der Atmung anpassen

➔ Bewegungsrichtung

3. Übungstag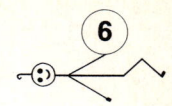

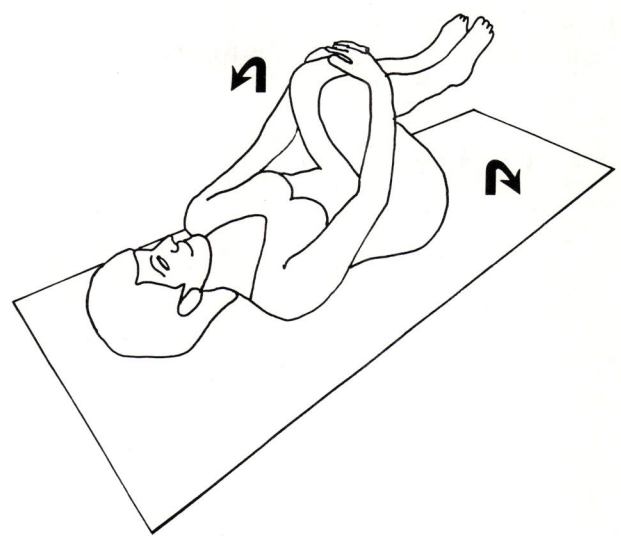

Ausgangsstellung:

Rückenlage
Beine gebeugt
Füße am Boden
Arme neben dem Körper

Anzahl:

einige Male hin und her wiegen

Ausführung:

beide Knie an den Bauch ziehen
mit beiden Händen die Knie fassen
bei Kniebeschwerden die Beine
unter den Knien halten
auf dem Rücken leicht zur Seite
nach rechts und links wiegen

Aufpassen:

nicht zur Seite umfallen
der Kopf bleibt liegen

↘ Bewegungsrichtung

3. Übungstag

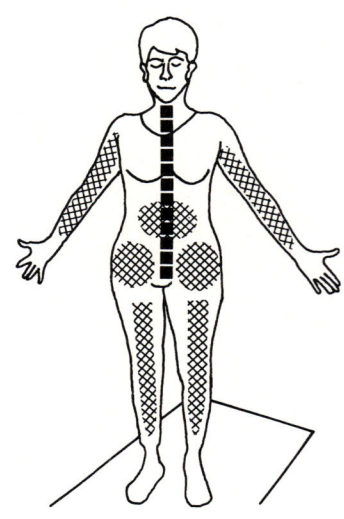

Ausgangsstellung:

Stand: Haltungskontrolle
Füße hüftbreit auseinandergestellt
Zehen zeigen nach vorn

Anzahl:

3mal wiederholen

Ausführung:

Bauch- und Gesäßmuskeln spannen
Beinmuskeln spannen
Schultern etwas zurücknehmen
Rücken strecken
Arme nach außen drehen
leicht vom Körper abspreizen
Finger spreizen
Kopf und Nacken lang herausstrecken
Spannung halten, bis 10 zählen
Spannung lösen

Aufpassen:

Kopf nicht nach hinten beugen
Kinn leicht zum Brustkorb ziehen
weiter atmen

⋈⋈⋈⋈⋈⋈ spannen
■■■■■ strecken

4

Übung 1-7

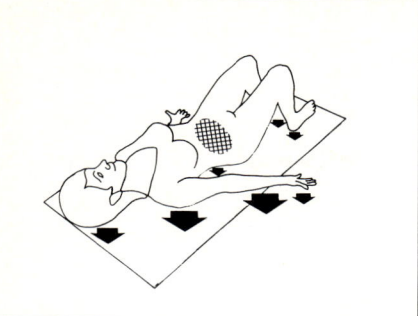
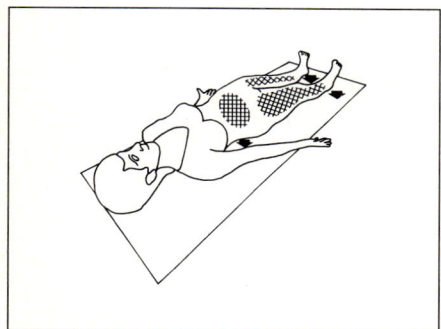
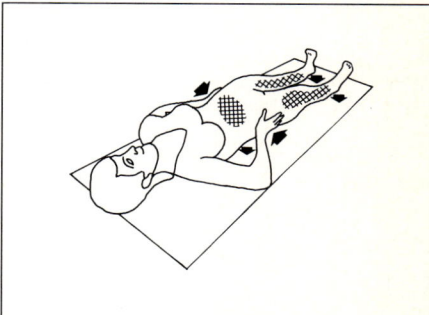
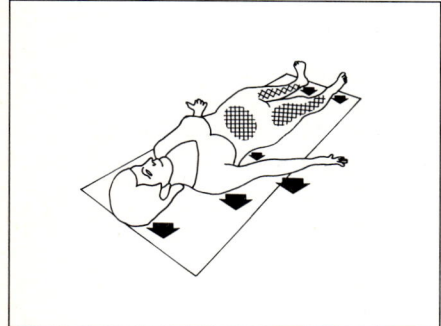
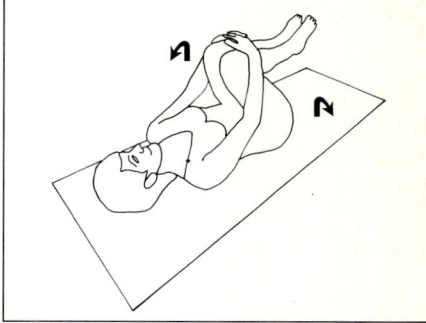
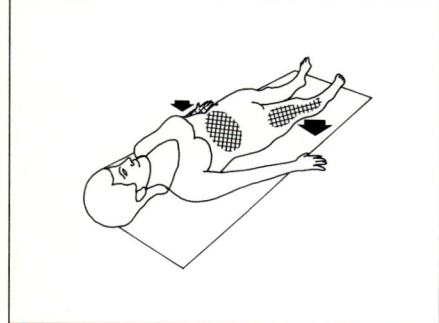
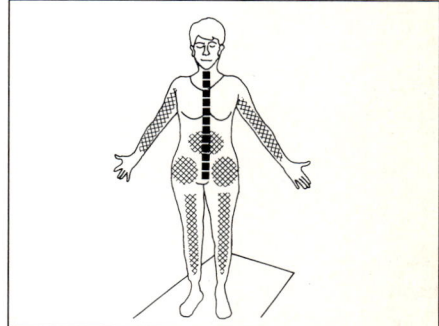

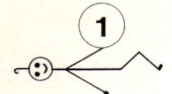

4. Übungstag

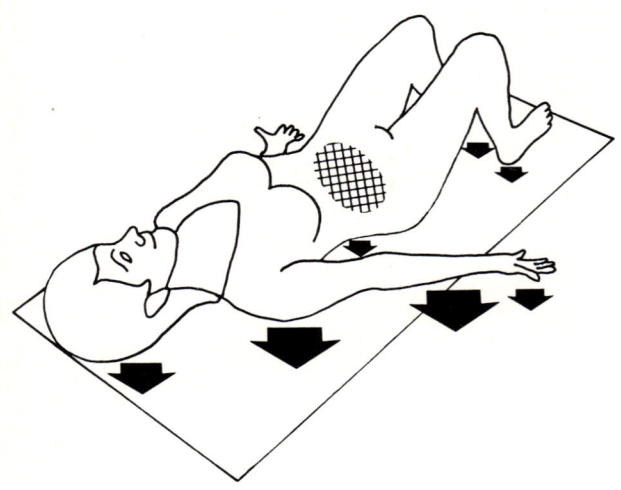

Ausgangsstellung:

Rückenlage
Beine gebeugt
Fersen am Boden
Arme gestreckt leicht abgespreizt
neben dem Körper
Handflächen nach oben

Anzahl:

3mal wiederholen

Ausführung:

Bauchmuskeln spannen
Kreuz in den Boden drücken
Fersen in den Boden drücken
Arme und Hände in den Boden drücken
Hinterkopf in den Boden drücken
Spannung halten – bis 10 zählen
Spannung lösen – bis 5 zählen
Übung wiederholen

Aufpassen:

weiter atmen
Spannung halten
bis 10 zählen

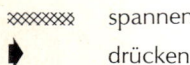 spannen
drücken

4. Übungstag

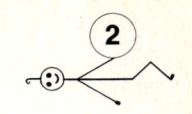

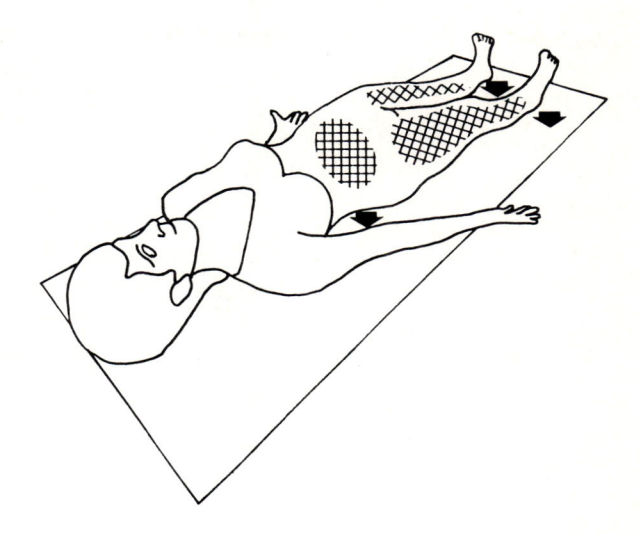

Ausgangsstellung:

Rückenlage
beide Beine sind gestreckt
Arme gestreckt neben dem Körper
Handflächen nach oben

Anzahl:

3mal wiederholen

Ausführung:

Bauchmuskeln spannen
Vorfüße anbeugen
Kreuz in den Boden drücken
Fersen in den Boden drücken
Spannung halten – bis 10 zählen
Spannung lösen – bis 5 zählen
Übung wiederholen

Aufpassen:

mit gestreckten Beinen läßt
sich das Kreuz nicht ganz in
den Boden drücken
weiter atmen

xxxxxx   spannen
▶   drücken

4. Übungstag

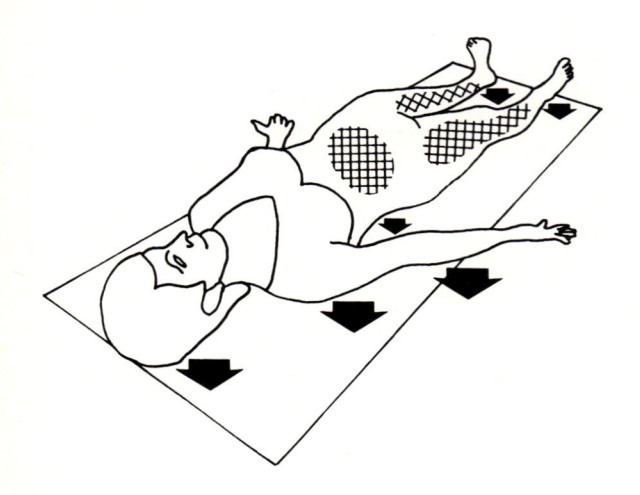

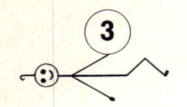

Ausgangsstellung:

Rückenlage
beide Beine gestreckt
Arme gestreckt neben dem Körper
Handflächen nach oben

Anzahl:

3mal wiederholen

Ausführung:

Bauchmuskeln spannen
Vorfüße anbeugen
Kreuz in den Boden drücken
Fersen in den Boden drücken
Arme in den Boden drücken
Hinterkopf in den Boden drücken
Spannung halten – bis 10 zählen
Spannung lösen – bis 5 zählen
Übung wiederholen

Aufpassen:

mit gestreckten Beinen läßt
sich das Kreuz nicht ganz in
den Boden drücken
weiter atmen

▒▒▒▒▒▒ spannen
▶ drücken

4. Übungstag

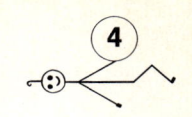

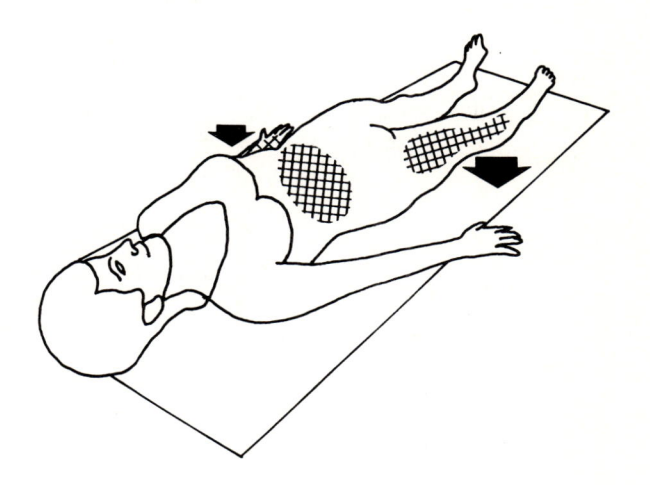

Ausgangsstellung:

Rückenlage
beide Beine gestreckt
Arme gestreckt neben dem Körper
Handflächen nach unten

Anzahl:

die Spannung über die Diagonale
je 2mal wiederholen

Ausführung:

Bauchmuskeln spannen
rechten Vorfuß anbeugen
rechtes Bein in den Boden drücken
linken Arm in den Boden drücken
Spannung halten – bis 10 zählen
Spannung lösen – bis 5 zählen
mit linkem Bein und rechtem Arm
ebenso üben

Aufpassen:

weiter atmen

spannen
drücken

4. Übungstag

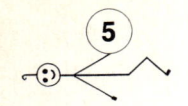

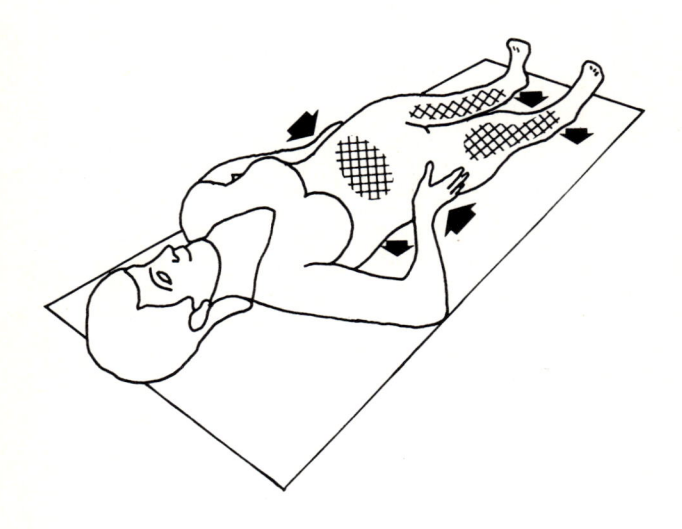

Ausgangsstellung:

Rückenlage
beide Beine gestreckt
beide Hände gegen das Becken legen
die Finger zeigen zu den Beinen

Anzahl:

3mal wiederholen

Ausführung:

Bauchmuskeln spannen
Ellbogen in Körperhöhe anheben
Kreuz in den Boden drücken
Fersen in den Boden drücken
beide Hände gegen das Becken drücken
Spannung halten – bis 10 zählen
Spannung lösen – bis 5 zählen
Übung wiederholen

Aufpassen:

weiter atmen

▒▒▒▒▒▒   spannen
▶   drücken

4. Übungstag

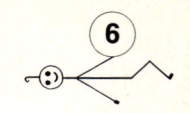

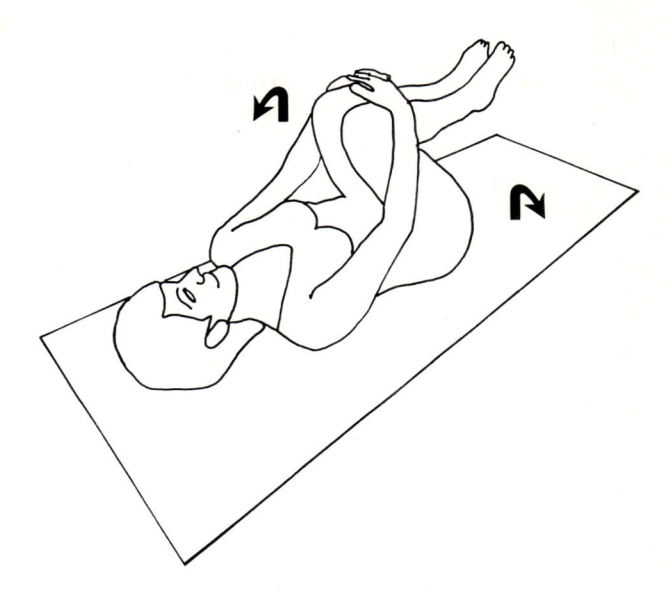

Ausgangsstellung:

Rückenlage
Beine gebeugt
Füße am Boden
Arme neben dem Körper

Anzahl:

einige Male hin und her wiegen

Ausführung:

beide Knie an den Bauch ziehen
mit beiden Händen die Knie fassen
bei Kniebeschwerden die Beine
unter den Knien halten
auf dem Rücken leicht zur Seite
nach rechts und links wiegen

Aufpassen:

nicht zur Seite umfallen
der Kopf bleibt liegen

↘ Bewegungsrichtung

4. Übungstag

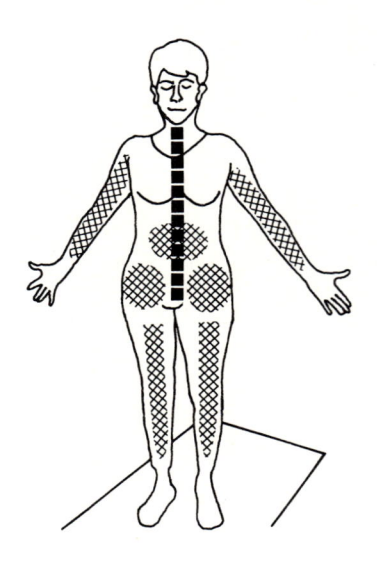

Ausgangsstellung:

Stand: Haltungskontrolle
Füße hüftbreit auseinandergestellt
Zehen zeigen nach vorn

Anzahl:

3mal wiederholen

Ausführung:

Bauch- und Gesäßmuskeln spannen
Beinmuskeln spannen
Schultern etwas zurücknehmen
Rücken strecken
Arme nach außen drehen
leicht vom Körper abspreizen
Finger spreizen
Kopf und Nacken lang herausstrecken
Spannung halten, bis 10 zählen
Spannung lösen

Aufpassen:

Kopf nicht nach hinten beugen
Kinn leicht zum Brustkorb ziehen
weiter atmen

⋙⋙⋙ spannen
■■■■■ strecken

5

Übung 1-7

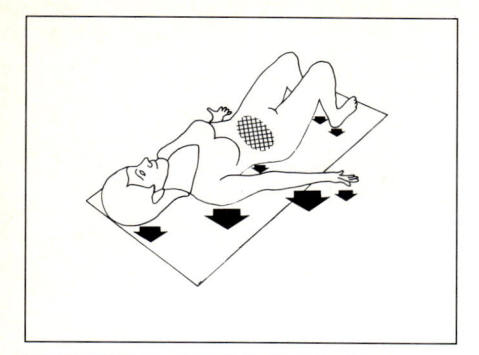

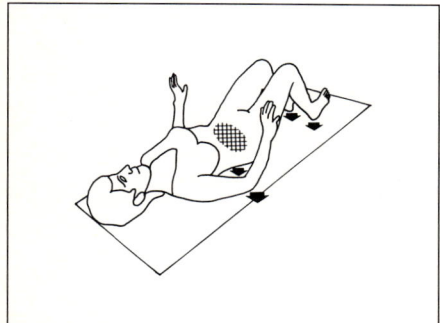

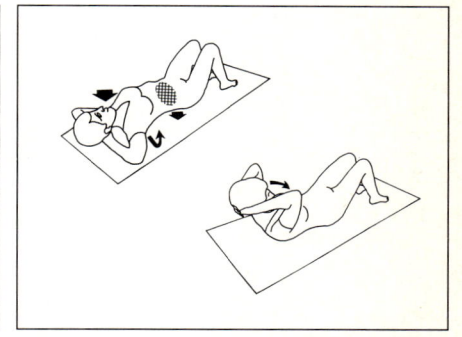

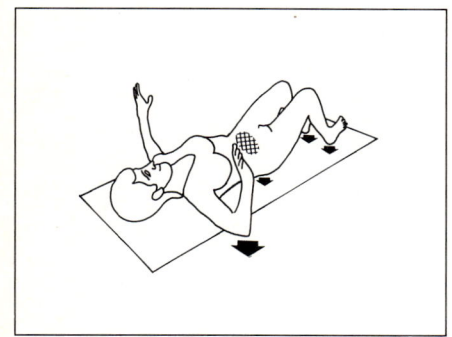

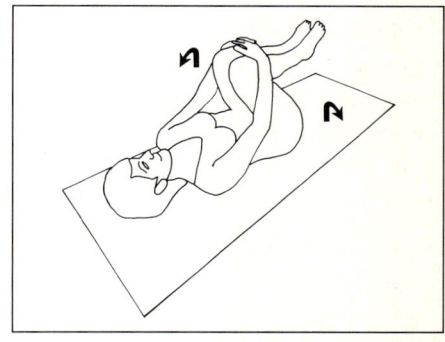

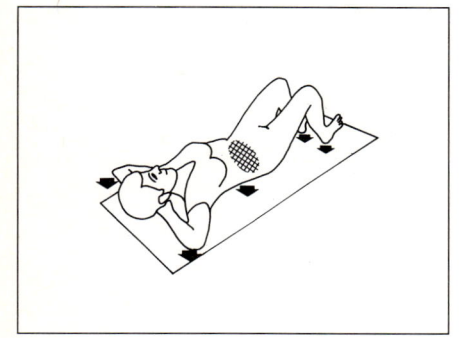

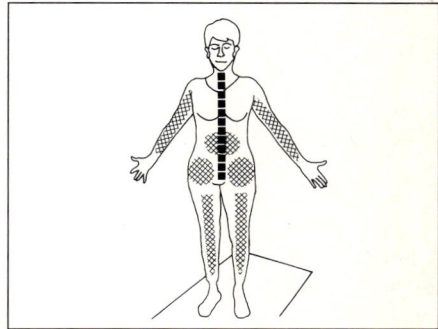

5. Übungstag

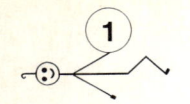

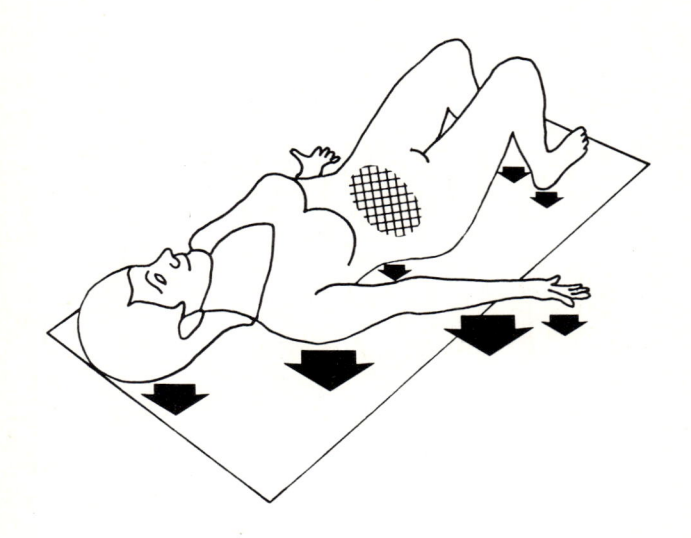

Ausgangsstellung:

Rückenlage
Beine gebeugt
Fersen am Boden
Arme gestreckt leicht abgespreizt neben dem Körper
Handflächen nach oben

Anzahl:

3mal wiederholen

Ausführung:

Bauchmuskeln spannen
Kreuz in den Boden drücken
Fersen in den Boden drücken
Arme und Hände in den Boden drücken
Hinterkopf in den Boden drücken
Spannung halten, bis 10 zählen
Spannung lösen bis 5 zählen
Übung wiederholen

Aufpassen:

weiter atmen

spannen
drücken

5. Übungstag

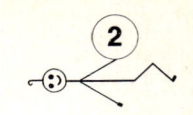

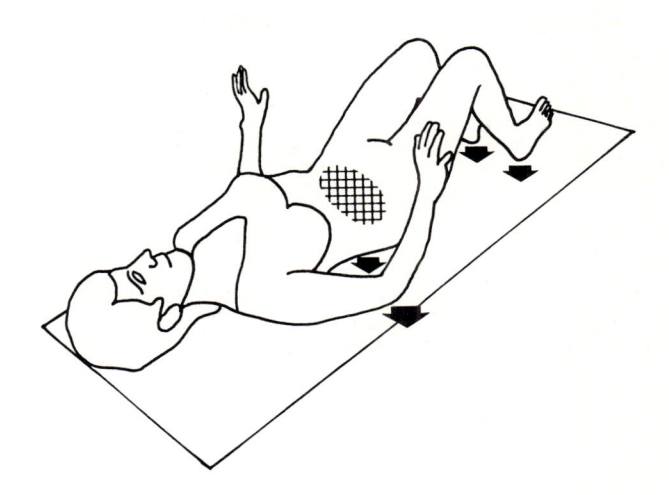

Ausgangsstellung:

Rückenlage
Beine gebeugt
Fersen am Boden
Arme gestreckt leicht abgespreizt
neben dem Körper

Anzahl:

3mal wiederholen

Ausführung:

Bauchmuskeln spannen
Ellbogen beugen, Unterarme
senkrecht stellen
Kreuz in den Boden drücken
Fersen in den Boden drücken
Ellbogen in den Boden drücken
Spannung halten, bis 10 zählen
Spannung lösen, bis 5 zählen
Übung wiederholen

Aufpassen:

Hände bleiben locker, keine
Faust machen
weiter atmen
Spannung halten

spannen
drücken

5. Übungstag

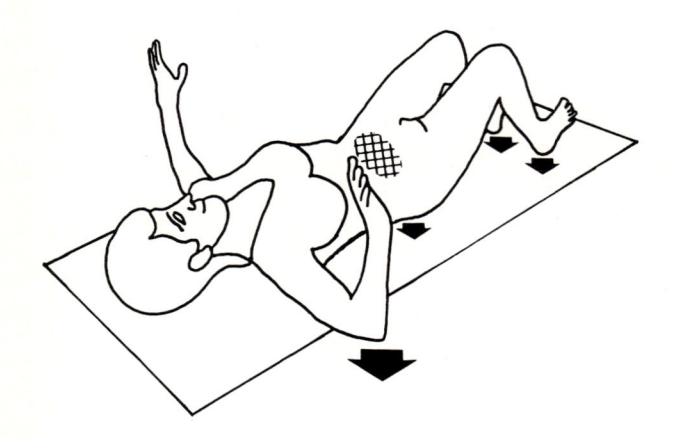

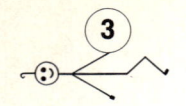

Ausgangsstellung:

Rückenlage
Beine gebeugt
Fersen am Boden
Arme gestreckt in Schulterhöhe legen

Anzahl:

3mal wiederholen

Ausführung:

Bauchmuskeln spannen
Ellbogen beugen, Unterarme senkrecht stellen
Kreuz in den Boden drücken
Fersen in den Boden drücken
Ellbogen in den Boden drücken
Spannung halten, bis 10 zählen
Spannung lösen, bis 5 zählen
Übung wiederholen

Aufpassen:

Hände bleiben locker, keine Faust machen
weiter atmen
Spannung halten

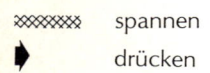

⋈⋈⋈⋈⋈ spannen
▶ drücken

5. Übungstag

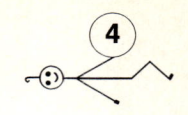

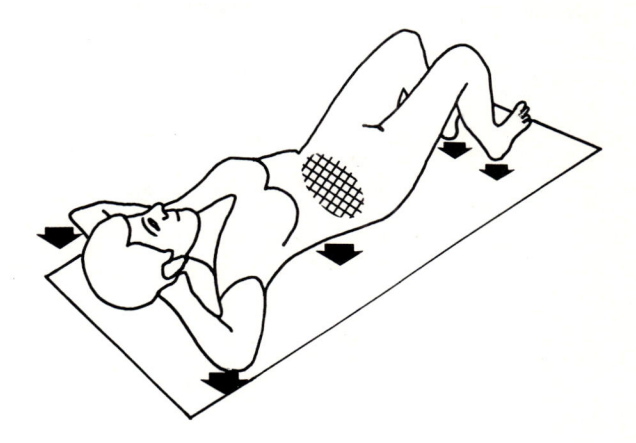

Ausgangsstellung:

Rückenlage
Beine gebeugt
Fersen am Boden
Hände unter dem Kopf

Anzahl:

3mal wiederholen

Ausführung:

Bauchmuskeln spannen
Kreuz in den Boden drücken
Fersen in den Boden drücken
Ellbogen in den Boden drücken
Spannung halten, bis 10 zählen
Spannung lösen, bis 5 zählen
Übung wiederholen

Aufpassen:

wenn die Ellbogen den Boden
nicht berühren, die Arme
langsam nur bis zur Schmerzgrenze
dehnen
weiter atmen
Spannung halten

xxxxxx   spannen
▶   drücken

5. Übungstag

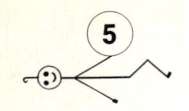

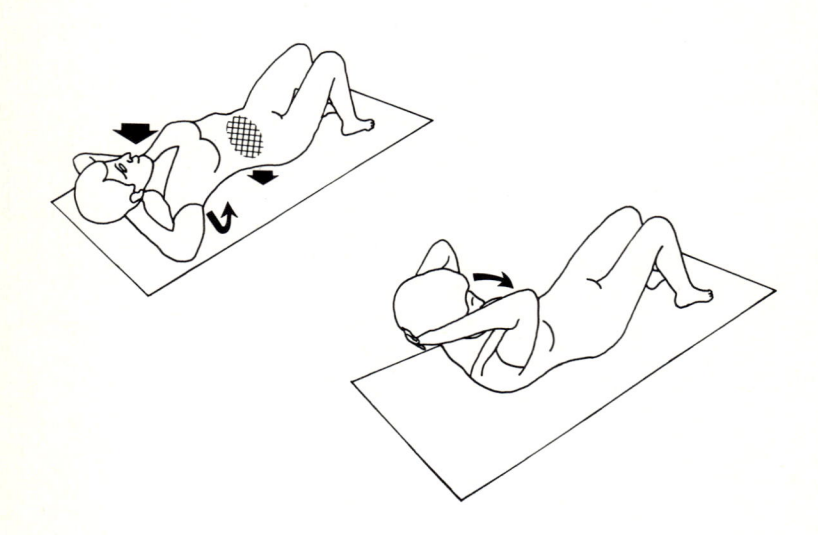

Ausgangsstellung:

Rückenlage
Beine gebeugt
Füße am Boden
Hände unter dem Kopf

Anzahl:

3mal wiederholen

Ausführung:

Schulterblätter an die Wirbelsäule
ziehen, spüren wie der Rücken
hohl wird
nun Bauchmuskeln spannen
Kreuz in den Boden drücken
Spannung ein paar Sekunden halten
die Spannung lösen
Kopf mit den Händen nach vorn in
Richtung Brust ziehen
dabei die Halsmuskulatur leicht
dehnen
Kopf langsam zurücklegen
Spannung lösen

Aufpassen:

den Kopf mit seinem ganzen
Gewicht in die Hände geben
vorsichtig dehnen
weiter atmen

xxxxxx spannen
▶ drücken
↘ Bewegungsrichtung

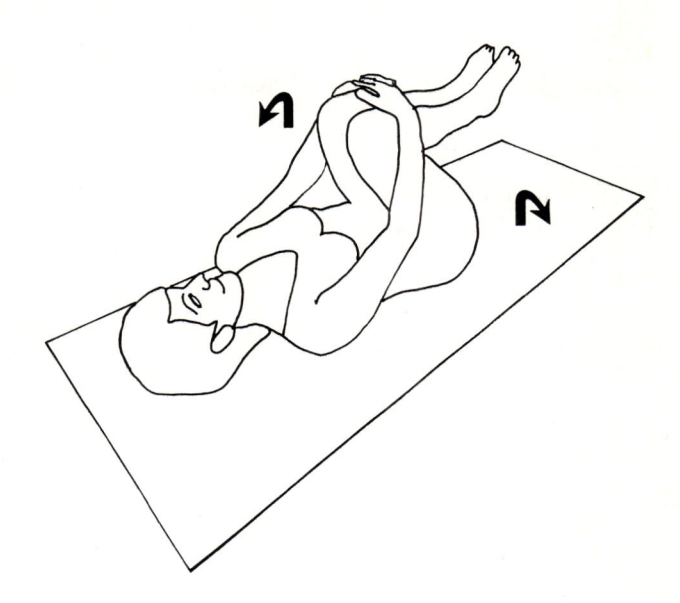

5. Übungstag

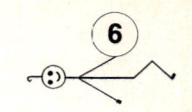

Ausgangsstellung:

Rückenlage
Beine gebeugt
Füße am Boden
Arme neben dem Körper

Anzahl:

einige Male hin und her wiegen

Ausführung:

beide Knie an den Bauch ziehen
mit beiden Händen die Knie fassen
bei Kniebeschwerden die Beine
unter den Knien halten
auf dem Rücken leicht zur Seite
nach rechts und links wiegen

Aufpassen:

nicht zur Seite umfallen
der Kopf bleibt liegen

↗ Bewegungsrichtung

5. Übungstag

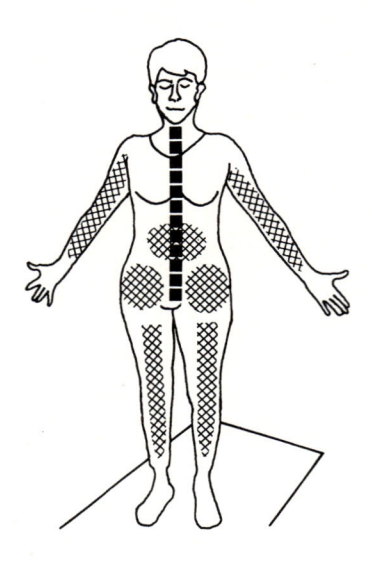

Ausgangsstellung:

Stand: Haltungskontrolle
Füße hüftbreit auseinandergestellt
Zehen zeigen nach vorn

Anzahl:

3mal wiederholen

Ausführung:

Bauch- und Gesäßmuskeln spannen
Beinmuskeln spannen
Schultern etwas zurücknehmen
Rücken strecken
Arme nach außen drehen
leicht vom Körper abspreizen
Finger spreizen
Kopf und Nacken lang herausstrecken
Spannung halten, bis 10 zählen
Spannung lösen

Aufpassen:

Kopf nicht nach hinten beugen
Kinn leicht zum Brustkorb ziehen
weiter atmen

XXXXXX spannen
▪▪▪▪▪ strecken

6
Übung 1-7

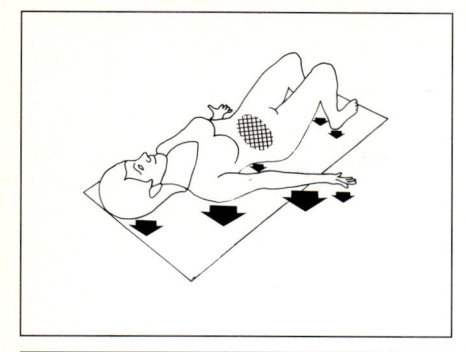

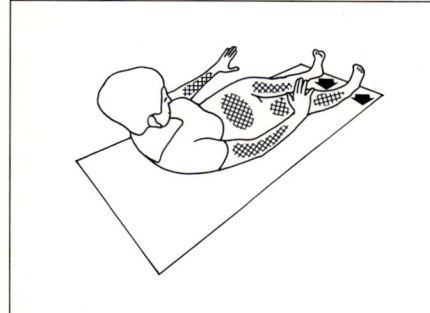

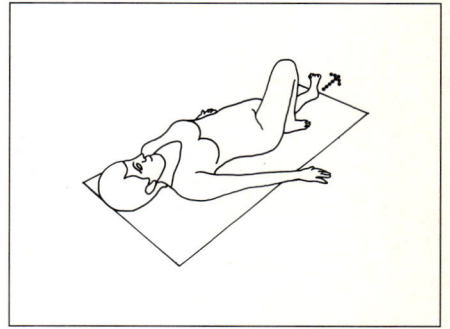

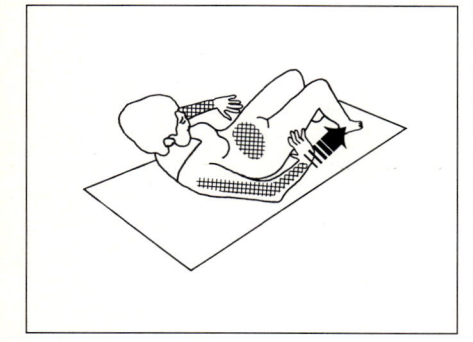

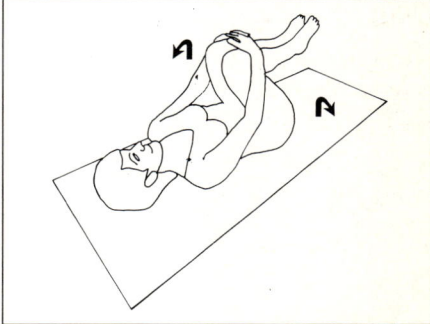

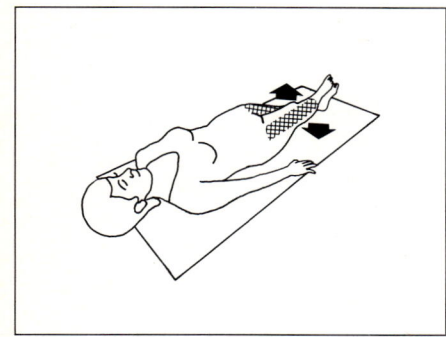

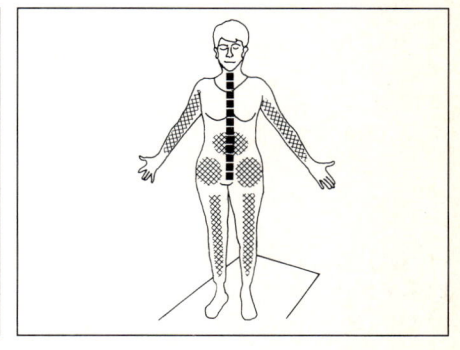

6. Übungstag

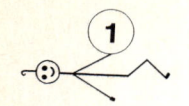

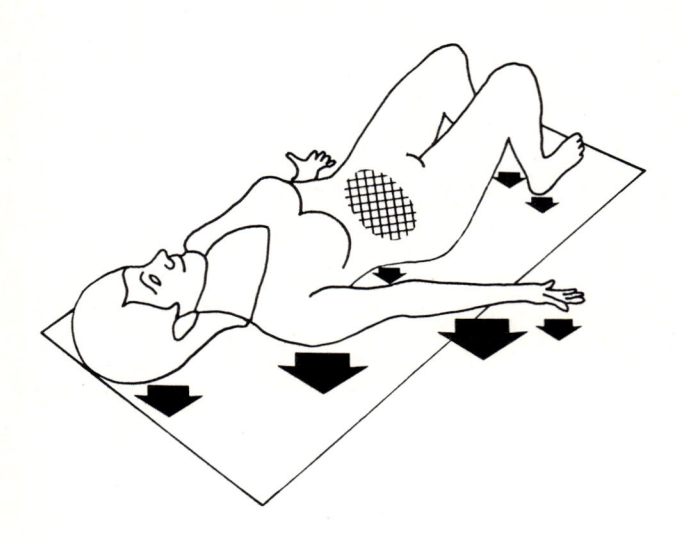

Ausgangsstellung:

Rückenlage
Beine gebeugt
Fersen am Boden
Arme gestreckt leicht abgespreizt neben dem Körper
Handflächen nach oben

Anzahl:

3mal wiederholen

Ausführung:

Bauchmuskeln spannen
Kreuz in den Boden drücken
Fersen in den Boden drücken
Arme und Hände in den Boden drücken
Hinterkopf in den Boden drücken
Spannung halten, bis 10 zählen
Spannung lösen bis 5 zählen
Übung wiederholen

Aufpassen:

weiter atmen
Spannung halten
bis 10 zählen

⋈⋈⋈⋈⋈ spannen
▸ drücken

6. Übungstag

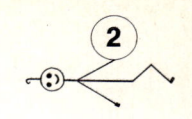

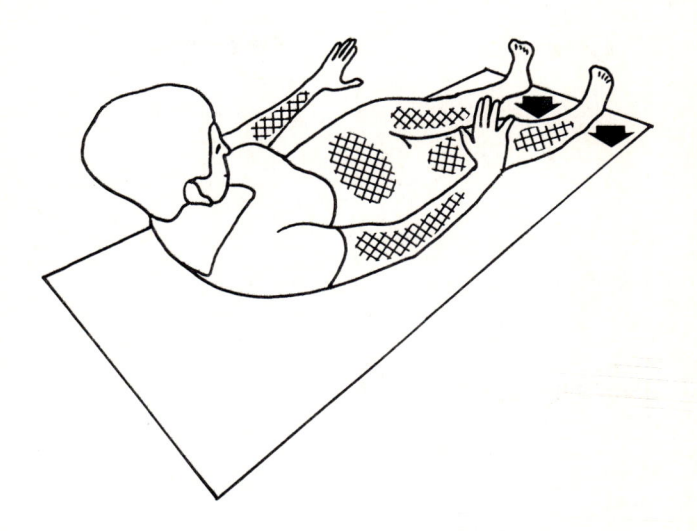

Ausgangsstellung:

Rückenlage
Beine gestreckt
Arme gestreckt neben dem Körper

Anzahl:

3mal wiederholen

Ausführung:

Bauchmuskeln spannen
Hände in Richtung Unterarme ziehen
Vorfüße anbeugen
Fersen in den Boden drücken
Kopf anheben auf die Füße schauen
Arme in Körperhöhe anheben und vorstrecken
Spannung halten, bis 10 zählen
Spannung lösen, bis 5 zählen
Übung wiederholen

Aufpassen:

nicht zum Sitz hochkommen
die Bauchmuskelspannung spüren

⋙⋙⋙ spannen
▶ drücken

6. Übungstag

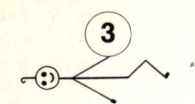

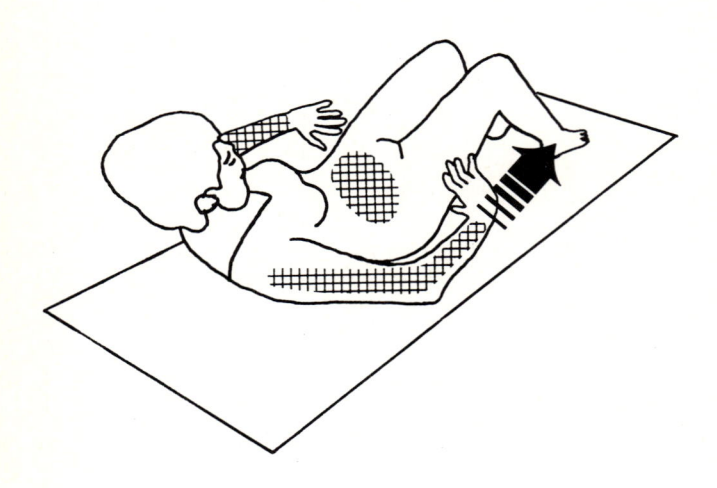

Ausgangsstellung:

Rückenlage
Beine leicht gebeugt
Füße am Boden
Arme gestreckt neben dem Körper

Anzahl:

3mal wiederholen

Ausführung:

Bauchmuskeln spannen
Hände in Richtung Unterarme ziehen
und zum Körper drehen
Finger spreizen
Ellbogen zeigen nach außen und
bleiben gebeugt
Kopf anheben
auf die Knie schauen
Arme in Körperhöhe anheben
Handballen zu den Füßen stemmen
Spannung einen Augenblick halten
Spannung lösen

Aufpassen:

die Arme nicht bewegen
die Spannung setzen, indem man
sich vorstellt beide Hände gegen
eine Wand zu drücken
weiter atmen

⠶⠶⠶⠶ spannen
⠿⠿➤ stemmen

6. Übungstag

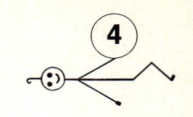

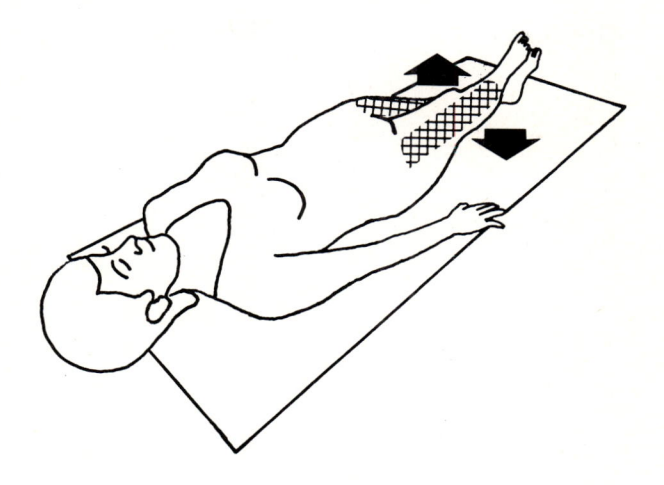

Ausgangsstellung:

Rückenlage
Beine gestreckt
Arme gestreckt neben dem Körper

Anzahl:

2mal jedes Bein üben

Ausführung:

ein Bein auf das andere legen
das obere Bein drückt auf das
untere Bein
das untere Bein drückt gegen das
obere Bein
Spannung einen Augenblick halten
Spannung lösen

Aufpassen:

weiter atmen

    spannen
    drücken

6. Übungstag

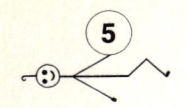

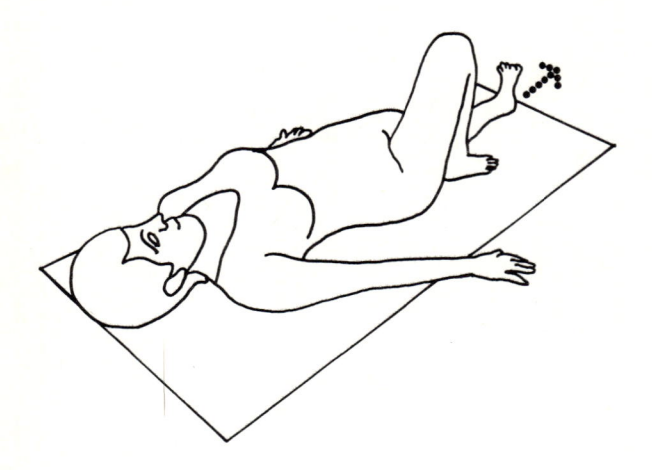

Ausgangsstellung:

Rückenlage
rechtes Bein gebeugt, Fuß am Boden
linkes Bein gestreckt
Arme gestreckt neben dem Körper

Anzahl:

2mal jedes Bein üben

Ausführung:

Dehnübung:
Vorfuß vom gestreckten Bein
anbeugen
mit der Einatmung die Ferse des
gestreckten Beines am Boden
nach unten herausdehnen
mit der Ausatmung das Bein
zurückgleiten lassen
Beine wechseln

Aufpassen:

das Bein am Boden herausdehnen
die Bewegung der Atmung anpassen

⇢ dehnen

6. Übungstag

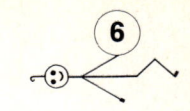

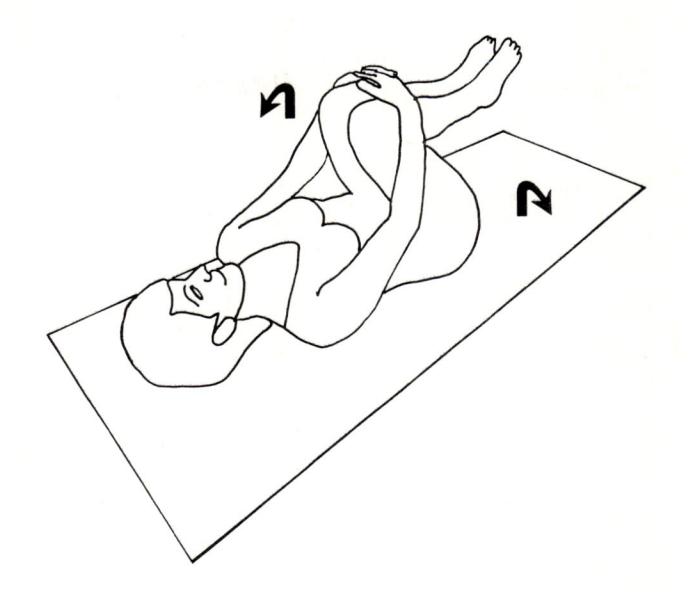

Ausgangsstellung:

Rückenlage
Beine gebeugt
Füße am Boden
Arme neben dem Körper

Anzahl:

einige Male hin und her wiegen

Ausführung:

beide Knie an den Bauch ziehen
mit beiden Händen die Knie fassen
bei Kniebeschwerden die Beine
unter den Knien halten
auf dem Rücken leicht zur Seite
nach rechts und links wiegen

Aufpassen:

nicht zur Seite umfallen
der Kopf bleibt liegen

Bewegungsrichtung

6. Übungstag

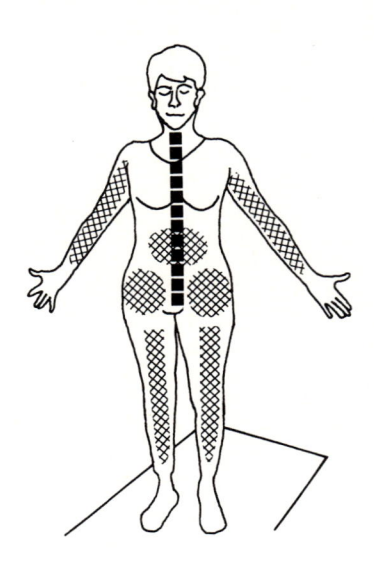

Ausgangsstellung:

Stand: Haltungskontrolle
Füße hüftbreit auseinandergestellt
Zehen zeigen nach vorn

Anzahl:

3mal wiederholen

Ausführung:

Bauch- und Gesäßmuskeln spannen
Beinmuskeln spannen
Schultern etwas zurücknehmen
Rücken strecken
Arme nach außen drehen
leicht vom Körper abspreizen
Finger spreizen
Kopf und Nacken lang herausstrecken
Spannung halten, bis 10 zählen
Spannung lösen

Aufpassen:

Kopf nicht nach hinten beugen
Kinn leicht zum Brustkorb ziehen
weiter atmen

▒▒▒▒▒ spannen
■■■■■ strecken

7

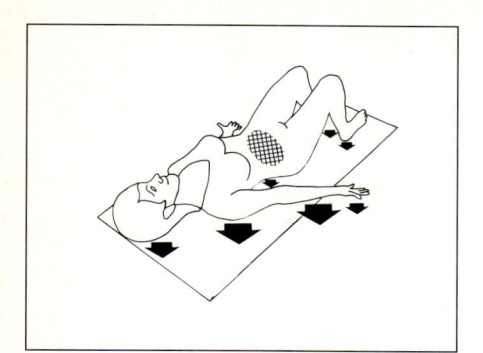

Übung 1-7

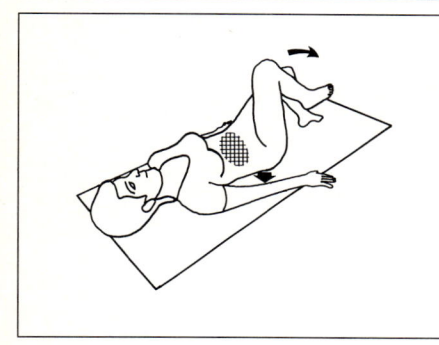

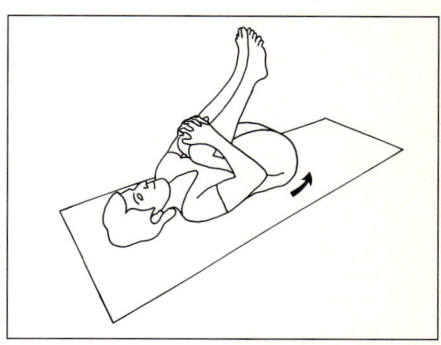

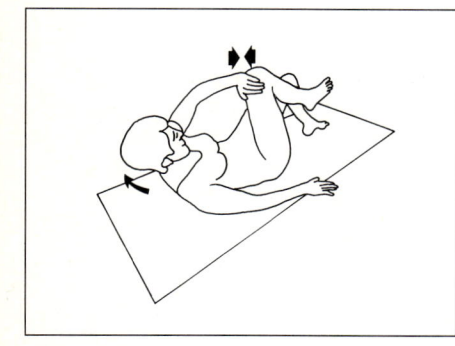

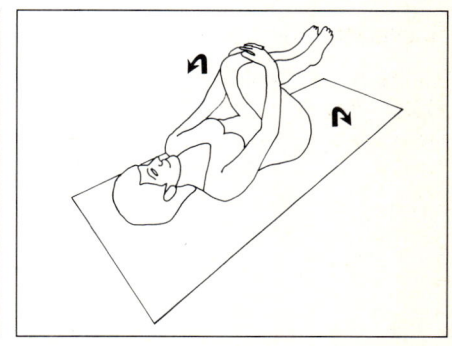

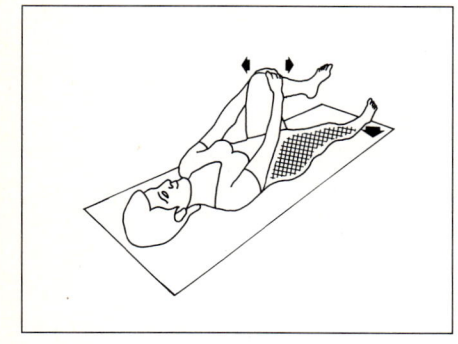

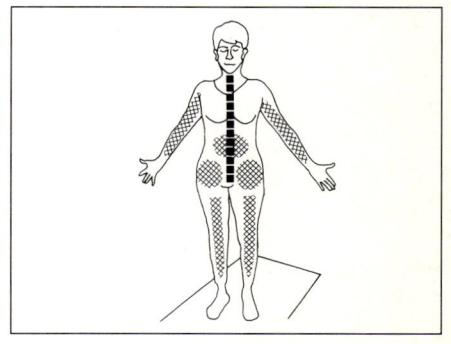

7. Übungstag

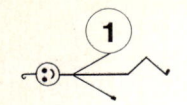

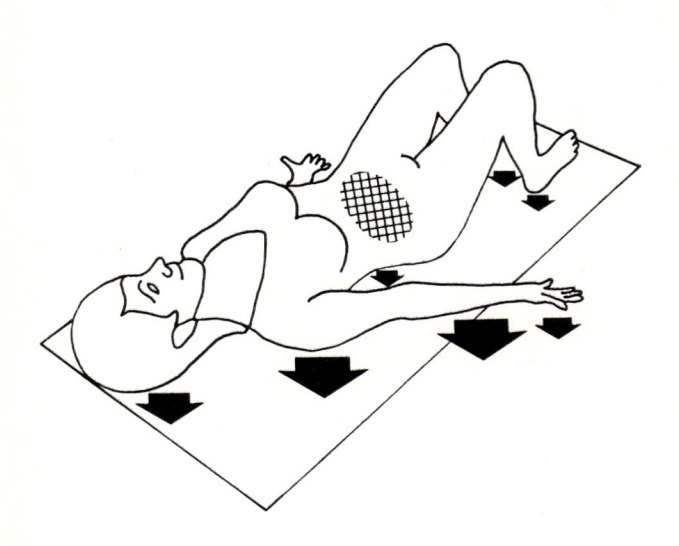

Ausgangsstellung:

Rückenlage
Beine gebeugt
Fersen am Boden
Arme gestreckt leicht abgespreizt
neben dem Körper
Handflächen nach oben

Anzahl:

3mal wiederholen

Ausführung:

Bauchmuskeln spannen
Kreuz in den Boden drücken
Fersen in den Boden drücken
Arme und Hände in den Boden
drücken
Hinterkopf in den Boden drücken
Spannung halten, bis 10 zählen
Spannung lösen bis 5 zählen
Übung wiederholen

Aufpassen:

weiter atmen

▨▨▨▨▨ spannen
▶ drücken

50

7. Übungstag

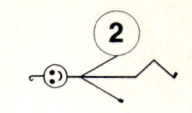

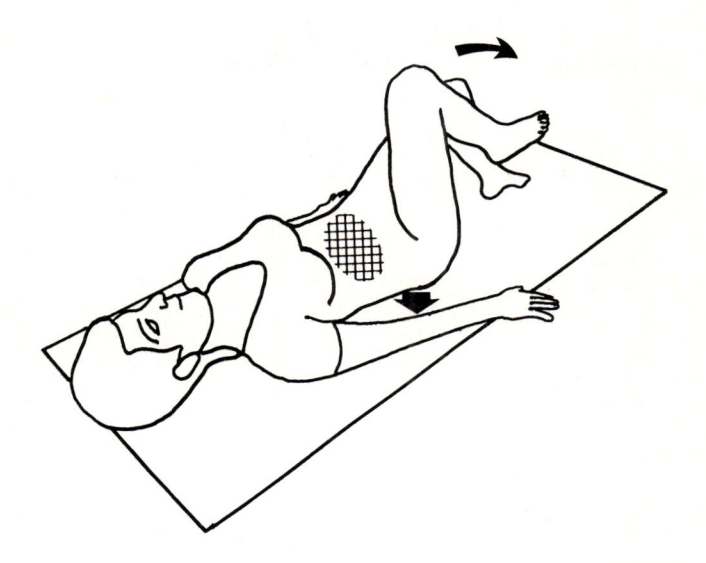

Ausgangsstellung:

Rückenlage
Beine leicht gebeugt
Füße am Boden
Arme gestreckt neben dem Körper

Anzahl:

2mal jedes Bein üben

Ausführung:

rechtes Bein an den Bauch
heranbeugen
Bauchmuskeln spannen
Kreuz in den Boden drücken
das rechte Bein gebeugt langsam
zur Ausgangsstellung zurückstellen

Aufpassen:

das Kreuz am Boden halten
weiter atmen

    ⋈⋈⋈⋈⋈   spannen
    ▶   drücken
    ↘   Bewegungsrichtung

7. Übungstag

Ausgangsstellung:

Rückenlage
Beine leicht gebeugt
Füße am Boden
Arme gestreckt neben dem Körper

Anzahl:

2mal jedes Bein üben

Ausführung:

rechtes Bein an den Bauch
heranbeugen
Kopf anheben
linke Hand auf den rechten
Oberschenkel legen
das Bein gegen Widerstand
wegdrücken wollen
Spannung einen Augenblick halten
Spannung lösen
Kopf langsam zurücklegen
rechtes Bein langsam zur Ausgangsstellung zurückstellen

Aufpassen:

unbedingt weiter atmen
fällt es schwer den Kopf zu
halten, mit der rechten Hand
den Kopf anheben

▶ drücken
↳ Bewegungsrichtung

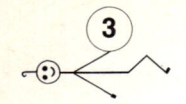

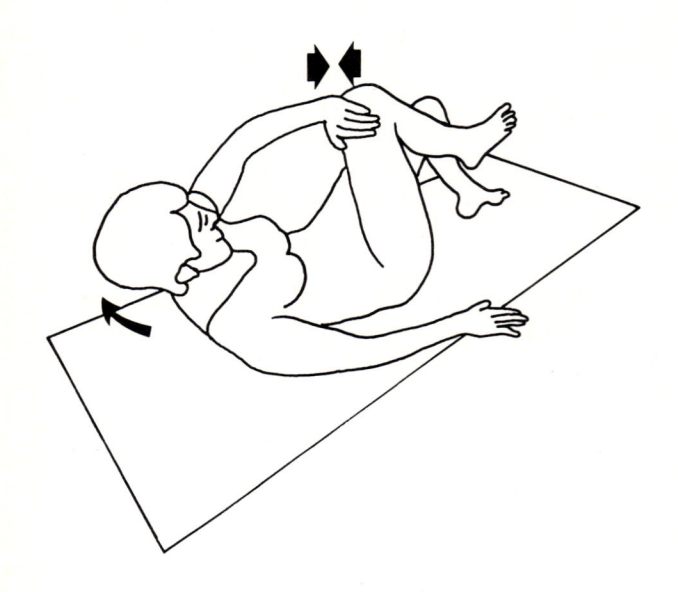

7. Übungstag

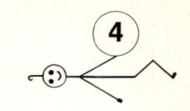

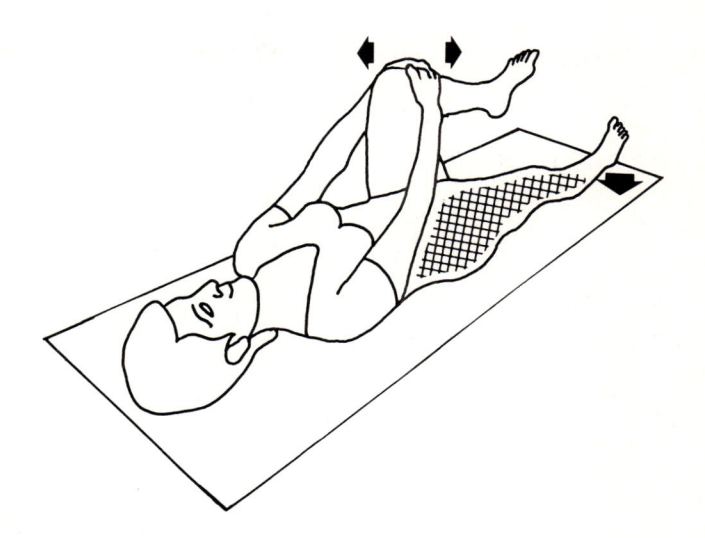

Ausgangsstellung:

Rückenlage
beide Beine gestreckt
Arme gestreckt neben dem Körper

Anzahl:

2mal jedes Bein üben

Ausführung:

rechten Vorfuß anbeugen
die Ferse fest in den Boden
drücken
linkes Bein an den Bauch
heranbeugen
mit den Händen festhalten
nun das linke Bein gegen den
Widerstand der Hände strecken
wollen
Spannung einen Augenblick halten
Spannung lösen
linkes Bein zum Boden strecken

Aufpassen:

unbedingt weiter atmen
der Kopf bleibt am Boden

xxxxxxx spannen
▶ drücken

7. Übungstag

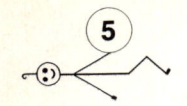

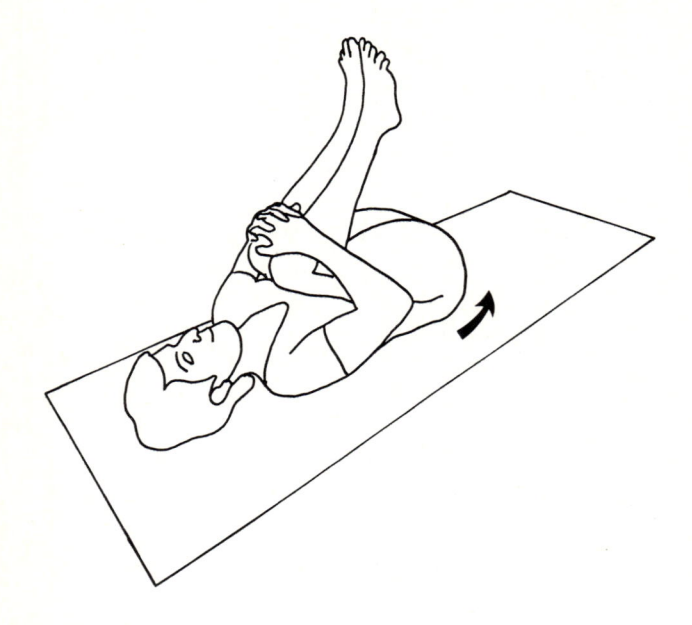

Ausgangsstellung:

Rückenlage
Beine gebeugt
Füße am Boden
Arme gestreckt neben dem Körper

Anzahl:

3mal wiederholen

Ausführung:

Dehnübung:
beide Knie an den Bauch
heranbeugen
mit den Händen umfassen
mit der Ausatmung beide Knie
an die Brust heranziehen
einen Augenblick diese Position halten
weiter atmen
die Spannung lösen, die Hände
lösen, die Beine nacheinander
mit der Bauchmuskelspannung
zurückstellen

Aufpassen:

bei Kniebeschwerden die Beine
unter den Knien halten

→   Bewegungsrichtung

54

7. Übungstag

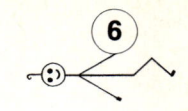

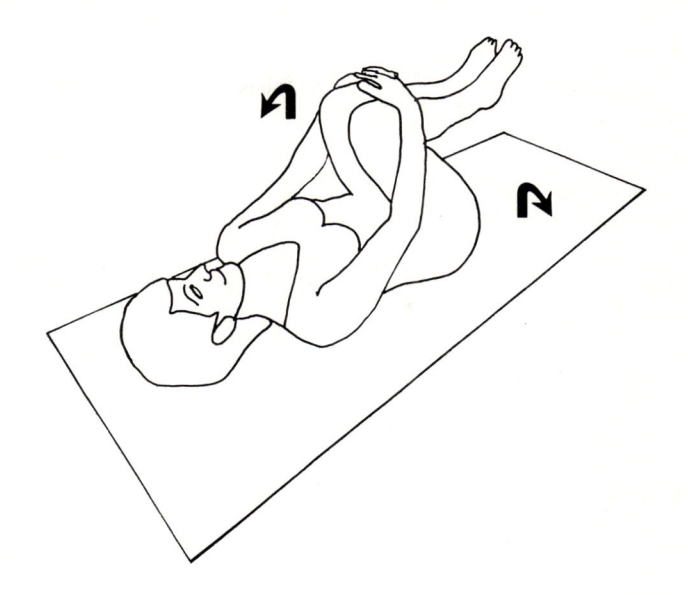

Ausgangsstellung:

Rückenlage
Beine gebeugt
Füße am Boden
Arme neben dem Körper

Anzahl:

einige Male hin und her wiegen

Ausführung:

beide Knie an den Bauch ziehen
mit beiden Händen die Knie fassen
bei Kniebeschwerden die Beine
unter den Knien halten
auf dem Rücken leicht zur Seite
nach rechts und links wiegen

Aufpassen:

nicht zur Seite umfallen
der Kopf bleibt liegen

↘ Bewegungsrichtung

7. Übungstag

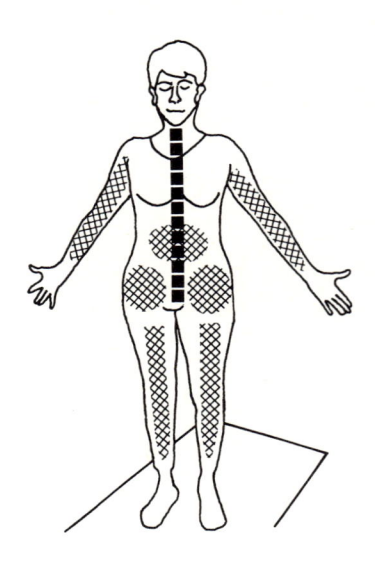

Ausgangsstellung:

Stand: Haltungskontrolle
Füße hüftbreit auseinandergestellt
Zehen zeigen nach vorn

Anzahl:

3mal wiederholen

Ausführung:

Bauch- und Gesäßmuskeln spannen
Beinmuskeln spannen
Schultern etwas zurücknehmen
Rücken strecken
Arme nach außen drehen
leicht vom Körper abspreizen
Finger spreizen
Kopf und Nacken lang herausstrecken
Spannung halten, bis 10 zählen
Spannung lösen

Aufpassen:

Kopf nicht nach hinten beugen
Kinn leicht zum Brustkorb ziehen
weiter atmen

XXXXXX spannen
■■■■■ strecken

8

Übung 1-7

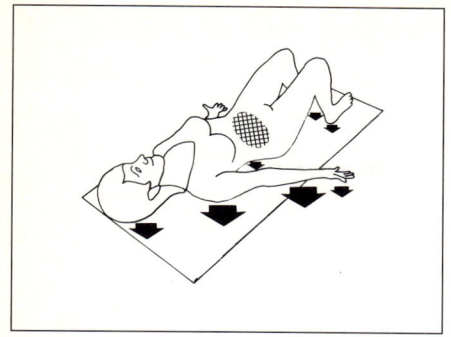

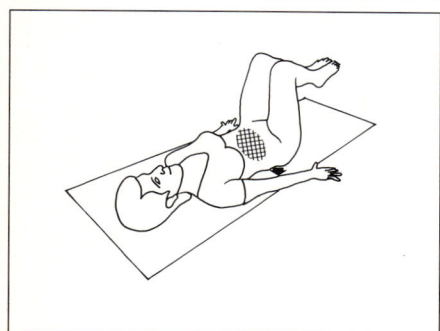

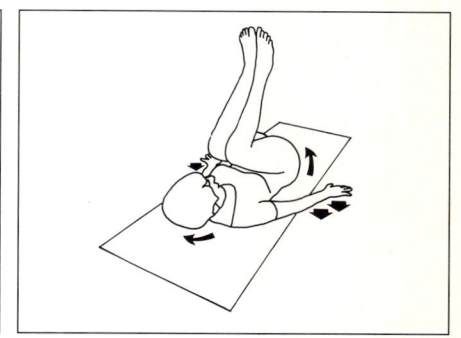

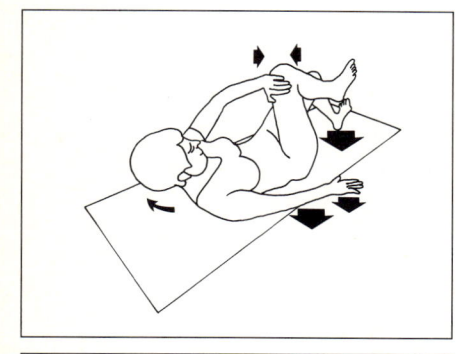

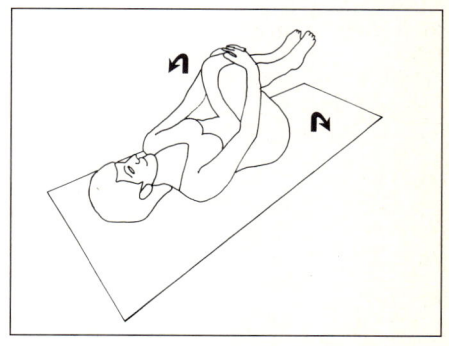

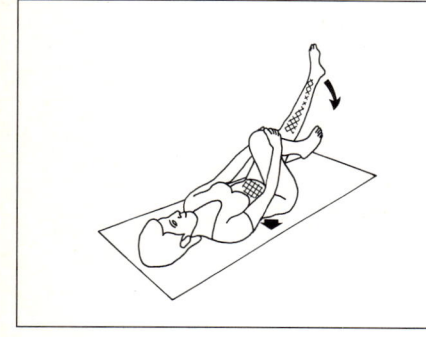

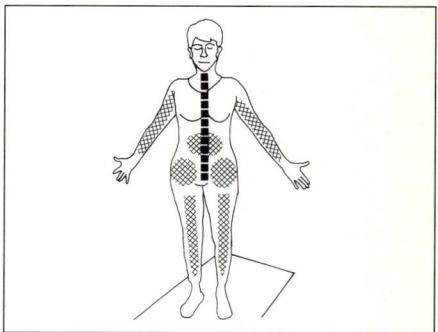

8. Übungstag

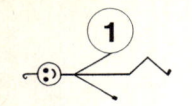

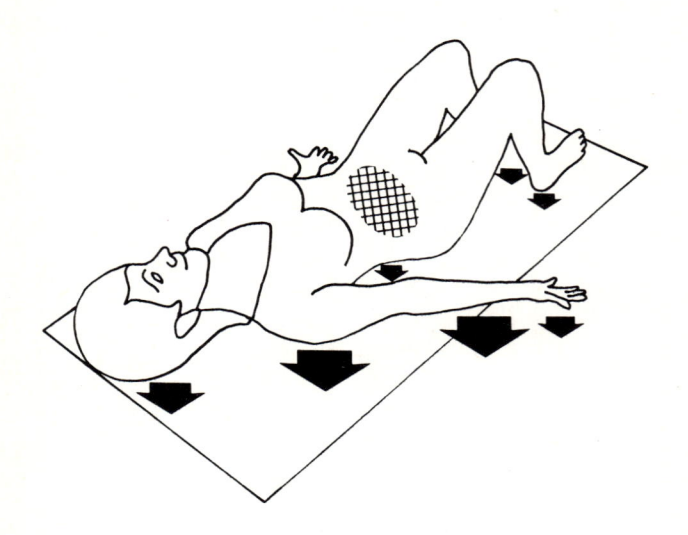

Ausgangsstellung:

Rückenlage
Beine gebeugt
Fersen am Boden
Arme gestreckt leicht abgespreizt neben dem Körper
Handflächen nach oben

Anzahl:

3mal wiederholen

Ausführung:

Bauchmuskeln spannen
Kreuz in den Boden drücken
Fersen in den Boden drücken
Arme und Hände in den Boden drücken
Hinterkopf in den Boden drücken
Spannung halten, bis 10 zählen
Spannung lösen bis 5 zählen
Übung wiederholen

Aufpassen:

weiter atmen

▓▓▓▓▓▓ spannen
▶ drücken

58

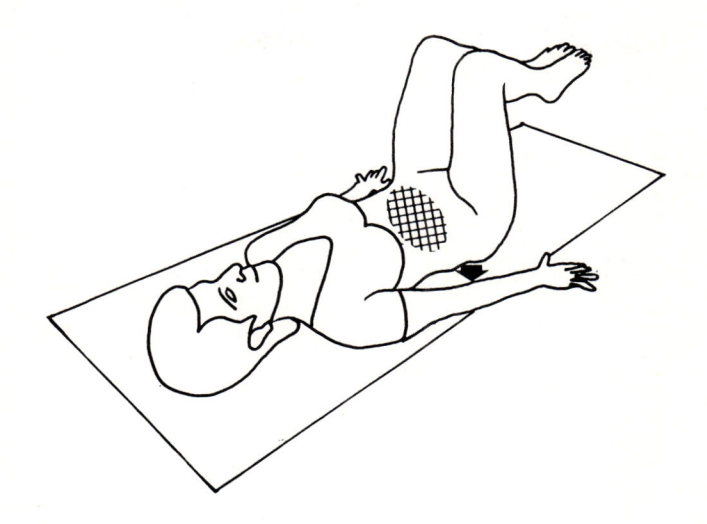

8. Übungstag

Ausgangsstellung:

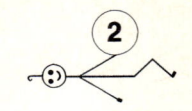

Rückenlage
Beine leicht gebeugt
Füße am Boden
Arme gestreckt neben dem Körper

Anzahl:

3mal wiederholen

Ausführung:

beide Knie an den Bauch heranbeugen
das Kreuz fest auf den Boden
drücken
nun beide Beine gebeugt langsam
zur Ausgangsstellung zurücksenken
löst sich das Kreuz vom Boden
die Beine nacheinander zurückstellen

Aufpassen:

während der Übung muß das Kreuz
am Boden bleiben
weiter atmen

```
xxxxxxx    spannen
▶          drücken
```

8. Übungstag

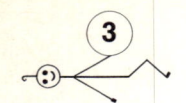

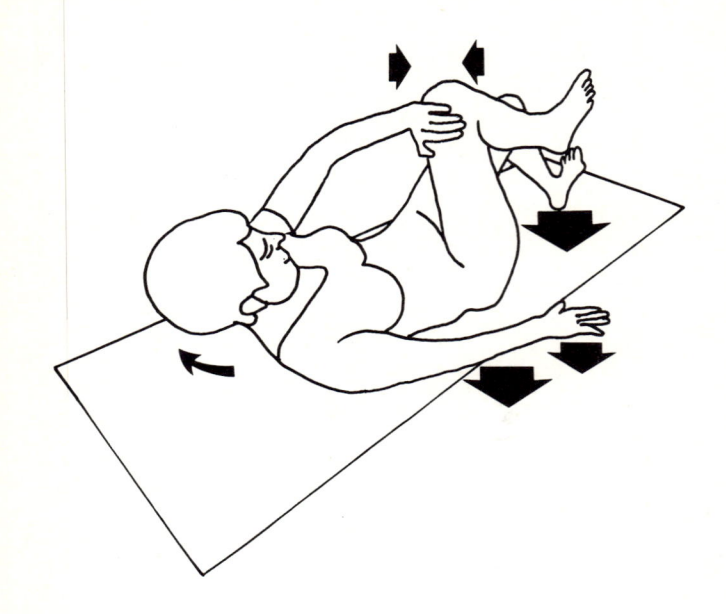

Ausgangsstellung:

Rückenlage
Beine leicht gebeugt
Füße am Boden
Arme gestreckt neben dem Körper

Anzahl:

2mal jedes Bein üben

Ausführung:

linken Vorfuß anbeugen Ferse
steht am Boden
Kopf anheben
rechtes Bein an den Bauch heranbeugen
linke Hand auf den rechten Oberschenkel legen
das Bein gegen Widerstand
wegdrücken wollen
gleichzeitig die linke Ferse
und den rechten Arm in den
Boden drücken
Spannung einen Augenblick halten
Spannung lösen
Kopf langsam zurücklegen
rechtes Bein langsam zur Ausgangsstellung zurückstellen

Aufpassen:

weiter atmen

▸ drücken
↪ Bewegungsrichtung

8. Übungstag

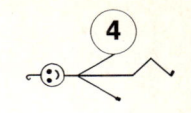

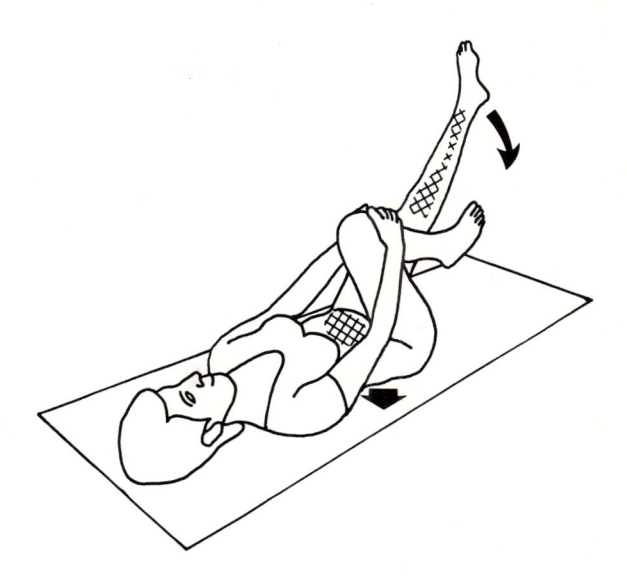

Ausgangsstellung:

Rückenlage
Beine leicht gebeugt
Füße am Boden
Arme gestreckt neben dem Körper

Anzahl:

2mal jedes Bein üben

✗✗✗✗✗✗ spannen
▶ drücken
↪ Bewegungsrichtung

Ausführung:

ein Bein an den Bauch heranbeugen
mit den Händen umfassen
bei Kniebeschwerden das Bein unter dem Knie halten
das andere Bein nach oben strecken
das Kreuz fest in den Boden drücken
das gestreckte Bein langsam zum Boden senken, Spannung lösen
das Bein mit leichtem Schwung wieder nach oben strecken

Aufpassen:

während der Übung muß das Kreuz am Boden bleiben
weiter atmen

8. Übungstag

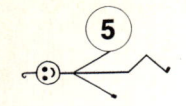

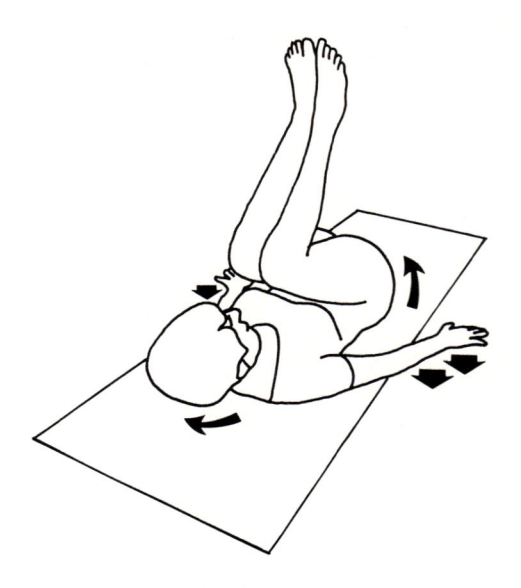

Ausgangsstellung:

Rückenlage
Beine leicht gebeugt
Füße am Boden
Arme gestreckt neben dem Körper
Handflächen nach unten

Anzahl:

3mal wiederholen

Ausführung:

Dehnübung:
beide Beine an den Bauch heranbeugen
mit den Armen am Boden abstützen
nun das Gesäß ohne Schwung etwas vom Boden abrollen
den Kopf in Richtung Knie anheben
langsam wieder zurückrollen
den Kopf zurücklegen
Spannung lösen

Aufpassen:

weiter atmen
nicht zu stark mit den
Armen abstützen

▶ drücken
↪ Bewegungsrichtung

8. Übungstag

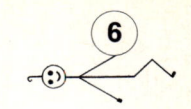

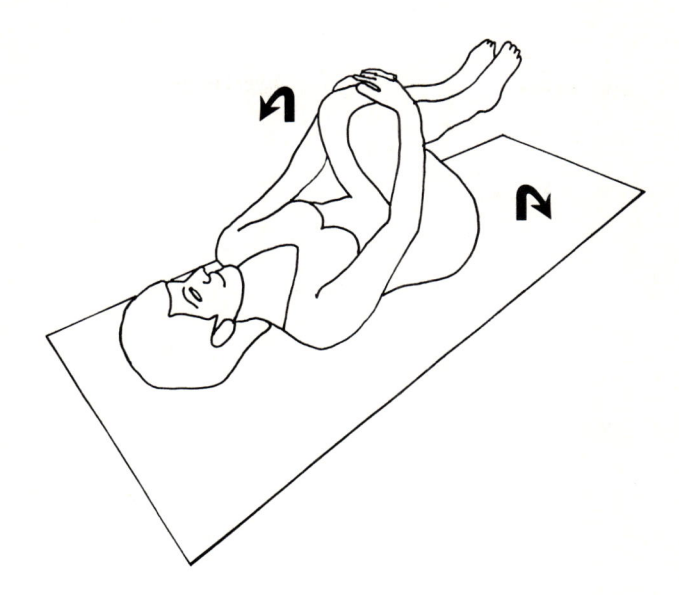

Ausgangsstellung:

Rückenlage
Beine gebeugt
Füße am Boden
Arme neben dem Körper

Anzahl:

einige Male hin und her wiegen

Ausführung:

beide Knie an den Bauch ziehen
mit beiden Händen die Knie fassen
bei Kniebeschwerden die Beine
unter den Knien halten
auf dem Rücken leicht zur Seite
nach rechts und links wiegen

Aufpassen:

nicht zur Seite umfallen
der Kopf bleibt liegen

↘ Bewegungsrichtung

8. Übungstag

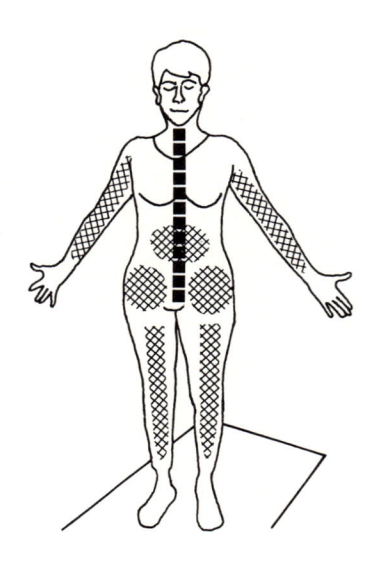

Ausgangsstellung:

Stand: Haltungskontrolle
Füße hüftbreit auseinandergestellt
Zehen zeigen nach vorn

Anzahl:

3mal wiederholen

Ausführung:

Bauch- und Gesäßmuskeln spannen
Beinmuskeln spannen
Schultern etwas zurücknehmen
Rücken strecken
Arme nach außen drehen
leicht vom Körper abspreizen
Finger spreizen
Kopf und Nacken lang herausstrecken
Spannung halten, bis 10 zählen
Spannung lösen

Aufpassen:

Kopf nicht nach hinten beugen
Kinn leicht zum Brustkorb ziehen
weiter atmen

XXXXXX spannen
■■■■■   strecken

9

Übung 1-7

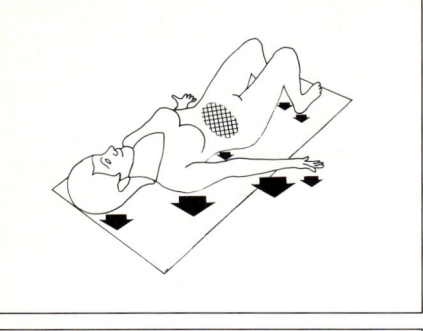

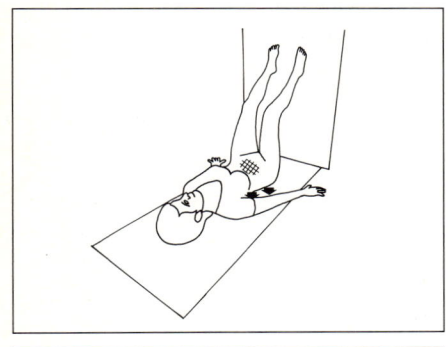

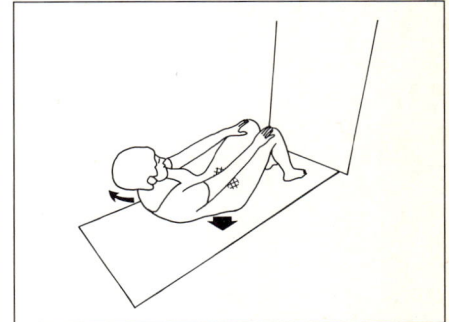

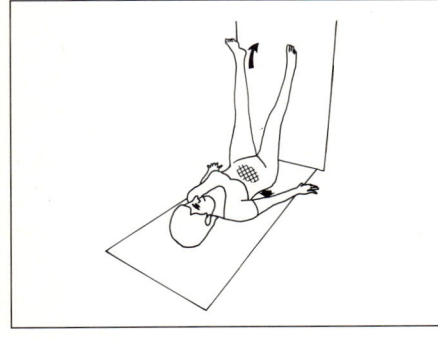

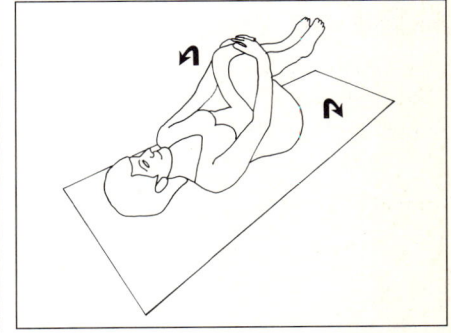

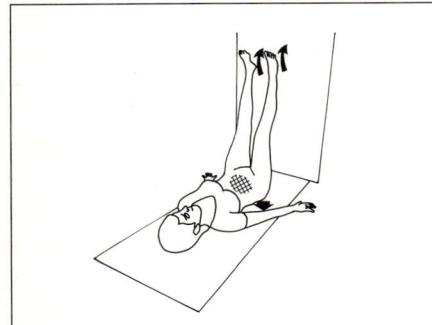

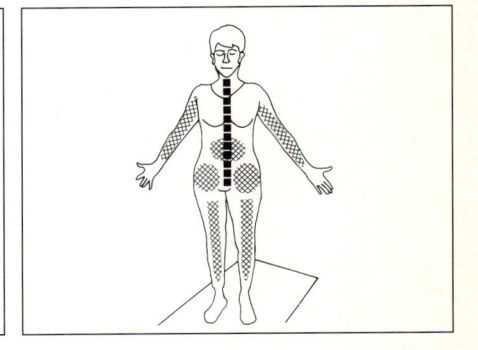

9. Übungstag

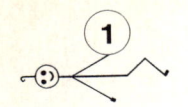

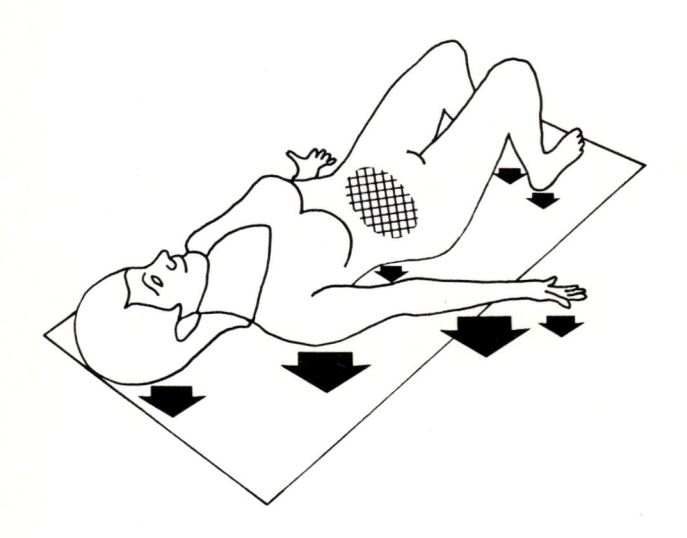

Ausgangsstellung:

Rückenlage
Beine gebeugt
Fersen am Boden
Arme gestreckt leicht abgespreizt
neben dem Körper
Handflächen nach oben

Anzahl:

3mal wiederholen

Ausführung:

Bauchmuskeln spannen
Kreuz in den Boden drücken
Fersen in den Boden drücken
Arme und Hände in den Boden
drücken
Hinterkopf in den Boden drücken
Spannung halten, bis 10 zählen
Spannung lösen bis 5 zählen
Übung wiederholen

Aufpassen:

weiter atmen

ⵝⵝⵝⵝ spannen
▶ drücken

9. Übungstag

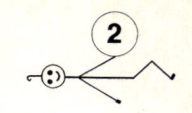

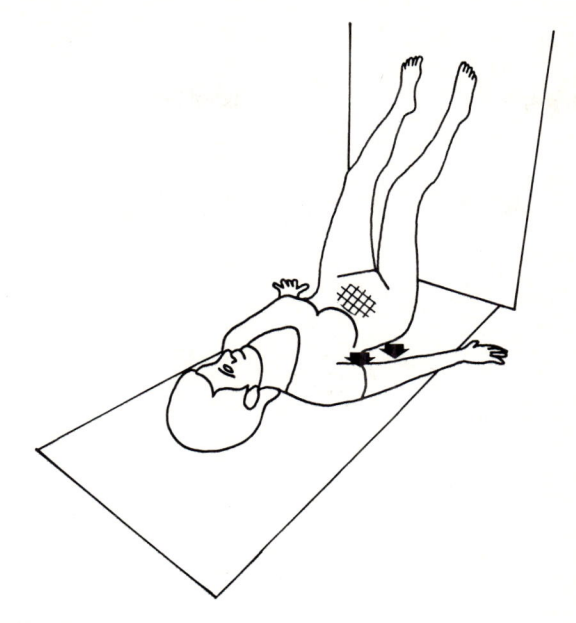

Ausgangsstellung:

Rückenlage
Füße an eine Wand hochstellen
Knie leicht gebeugt
Arme gestreckt neben dem Körper

Anzahl:

3mal wiederholen

Ausführung:

mit der Ausatmung das Kreuz und
den Brustkorb in den Boden drücken
die Spannung einen Augenblick
halten und weiter atmen
mit der Einatmung die Spannung
lösen

Aufpassen:

während der Spannung die Luft
nicht anhalten, immer weiter atmen

⬚⬚⬚	spannen
▶	drücken

9. Übungstag

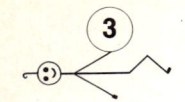

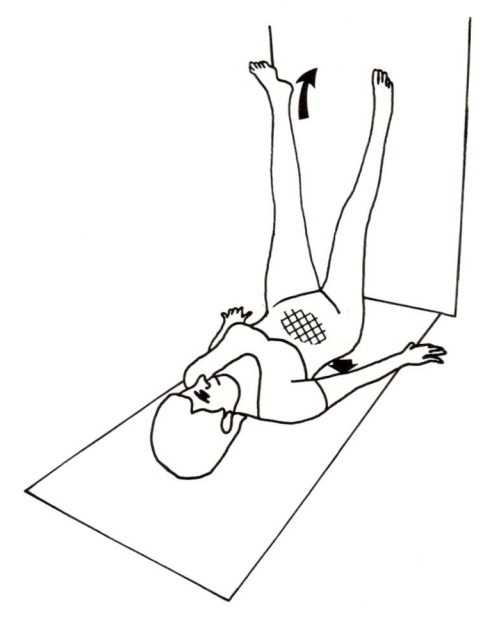

Ausgangsstellung:

Rückenlage
Füße an eine Wand hochstellen
Knie leicht gebeugt
Arme gestreckt neben dem Körper

Anzahl:

4mal jedes Bein üben

Ausführung:

Bauchmuskeln spannen
Kreuz in den Boden drücken
ein Bein von der Wand abheben
Kreuz am Boden halten
das Bein langsam an die Wand
zurückstellen, dabei bis 4 zählen

Aufpassen:

langsam zählen
Kreuz am Boden halten
weiter atmen

      spannen
      drücken
      Bewegungsrichtung

9. Übungstag

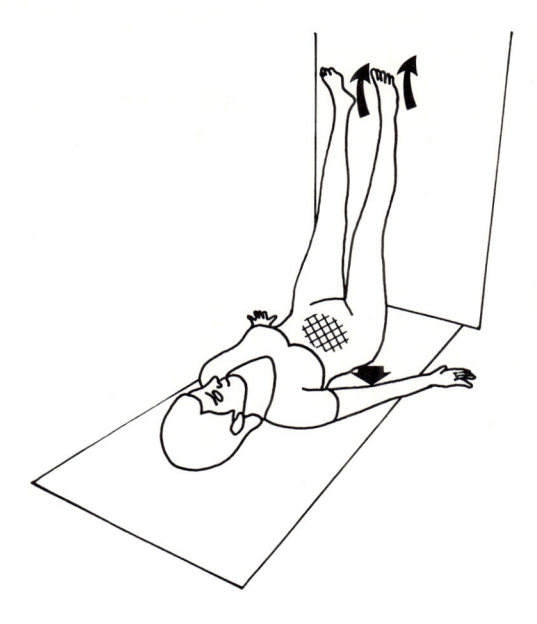

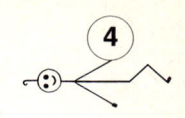

Ausgangsstellung:

Rückenlage
Füße an eine Wand hochstellen
Knie leicht gebeugt
Arme gestreckt neben dem Körper

Anzahl:

3mal wiederholen

Ausführung:

Bauchmuskeln spannen
Kreuz in den Boden drücken
beide Beine von der Wand abheben
Kreuz am Boden halten
die Beine langsam an die Wand
zurückstellen, dabei bis 4 zählen

Aufpassen:

langsam zählen
Kreuz am Boden halten
weiter atmen

         spannen
         drücken
         Bewegungsrichtung

9. Übungstag

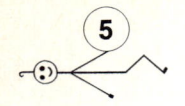

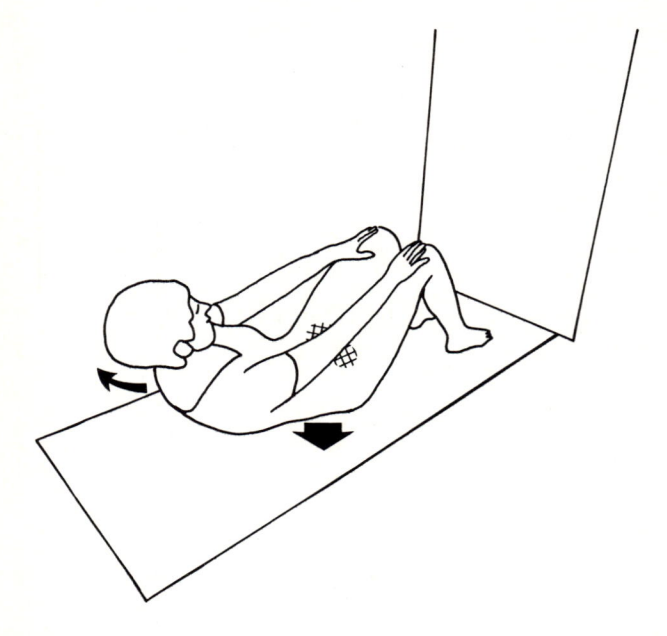

Ausgangsstellung:

etwas von der Wand wegrutschen
Rückenlage
Beine leicht gebeugt
Füße am Boden
Arme gestreckt neben dem Körper

Anzahl:

3mal wiederholen

Ausführung:

Bauchmuskeln spannen
Kreuz in den Boden drücken
Kopf und Oberkörper anheben
beide Hände zu den Knien führen
Spannung einen Augenblick halten
langsam wieder zurücklegen
Spannung lösen

Aufpassen:

den Oberkörper ohne Schwung nach vorn aufrichten
weiter atmen

XXXXXXX spannen
▶ drücken
↘ Bewegungsrichtung

9. Übungstag

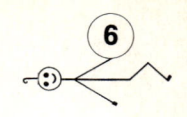

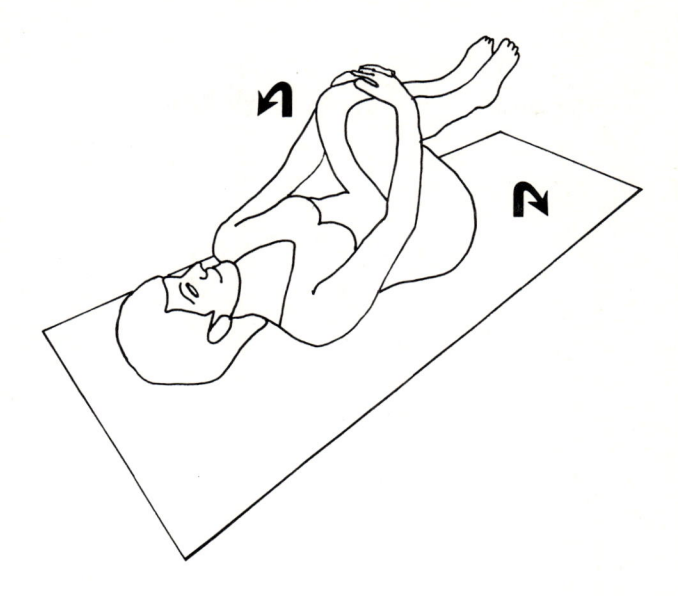

Ausgangsstellung:

Rückenlage
Beine gebeugt
Füße am Boden
Arme neben dem Körper

Anzahl:

einige Male hin und her wiegen

Ausführung:

beide Knie an den Bauch ziehen
mit beiden Händen die Knie fassen
bei Kniebeschwerden die Beine
unter den Knien halten
auf dem Rücken leicht zur Seite
nach rechts und links wiegen

Aufpassen:

nicht zur Seite umfallen
der Kopf bleibt liegen

Bewegungsrichtung

9. Übungstag

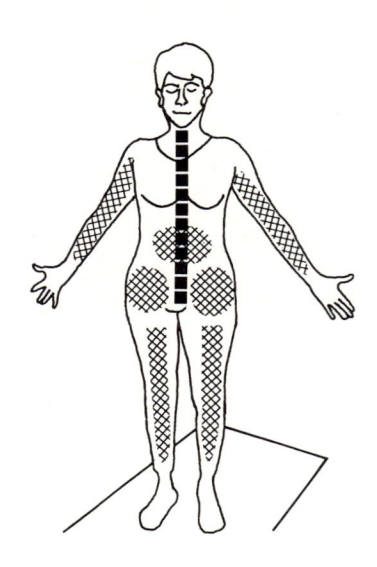

Ausgangsstellung:

Stand: Haltungskontrolle
Füße hüftbreit auseinandergestellt
Zehen zeigen nach vorn

Anzahl:

3mal wiederholen

Ausführung:

Bauch- und Gesäßmuskeln spannen
Beinmuskeln spannen
Schultern etwas zurücknehmen
Rücken strecken
Arme nach außen drehen
leicht vom Körper abspreizen
Finger spreizen
Kopf und Nacken lang herausstrecken
Spannung halten, bis 10 zählen
Spannung lösen

Aufpassen:

Kopf nicht nach hinten beugen
Kinn leicht zum Brustkorb ziehen
weiter atmen

⋈⋈⋈⋈⋈ spannen
■■■■■ strecken

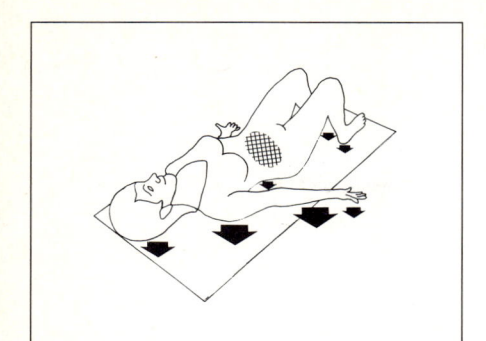

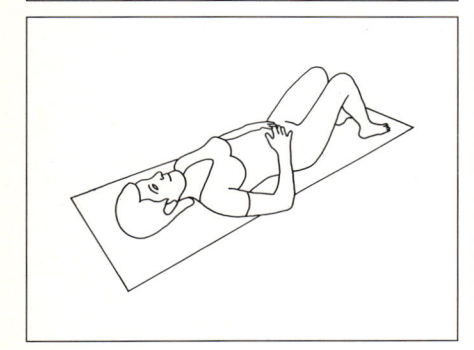

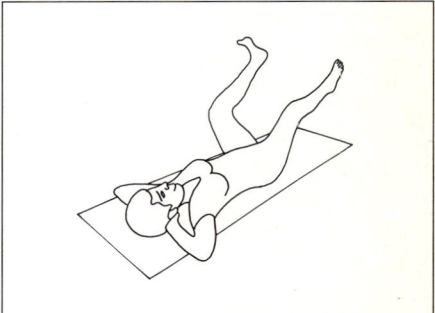

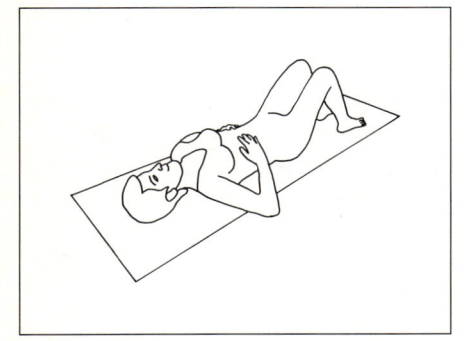

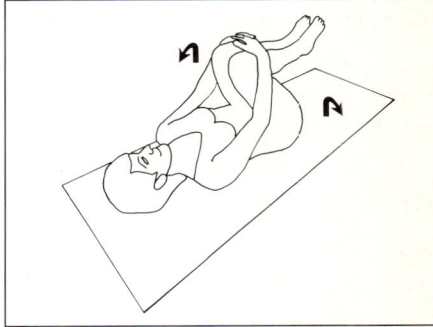

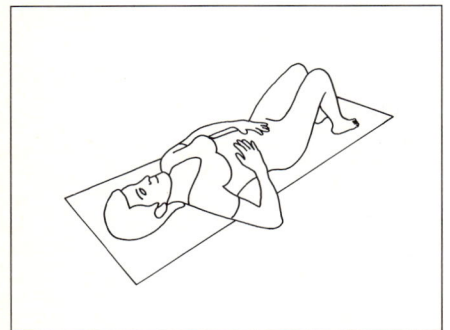

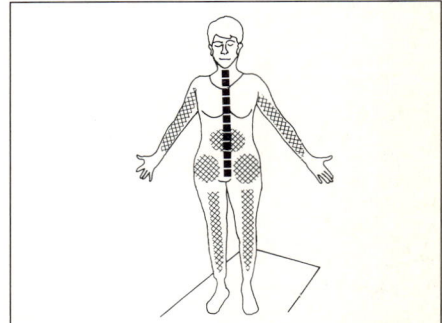

10
Übung 1-7

10. Übungstag

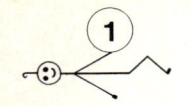

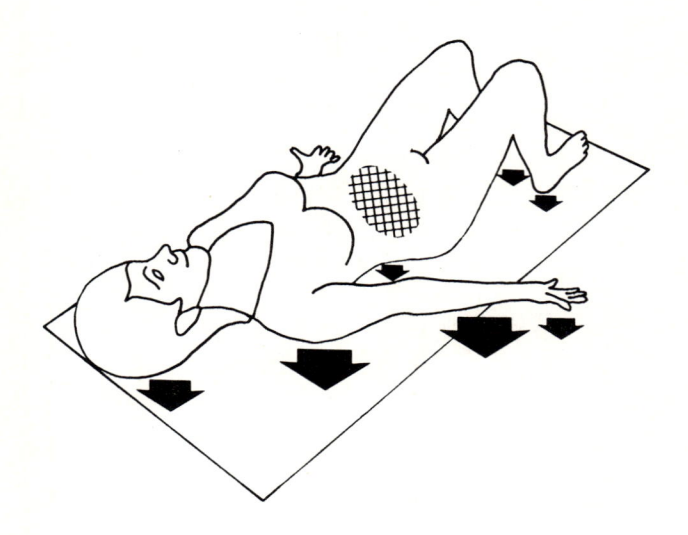

Ausgangsstellung:

Rückenlage
Beine gebeugt
Fersen am Boden
Arme gestreckt leicht abgespreizt
neben dem Körper
Handflächen nach oben

Anzahl:

3mal wiederholen

Ausführung:

Bauchmuskeln spannen
Kreuz in den Boden drücken
Fersen in den Boden drücken
Arme und Hände in den Boden drücken
Hinterkopf in den Boden drücken
Spannung halten, bis 10 zählen
Spannung lösen bis 5 zählen
Übung wiederholen

Aufpassen:

weiter atmen

XXXXXX spannen
▶ drücken

74

10. Übungstag

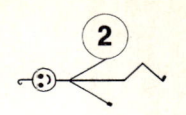

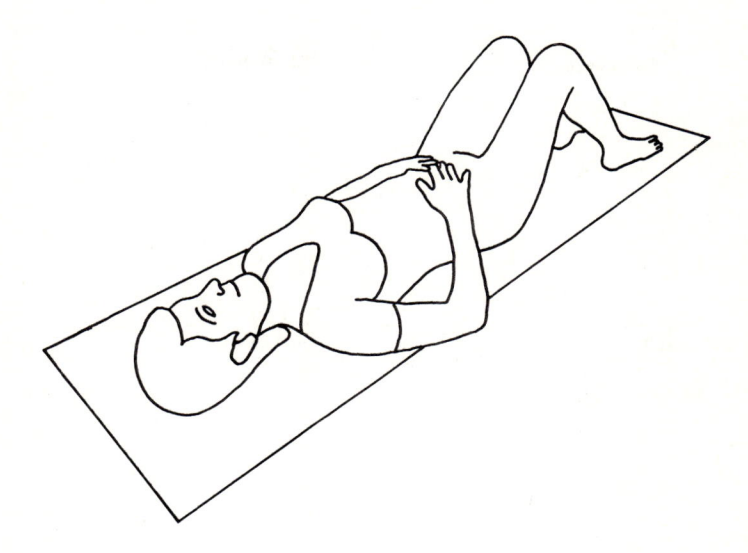

Ausgangsstellung:

Rückenlage
Beine leicht gebeugt
Füße am Boden
Arme gestreckt neben dem Körper

Anzahl:

3mal wiederholen

Ausführung:
Atemübung:
Bauchatmung:
beide Hände leicht auf den Bauch legen
nun tief einatmen
aufpassen: nicht pressen
spüren, wie der Bauch sich hebt
nun langsam ausatmen
spüren, wie der Bauch sich senkt
4 mal tief ein- und ausatmen
dann ruhig weiter atmen und beide Beine leicht zur Seite hin und her wiegen

Aufpassen:

nicht pressen
mit der Nase einatmen
durch die Nase ausatmen

10. Übungstag

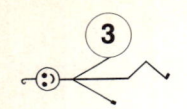

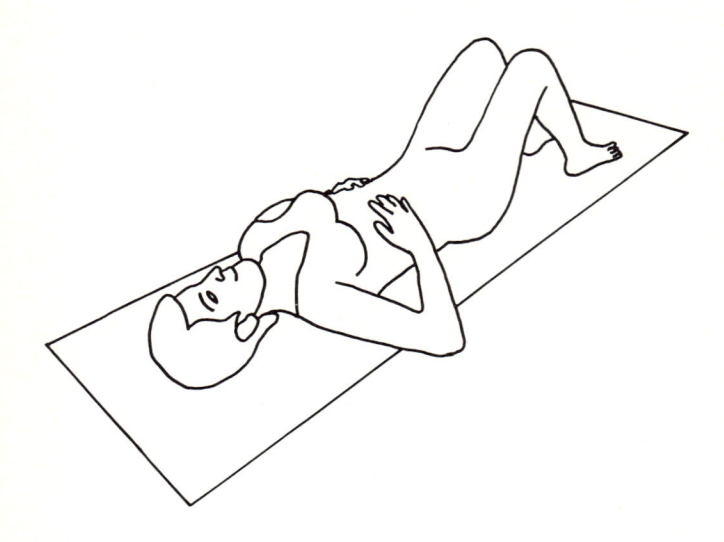

Ausgangsstellung:

Rückenlage
Beine leicht gebeugt
Füße am Boden
Arme gestreckt neben dem Körper

Anzahl:

3mal wiederholen

Ausführung:

Atemübung:
Flankenatmung:
beide Hände leicht an die Rippen legen, nun tief in die Rippenbögen einatmen
spüren, wie die Rippen zur Seite und nach oben gehen
nun langsam ausatmen
spüren, wie die Rippen nach vorn und unten sinken
4 mal tief ein- und ausatmen
dann ruhig weiter atmen und beide Beine leicht zur Seite hin und her wiegen

Aufpassen:

nicht pressen
mit der Nase einatmen
durch die Nase ausatmen

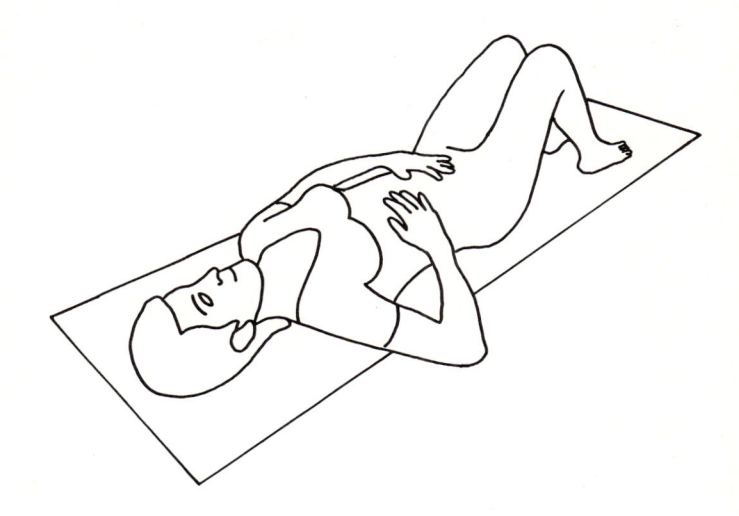

10. Übungstag

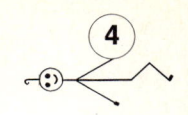

Ausgangsstellung:

Rückenlage
Beine leicht gebeugt
Füße am Boden
Arme gestreckt neben dem Körper

Anzahl:

3mal wiederholen

Aufpassen:

nicht pressen
mit der Nase einatmen
durch die Nase ausatmen

Ausführung:

Atemübung:
Bauch- und Flankenatmung:
eine Hand auf den Bauch legen, die andere Hand an die Rippen legen
nun zunächst in den Bauch einatmen
spüren, wie sich der Bauch hebt
dann weiter die Luft in die Rippenbögen einatmen
spüren, wie die Rippen zur Seite und nach oben gehen
nun langsam ausatmen
spüren, wie der Bauch sich als erstes senkt, und wie dann die Rippen nach vorn und unten sinken
4 mal tief ein- und ausatmen
dann ruhig weiter atmen und beide Beine leicht zur Seite hin und her wiegen

10. Übungstag

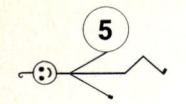

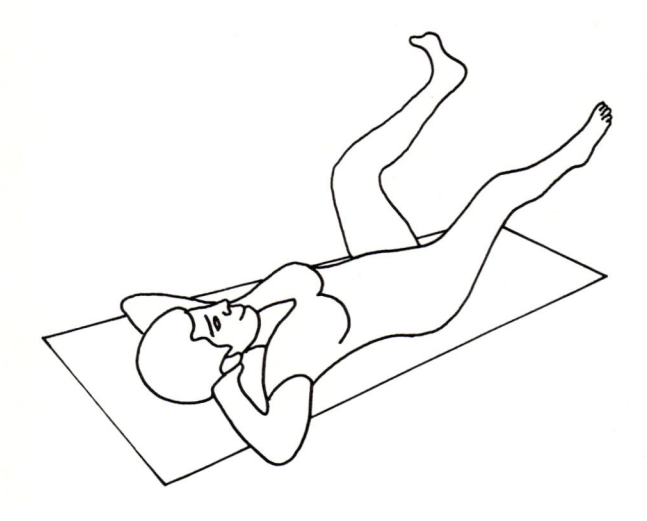

Ausgangsstellung:

Rückenlage
Beine leicht gebeugt
Füße am Boden
Arme gestreckt neben dem Körper

Anzahl:

3mal wiederholen

Ausführung:

Hände unter den Kopf legen
beide Beine nach oben strecken
nun mit den Beinen radfahren
ein paar Sekunden radfahren
dann kleine Pause machen

Aufpassen:

gut die Füße (Pedale) mitbewegen
weiter atmen

10. Übungstag

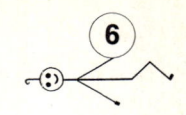

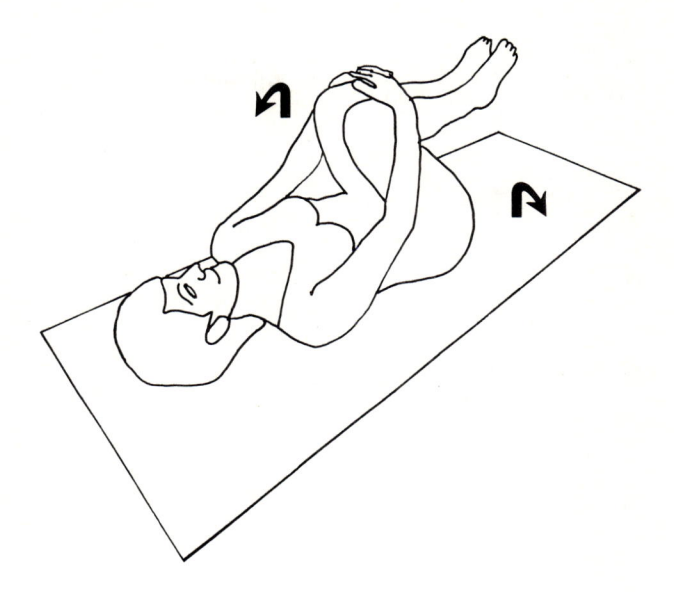

Ausgangsstellung:

Rückenlage
Beine gebeugt
Füße am Boden
Arme neben dem Körper

Anzahl:

einige Male hin und her wiegen

Ausführung:

beide Knie an den Bauch ziehen
mit beiden Händen die Knie fassen
bei Kniebeschwerden die Beine unter
den Knien halten
auf dem Rücken leicht zur Seite
nach rechts und links wiegen

Aufpassen:

nicht zur Seite umfallen
der Kopf bleibt liegen

Bewegungsrichtung

10. Übungstag

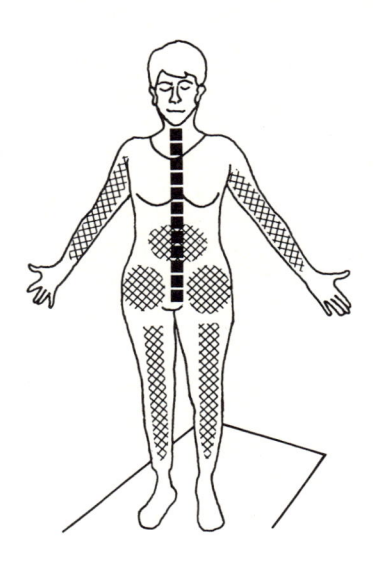

Ausgangsstellung:

Stand: Haltungskontrolle
Füße hüftbreit auseinandergestellt
Zehen zeigen nach vorn

Anzahl:

3mal wiederholen

Ausführung:

Bauch- und Gesäßmuskeln spannen
Beinmuskeln spannen
Schultern etwas zurücknehmen
Rücken strecken
Arme nach außen drehen
leicht vom Körper abspreizen
Finger spreizen
Kopf und Nacken lang herausstrecken
Spannung halten, bis 10 zählen
Spannung lösen

Aufpassen:

Kopf nicht nach hinten beugen
Kinn leicht zum Brustkorb ziehen
weiter atmen

XXXXXX spannen
▪▪▪▪▪ strecken

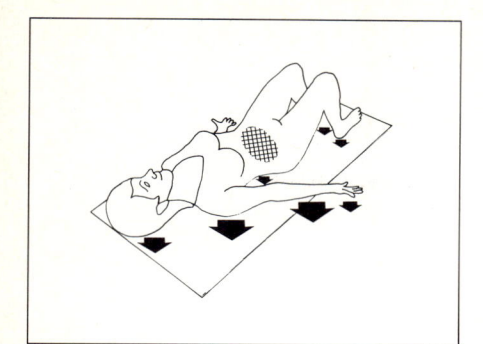

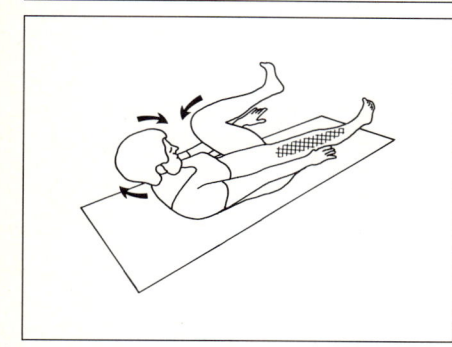

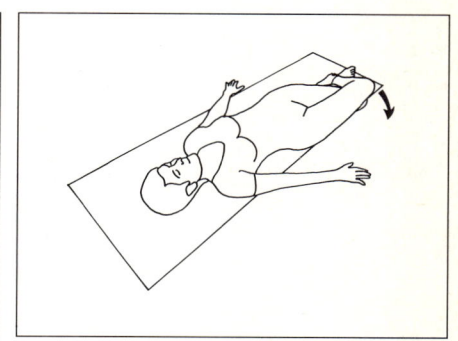

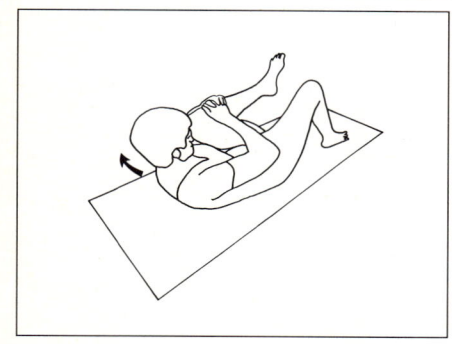

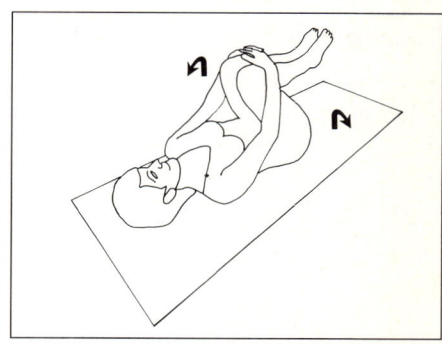

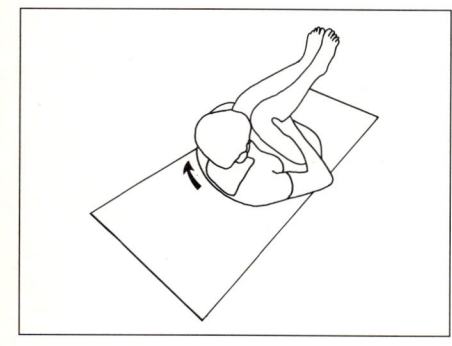

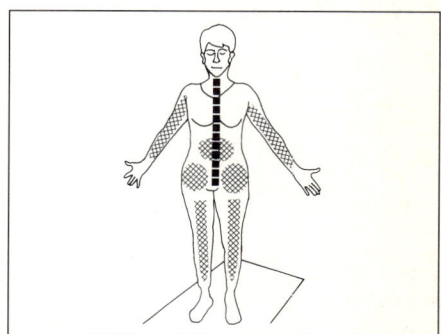

11
Übung 1-7

11. Übungstag

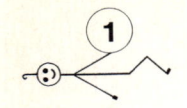

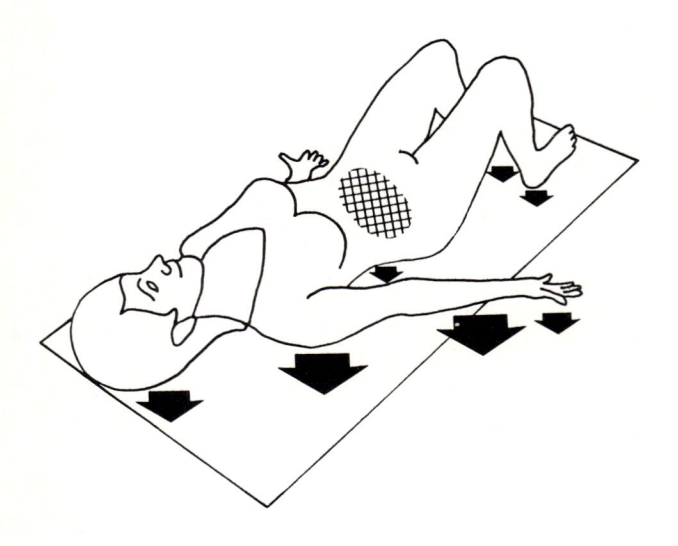

Ausgangsstellung:

Rückenlage
Beine gebeugt
Fersen am Boden
Arme gestreckt leicht abgespreizt
neben dem Körper
Handflächen nach oben

Anzahl:

3mal wiederholen

Ausführung:

Bauchmuskeln spannen
Kreuz in den Boden drücken
Fersen in den Boden drücken
Arme und Hände in den Boden
drücken
Hinterkopf in den Boden drücken
Spannung halten, bis 10 zählen
Spannung lösen bis 5 zählen
Übung wiederholen

Aufpassen:

weiter atmen
Spannung halten
bis 10 zählen

⋈⋈⋈⋈ spannen
▶ drücken

11. Übungstag

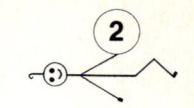

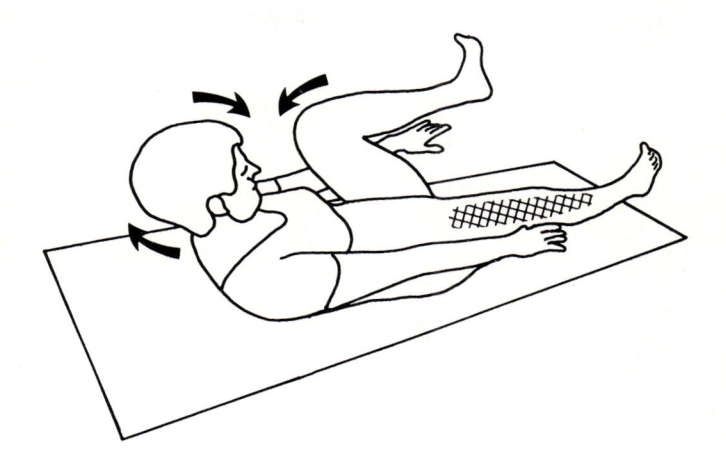

Ausgangsstellung:

Rückenlage
Beine gebeugt
Füße am Boden
Arme gestreckt neben dem Körper

Anzahl:

2mal jedes Bein üben

xxxxxx spannen
→ Bewegungsrichtung

Ausführung:

ein Bein an den Bauch heranbeugen
Arme in Körperhöhe anheben
Kopf anheben
Kopf und Knie aufeinander zu bewegen
Fußrücken anbeugen
das Bein langsam strecken, aber nicht ablegen, wieder zum Bauch heranbeugen
Oberkörper und Kopf langsam zurücklegen
Bauchmuskeln spannen, Kreuz in den Boden drücken
Bein zurückstellen
Spannung lösen

Aufpassen:

weiter atmen

11. Übungstag

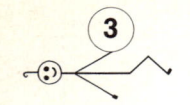

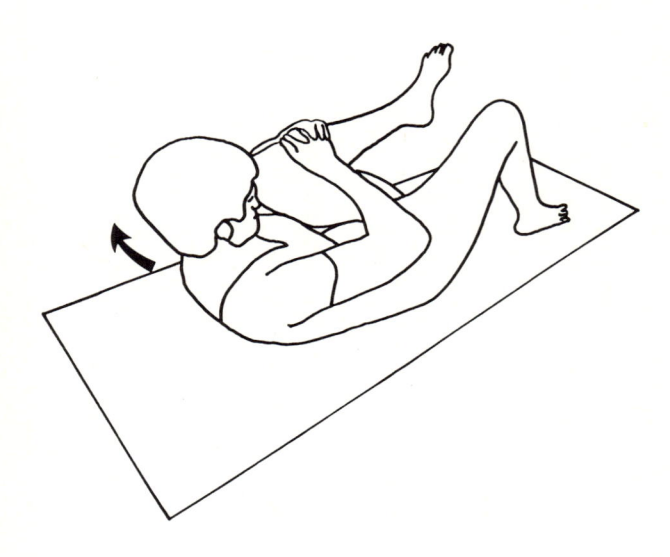

Ausgangsstellung:

Rückenlage
Beine gebeugt
Füße am Boden
Arme gestreckt neben dem Körper

Anzahl:

2mal jedes Bein üben

Ausführung:

ein Bein an den Bauch heranbeugen
die Hände umfassen das Knie
den Kopf langsam zum Knie heranbeugen
Oberkörper und Kopf zurücklegen
Bauchmuskulatur spannen, Kreuz in den Boden drücken
Bein zurückstellen
Spannung lösen

Aufpassen:

weiter atmen

↪ Bewegungsrichtung

11. Übungstag

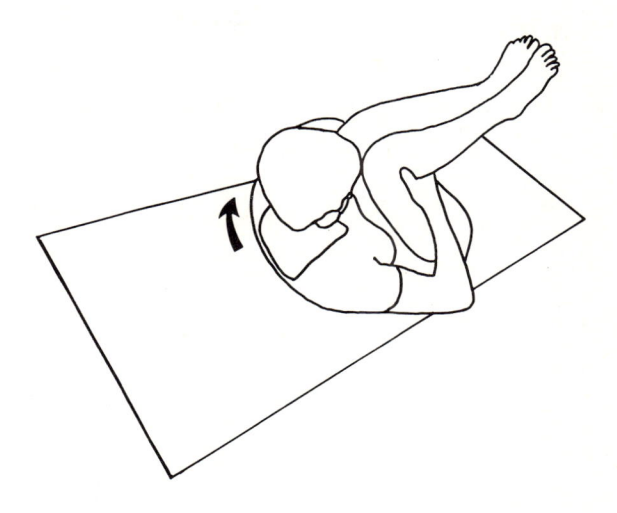

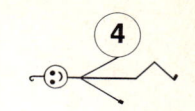

Ausgangsstellung:

Rückenlage
Beine gebeugt
Füße am Boden
Arme gestreckt neben dem Körper

Anzahl:

3mal wiederholen

Ausführung:

beide Beine an den Bauch heranbeugen
die Beine unter den Knien fassen
den Kopf an die Knie heranbeugen
die Position einen Augenblick halten, weiter atmen
Oberkörper und Kopf zurücklegen
Bauchmuskeln spannen
Kreuz in den Boden drücken
die Beine zusammen oder einzeln zurückstellen
Spannung lösen

Aufpassen:

weiter atmen

↘ Bewegungsrichtung

11. Übungstag

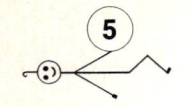

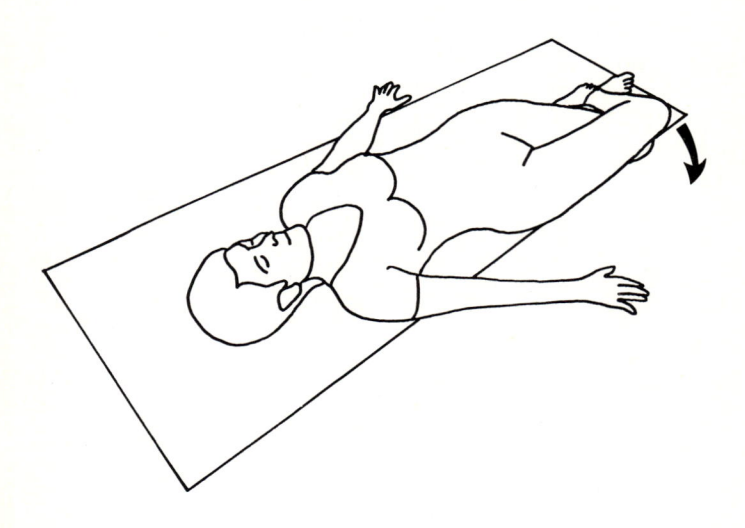

Ausgangsstellung:

Rückenlage
Beine gebeugt
Füße am Boden
Arme gestreckt neben dem Körper

Anzahl:

2mal jede Seite wiederholen

Ausführung:

Dehnübung:

das rechte Bein über das linke schlagen
beide Beine zur rechten Seite senken
in dieser Position einen Augenblick bleiben
Beine zur Mittelstellung aufrichten

Aufpassen:

die Knie nicht mit Spannung zum Boden drücken

➜ Bewegungsrichtung

11. Übungstag

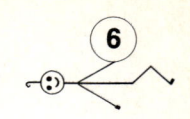

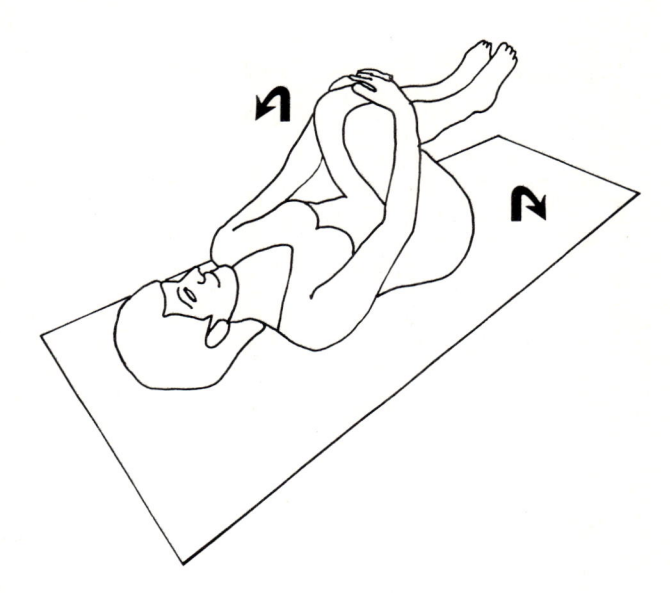

Ausgangsstellung:

Rückenlage
Beine gebeugt
Füße am Boden
Arme neben dem Körper

Anzahl:

einige Male hin und her wiegen

Ausführung:

beide Knie an den Bauch ziehen
mit beiden Hände die Knie fassen
bei Kniebeschwerden die Beine unter
den Knien halten
auf dem Rücken leicht zur Seite nach
rechts und links wiegen

Aufpassen:

nicht zur Seite umfallen
der Kopf bleibt liegen

↘ Bewegungsrichtung

11. Übungstag

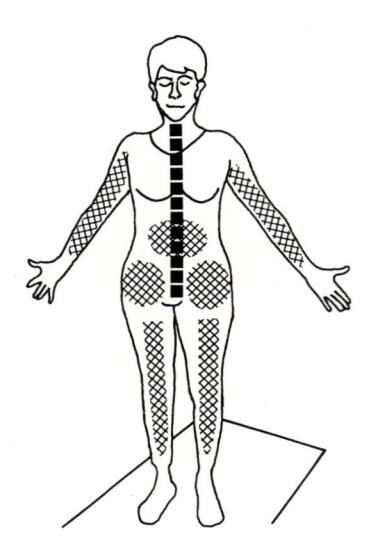

Ausgangsstellung:

Stand: Haltungskontrolle
Füße hüftbreit auseinandergestellt
Zehen zeigen nach vorn

Anzahl:

3mal wiederholen

Ausführung:

Bauch- und Gesäßmuskeln spannen
Beinmuskeln spannen
Schultern etwas zurücknehmen
Rücken strecken
Arme nach außen drehen
leicht vom Körper abspreizen
Finger spreizen
Kopf und Nacken lang herausstrecken
Spannung halten, bis 10 zählen
Spannung lösen

Aufpassen:

Kopf nicht nach hinten beugen
Kinn leicht zum Brustkorb ziehen
weiter atmen

     xxxxxx    spannen
     ■■■■■    strecken

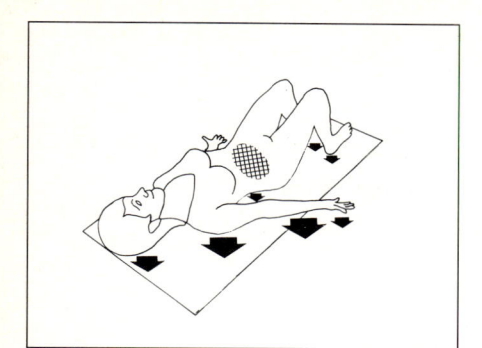

12

Übung 1-7

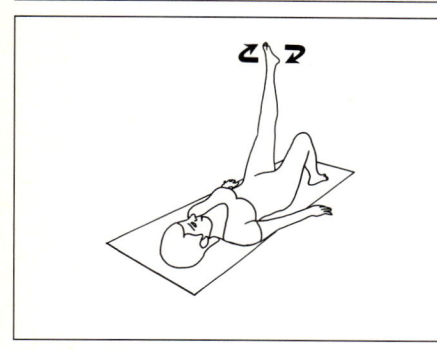

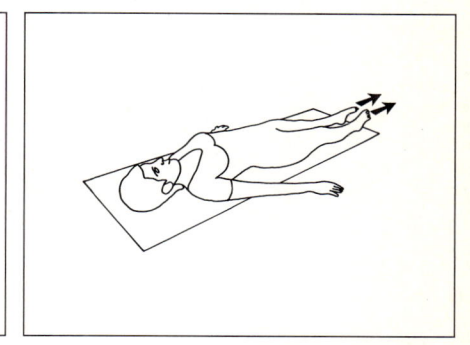

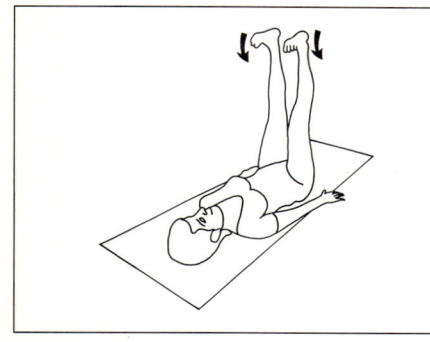

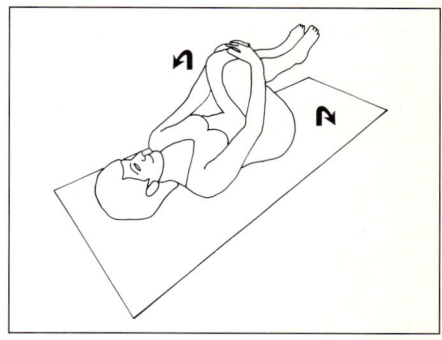

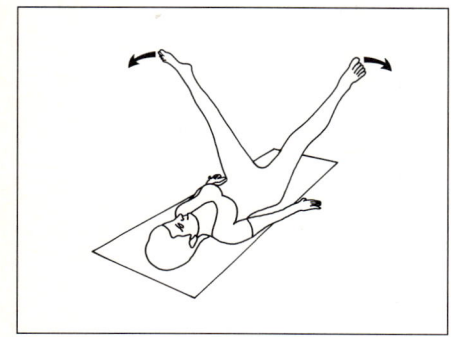

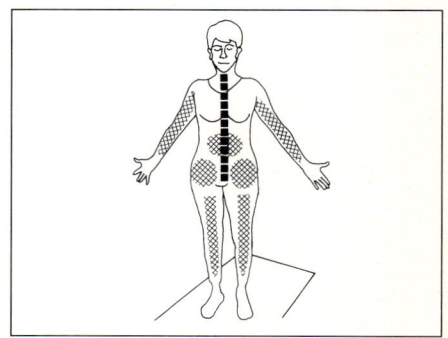

12. Übungstag

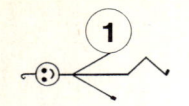

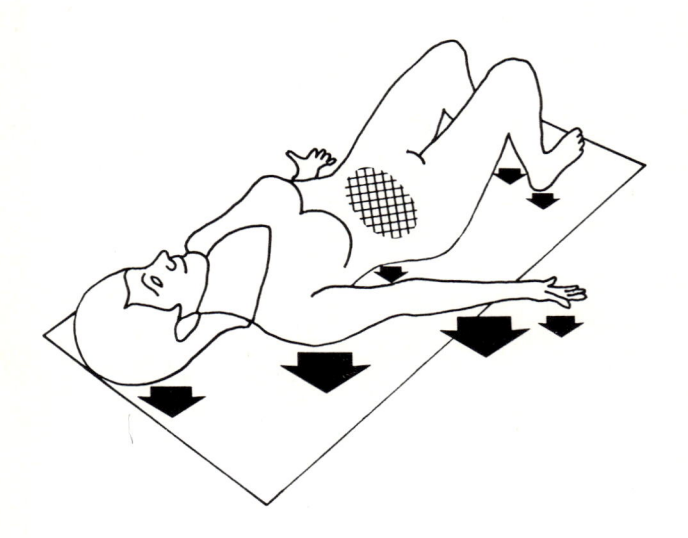

Ausgangsstellung:

Rückenlage
Beine gebeugt
Fersen am Boden
Arme gestreckt leicht abgespreizt
neben dem Körper
Handflächen nach oben

Anzahl:

3mal wiederholen

Ausführung:

Bauchmuskeln spannen
Kreuz in den Boden drücken
Fersen in den Boden drücken
Arme und Hände in den Boden drücken
Hinterkopf in den Boden drücken
Spannung halten, bis 10 zählen
Spannung lösen bis 5 zählen
Übung wiederholen

Aufpassen:

weiter atmen
Spannung halten
bis 10 zählen

XXXXXX   spannen
▶   drücken

12. Übungstag

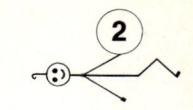

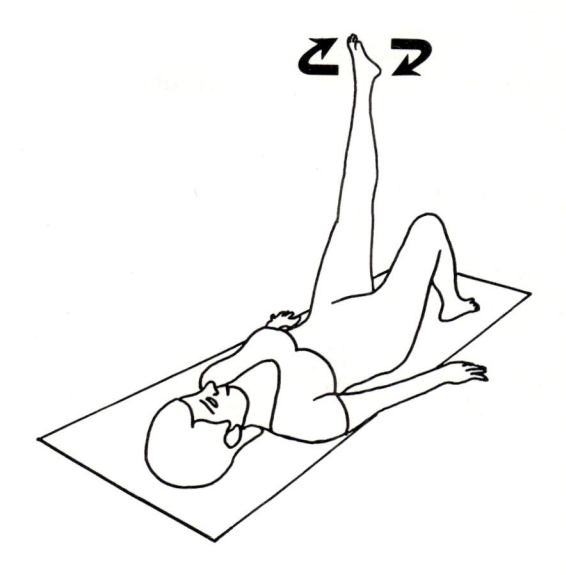

Ausgangsstellung:

Rückenlage
Beine gebeugt
Füße am Boden
Arme gestreckt neben dem Körper

Anzahl:

die Füße einige Male kreisen
2 mal jedes Bein üben

Ausführung:

ein Bein nach oben strecken
Fuß im Fußgelenk kreisen
in beiden Richtungen
Beine wechseln

Aufpassen:

das Becken bleibt am Boden
liegen, nicht aufrollen

→   Bewegungsrichtung

12. Übungstag

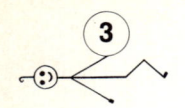

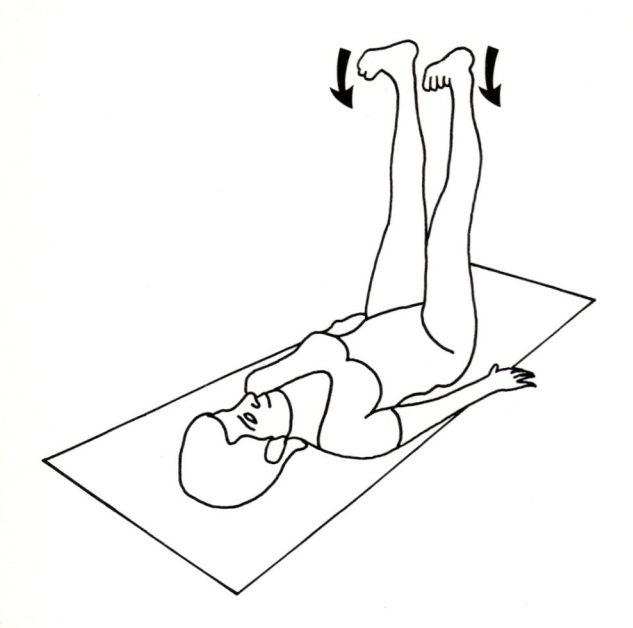

Ausgangsstellung:

Rückenlage
Beine gebeugt
Füße am Boden
Arme gestreckt neben dem Körper

Anzahl:

Übung 3mal wiederholen

Ausführung:

beide Beine nach oben strecken
beide Fußrücken ein paar Mal
anbeugen und wieder strecken
Beine beugen und langsam mit
Bauchmuskelspannung zurückstellen

Aufpassen:

Knie bleiben gerade
das Becken bleibt am Boden liegen

� Bewegungsrichtung

12. Übungstag

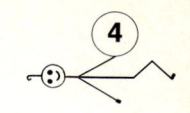

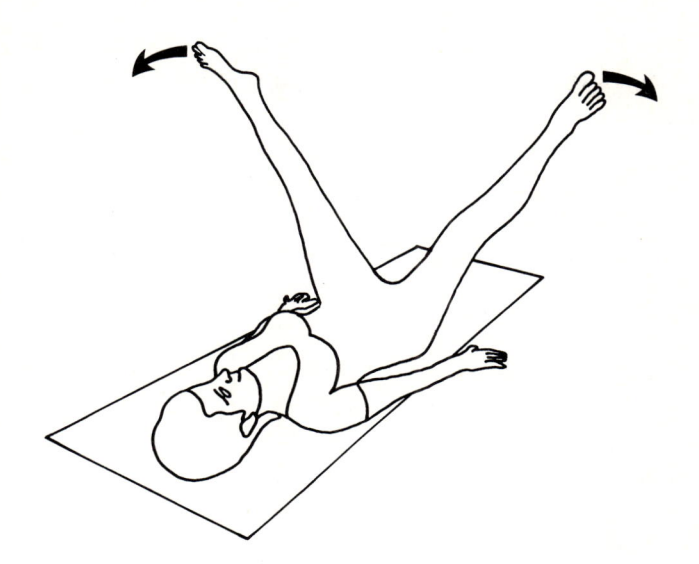

Ausgangsstellung:

Rückenlage
Beine gebeugt
Füße am Boden
Arme gestreckt neben dem Körper

Anzahl:

3mal wiederholen

Ausführung:

beide Beine nach oben strecken
die Beine leicht spreizen und
schließen
5–10mal
Beine beugen und langsam mit
Bauchmuskelspannung zurückstellen

Aufpassen:

Knie bleiben gerade
das Becken bleibt am Boden liegen

➜ Bewegungsrichtung

12. Übungstag

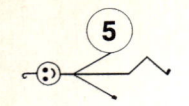

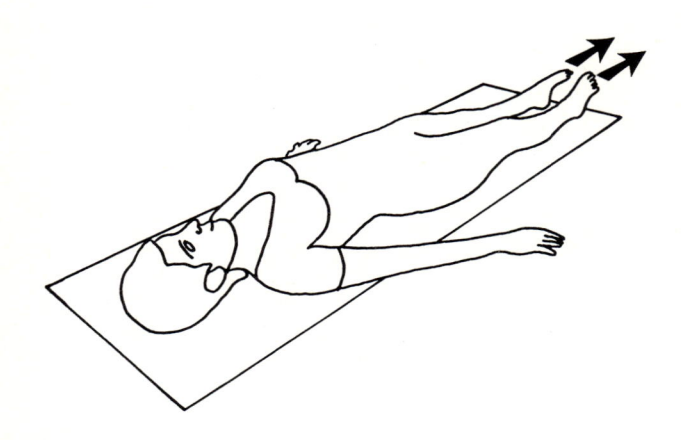

Ausgangsstellung:

Rückenlage
beide Beine gestreckt
Arme gestreckt neben dem Körper

Anzahl:

einige Male wiederholen

Ausführung:

Dehnübung:
beide Fußspitzen mit der Einatmung
nach unten ziehen
mit der Ausatmung die Spannung
lösen

Aufpassen:

Kreuz nicht an den Boden drücken
der Rücken wird bei dieser
Übung hohl

➡ Bewegungsrichtung

94

12. Übungstag

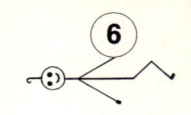

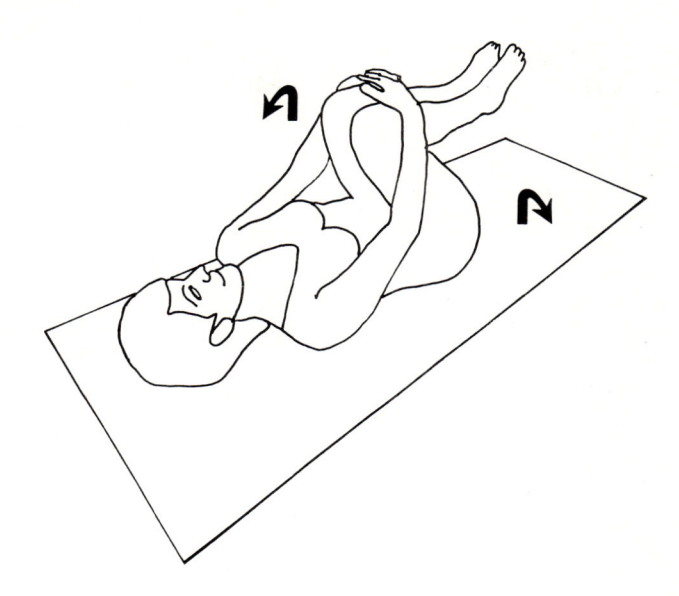

Ausgangsstellung:

Rückenlage
Beine gebeugt
Füße am Boden
Arme neben dem Körper

Anzahl:

einige Male hin und her wiegen

Ausführung:

beide Knie an den Bauch ziehen
mit beiden Händen die Knie fassen
bei Kniebeschwerden die Beine
unter den Knien halten
auf dem Rücken leicht zur Seite
nach rechts und links wiegen

Aufpassen:

nicht zur Seite umfallen
der Kopf bleibt liegen

Bewegungsrichtung

12. Übungstag

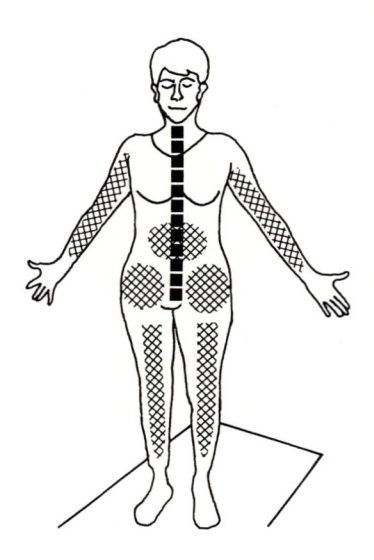

Ausgangsstellung:

Stand: Haltungskontrolle
Füße hüftbreit auseinandergestellt
Zehen zeigen nach vorn

Anzahl:

3mal wiederholen

Ausführung:

Bauch- und Gesäßmuskeln spannen
Beinmuskeln spannen
Schultern etwas zurücknehmen
Rücken strecken
Arme nach außen drehen
leicht vom Körper abspreizen
Finger spreizen
Kopf und Nacken lang herausstrecken
Spannung halten, bis 10 zählen
Spannung lösen

Aufpassen:

Kopf nicht nach hinten beugen
Kinn leicht zum Brustkorb ziehen
weiter atmen

▒▒▒▒▒ spannen
▬▬▬▬ strecken

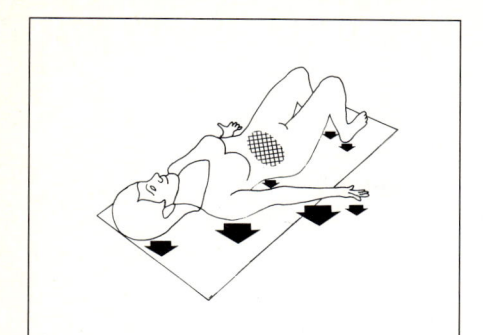

13

Übung 1-7

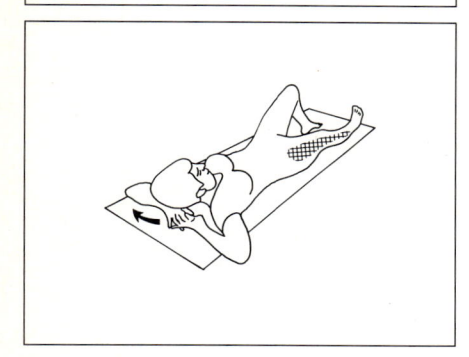

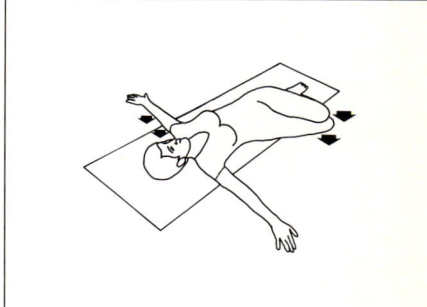

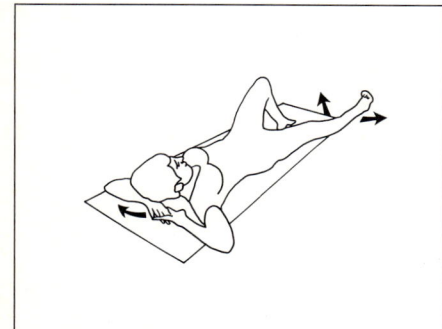

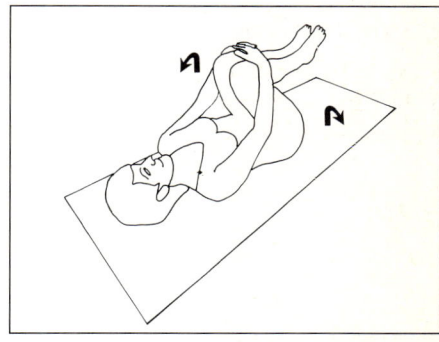

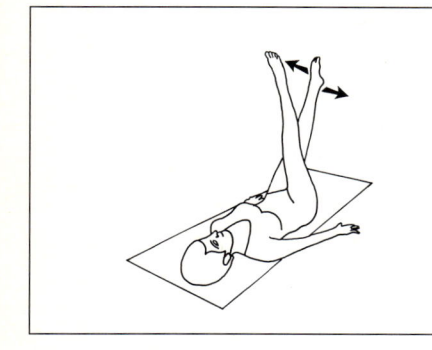

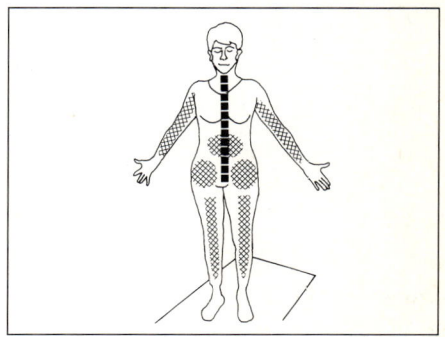

13. Übungstag

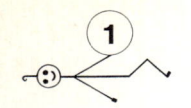

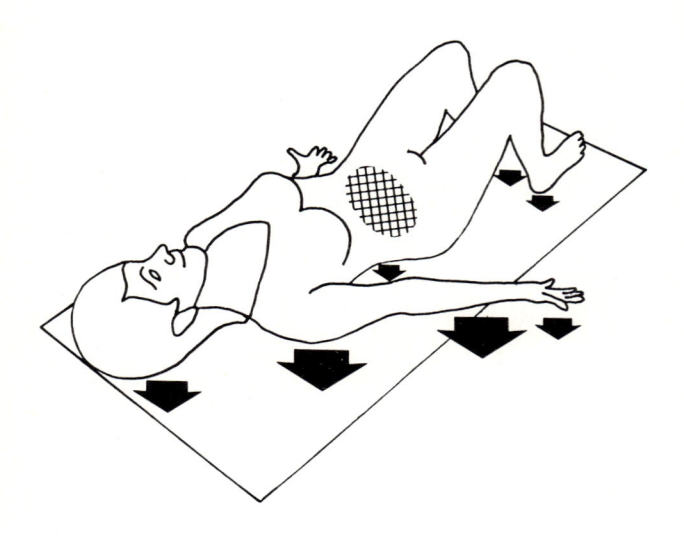

Ausgangsstellung:

Rückenlage
Beine gebeugt
Fersen am Boden
Arme gestreckt leicht abgespreizt neben dem Körper
Handflächen nach oben

Anzahl:

3mal wiederholen

Ausführung:

Bauchmuskeln spannen
Kreuz in den Boden drücken
Fersen in den Boden drücken
Arme und Hände in den Boden drücken
Hinterkopf in den Boden drücken
Spannung halten, bis 10 zählen
Spannung lösen bis 5 zählen
Übung wiederholen

Aufpassen:

weiter atmen
Spannung halten
bis 10 zählen

✝✝✝✝✝✝ spannen
▶ drücken

13. Übungstag

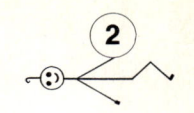

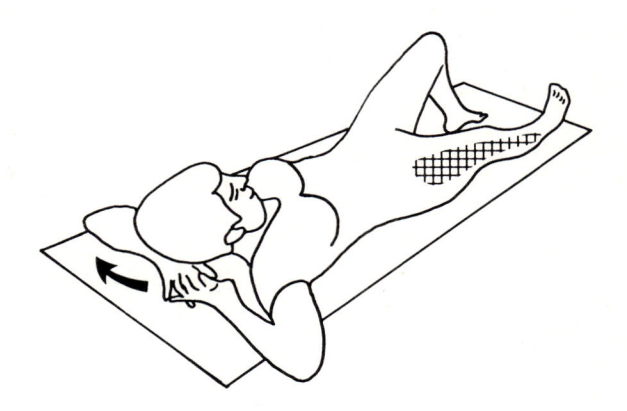

Ausgangsstellung:

Rückenlage
ein Bein gebeugt
das andere Bein gestreckt
beide Hände unter dem Kopf

Anzahl:

3mal jedes Bein üben

Ausführung:

den Fußrücken des gestreckten
Beines anbeugen
Kopf anheben, Hände bleiben am
Boden liegen
Fußspitze ansehen
Kopf langsam zurücklegen
Spannung lösen

Aufpassen:

weiter atmen

XXXXXX   spannen
→   Bewegungsrichtung

13. Übungstag

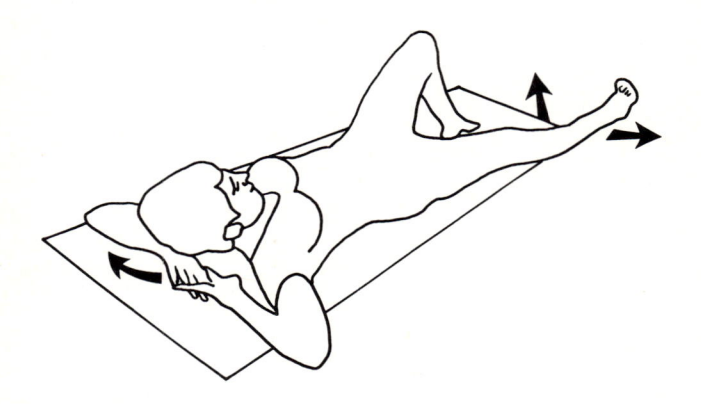

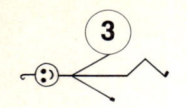

Ausgangsstellung:

Rückenlage
ein Bein gebeugt
das andere Bein gestreckt
beide Hände unter dem Kopf

Anzahl:

2mal jedes Bein üben

Ausführung:

den Fußrücken des gestreckten
Beines anbeugen
das gestreckte Bein etwas anheben
Kopf anheben, Hände bleiben am
Boden liegen
das gestreckte Bein zur Seite
spreizen, dabei die Fußspitze ansehen
das Bein zurückführen und ablegen
Kopf zurücklegen
Spannung lösen

Aufpassen:

das Bein nicht nach außen drehen
Kniescheibe zeigt immer nach oben

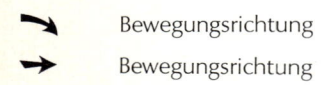

↘   Bewegungsrichtung
→   Bewegungsrichtung

13. Übungstag

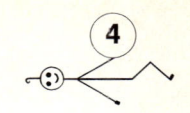

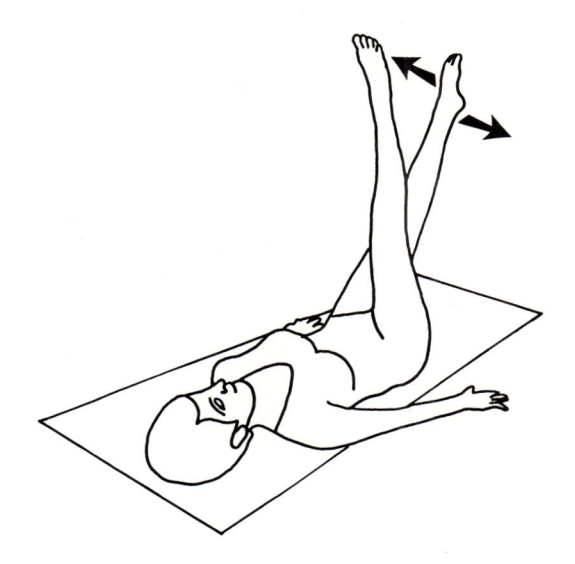

Ausgangsstellung:

Rückenlage
Beine gebeugt
Füße am Boden
Arme gestreckt neben dem Körper

Anzahl:

Übung 3mal wiederholen

Ausführung:

beide Beine nach oben strecken
die Beine leicht spreizen, beim
Schließen übereinanderscheren
5–10mal
Beine beugen und langsam mit
Bauchmuskelspannung zurückstellen

Aufpassen:

Knie bleiben möglichst gerade
das Becken bleibt am Boden liegen

➡ Bewegungsrichtung

13. Übungstag

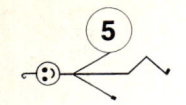

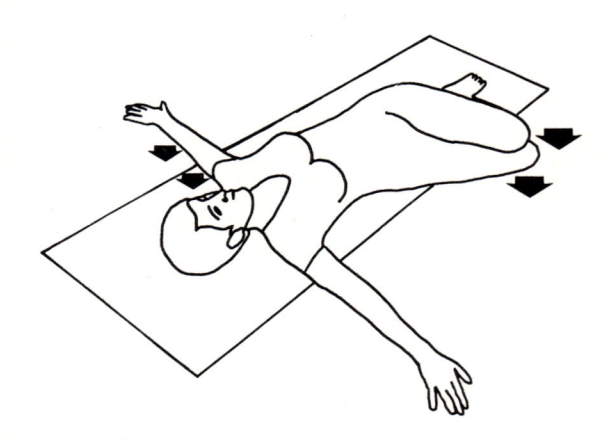

Ausgangsstellung:

Rückenlage
Beine gebeugt
Füße am Boden
Arme in Schulterhöhe gestreckt

Anzahl:

Übung 2mal (zur gleichen Seite) wiederholen

Ausführung:

beide Beine nach rechts zur Seite senken, Knie liegen aufeinander
beide Knie in den Boden drücken
den linken Arm dazu in den Boden drücken
Spannung einen Augenblick halten
Spannung lösen

Aufpassen:

Schultern bleiben am Boden liegen
weiter atmen

▶ drücken

13. Übungstag

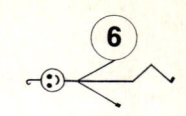

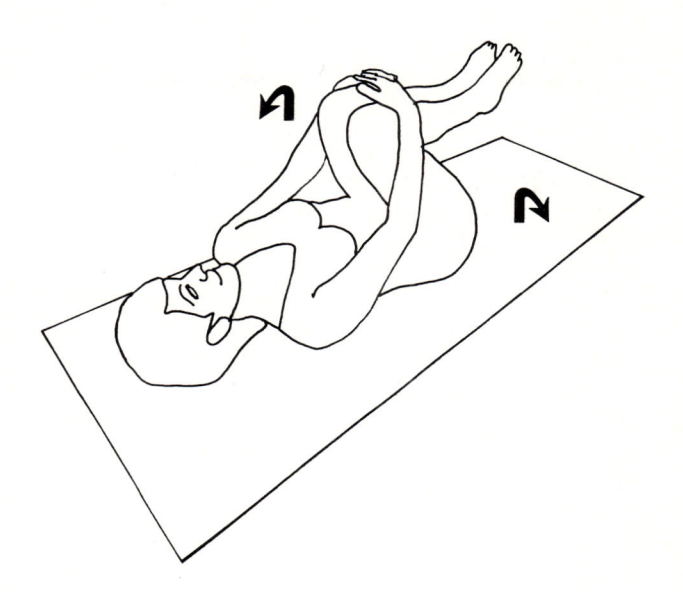

Ausgangsstellung:

Rückenlage
Beine gebeugt
Füße am Boden
Arme neben dem Körper

Anzahl:

einige Male hin und her wiegen

Ausführung:

beide Knie an den Bauch ziehen
mit beiden Händen die Knie fassen
bei Kniebeschwerden die Beine
unter den Knien halten
auf dem Rücken leicht zur Seite
nach rechts und links wiegen

Aufpassen:

nicht zur Seite umfallen
der Kopf bleibt liegen

→ Bewegungsrichtung

13. Übungstag

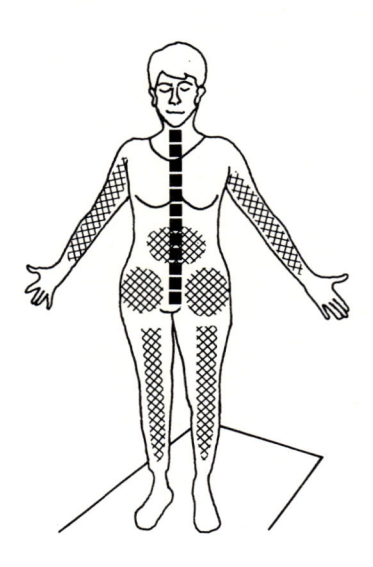

Ausgangsstellung:

Stand: Haltungskontrolle
Füße hüftbreit auseinandergestellt
Zehen zeigen nach vorn

Anzahl:

3mal wiederholen

Ausführung:

Bauch- und Gesäßmuskeln spannen
Beinmuskeln spannen
Schultern etwas zurücknehmen
Rücken strecken
Arme nach außen drehen
leicht vom Körper abspreizen
Finger spreizen
Kopf und Nacken lang herausstrecken
Spannung halten, bis 10 zählen
Spannung lösen

Aufpassen:

Kopf nicht nach hinten beugen
Kinn leicht zum Brustkorb ziehen
weiter atmen

⋙⋙⋙ spannen
■■■■■ strecken

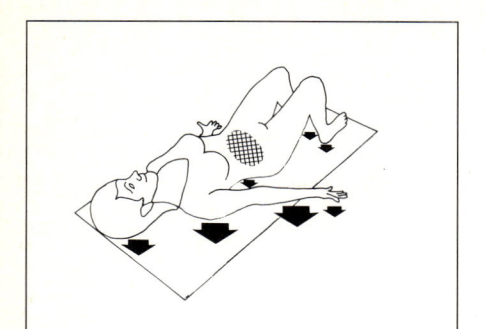

14

Übung 1-7

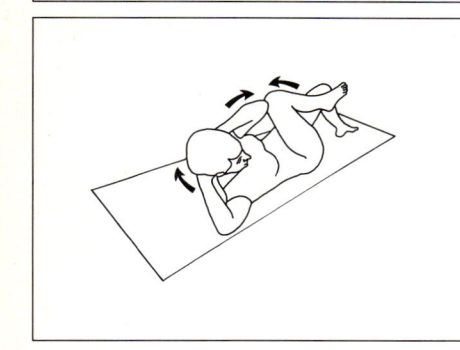

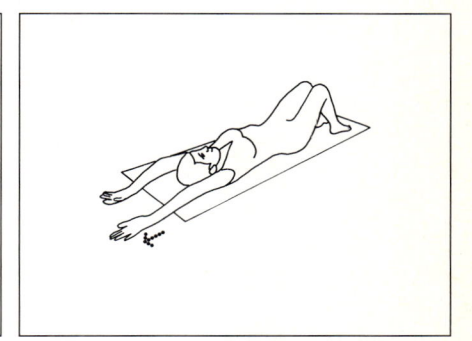

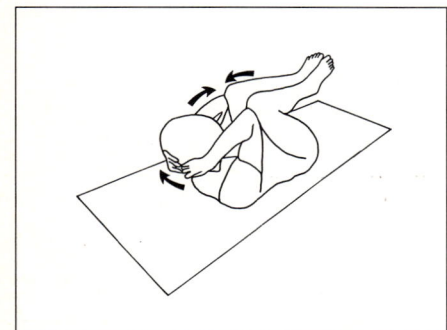

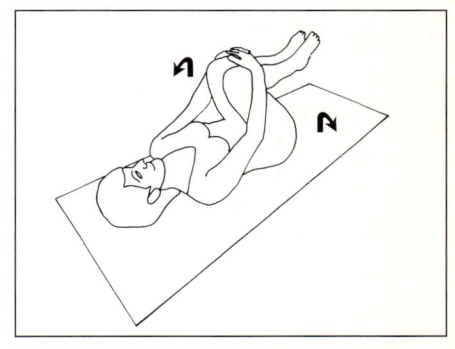

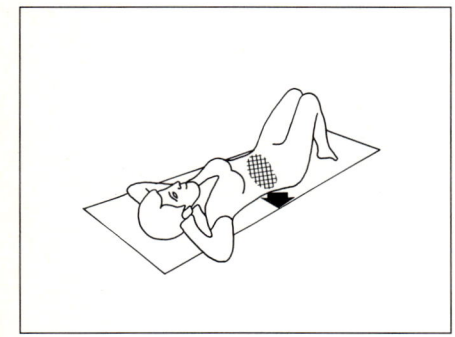

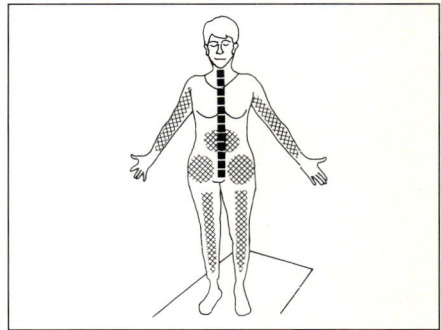

14. Übungstag

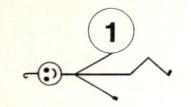

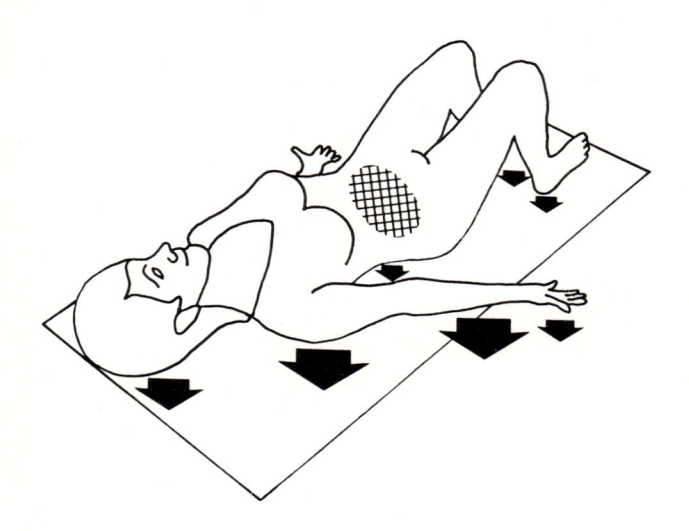

Ausgangsstellung:

Rückenlage
Beine gebeugt
Fersen am Boden
Arme gestreckt leicht abgespreizt
neben dem Körper
Handflächen nach oben

Anzahl:

3mal wiederholen

Ausführung:

Bauchmuskeln spannen
Kreuz in den Boden drücken
Fersen in den Boden drücken
Arme und Hände in den Boden
drücken
Hinterkopf in den Boden drücken
Spannung halten, bis 10 zählen
Spannung lösen bis 5 zählen
Übung wiederholen

Aufpassen:

weiter atmen
Spannung halten
bis 10 zählen

⋙⋙⋙   spannen
▸   drücken

14. Übungstag

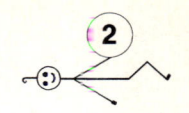

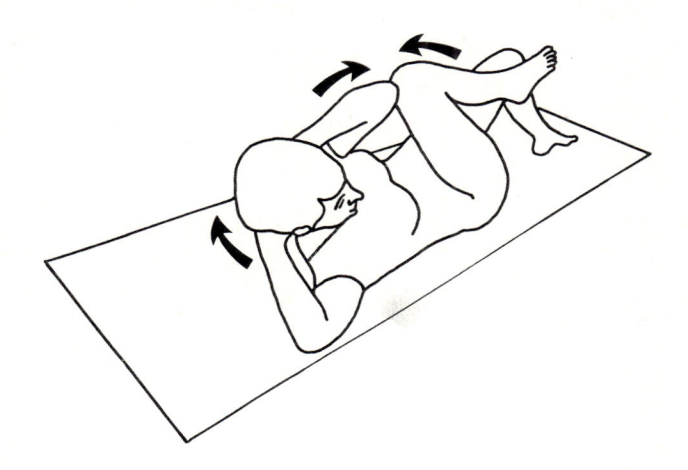

Ausgangsstellung:

Rückenlage
Beine gebeugt
Füße am Boden
beide Hände unter dem Kopf

Anzahl:

2mal jede Seite wiederholen

Ausführung:

rechtes Knie an den Bauch
heranbeugen
linken Ellbogen zum Knie führen
Kopf und Oberkörper mit aufrichten
langsam wieder zurücklegen
das rechte Bein mit
Bauchmuskelspannung zurückstellen

Aufpassen:

ausatmen beim Aufrichten
einatmen beim Zurücklegen

➔ Bewegungsrichtung

14. Übungstag

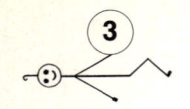

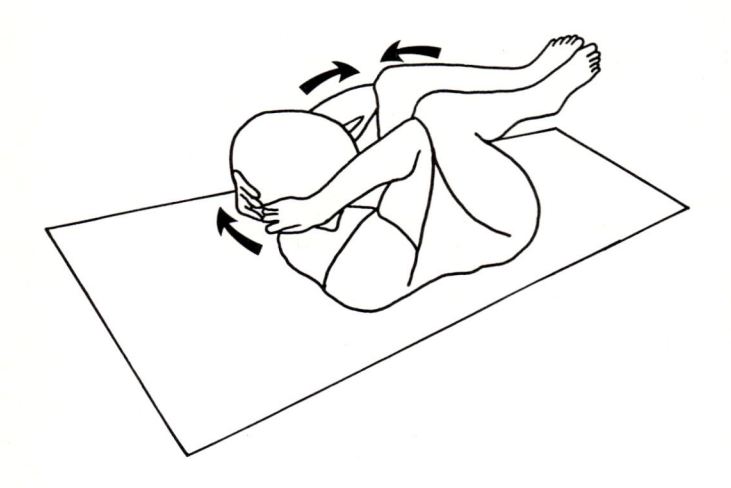

Ausgangsstellung:

Rückenlage
Beine gebeugt
Füße am Boden
beide Hände unter dem Kopf

Anzahl:

3mal üben

Ausführung:

beide Knie an den Bauch heranbeugen
beide Ellbogen zu den Knien führen
langsam wieder zurücklegen
beide Beine gemeinsam, oder nacheinander mit Bauchmuskelspannung zurückstellen

Aufpassen:

ausatmen beim Aufrichten
einatmen beim Zurücklegen

➤ Bewegungsrichtung

14. Übungstag

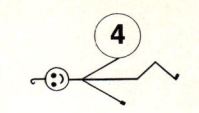

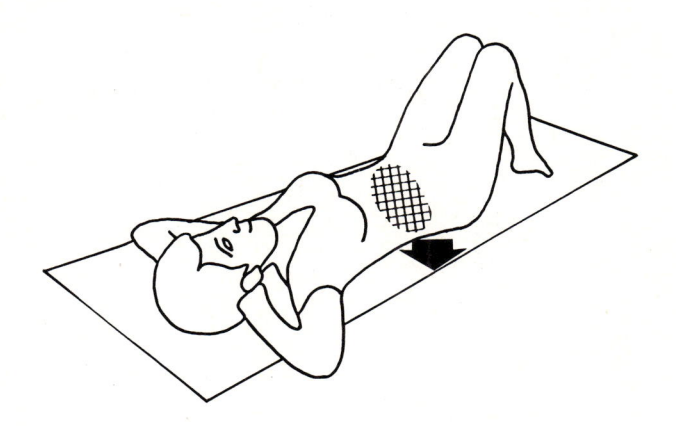

Ausgangsstellung:

Rückenlage
Beine gebeugt
Füße am Boden
beide Hände unter dem Kopf

Anzahl:

Übung einige Male wiederholen

Ausführung:

beide Beine an den Bauch
heranbeugen
nun langsam beide Fußspitzen zum
Boden senken
beide Beine an den Bauch
heranbeugen
nun langsam die Fersen zum
Boden senken
diese Übung im Wechsel üben

Aufpassen:

das Kreuz am Boden halten
weiter atmen

▨▨▨▨ spannen
▶ drücken

14. Übungstag

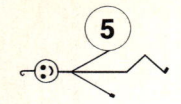

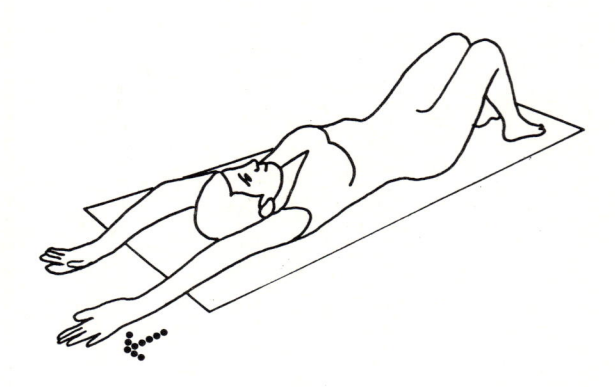

Ausgangsstellung:

Rückenlage
Beine gebeugt
Füße am Boden
beide Arme gestreckt über dem Kopf am Boden

Anzahl:

2mal jeden Arm üben

Ausführung:

Dehnübung:
mit der Einatmung einen Arm nach oben herausdehnen
beim Ausatmen den Arm zurückgleiten lassen

Aufpassen:

vorsichtig dehnen

dehnen

14. Übungstag

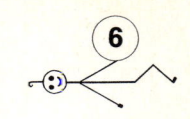

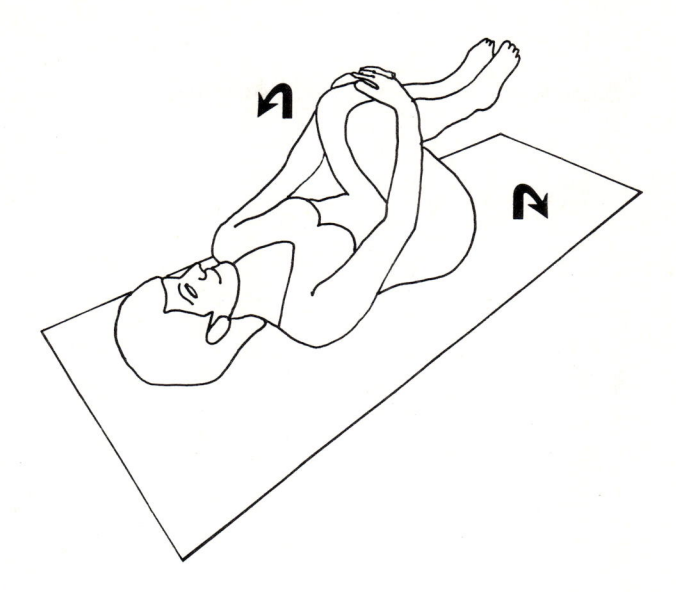

Ausgangsstellung:

Rückenlage
Beine gebeugt
Füße am Boden
Arme neben dem Körper

Anzahl:

einige Male hin und her wiegen

Ausführung:

beide Knie an den Bauch ziehen
mit beiden Händen die Knie fassen
bei Kniebeschwerden die Beine
unter den Knien halten
auf dem Rücken leicht zur Seite nach
rechts und links wiegen

Aufpassen:

nicht zur Seite umfallen
der Kopf bleibt liegen

➘ Bewegungsrichtung

14. Übungstag

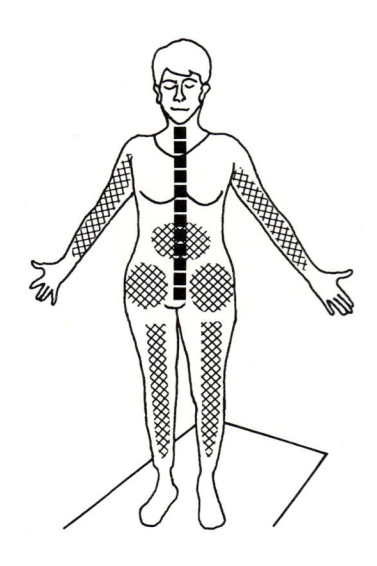

Ausgangsstellung:

Stand: Haltungskontrolle
Füße hüftbreit auseinandergestellt
Zehen zeigen nach vorn

Anzahl:

3mal wiederholen

Ausführung:

Bauch- und Gesäßmuskeln spannen
Beinmuskeln spannen
Schultern etwas zurücknehmen
Rücken strecken
Arme nach außen drehen
leicht vom Körper abspreizen
Finger spreizen
Kopf und Nacken lang herausstrecken
Spannung halten, bis 10 zählen
Spannung lösen

Aufpassen:

Kopf nicht nach hinten beugen
Kinn leicht zum Brustkorb ziehen
weiter atmen

▒▒▒▒▒ spannen
■■■■■ strecken

112

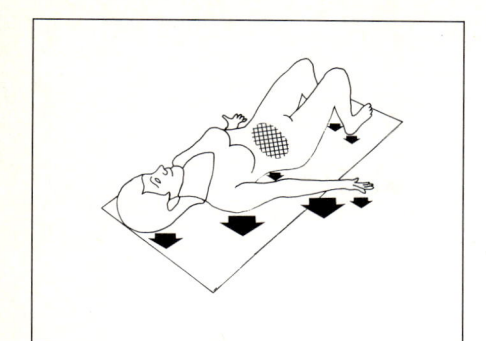

15

Übung 1-7

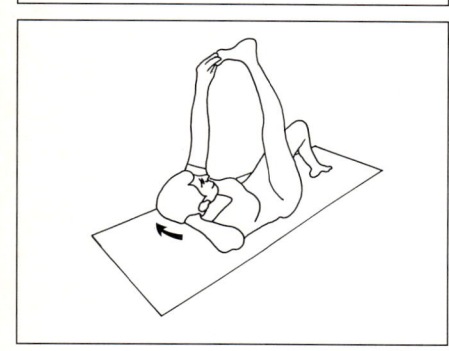

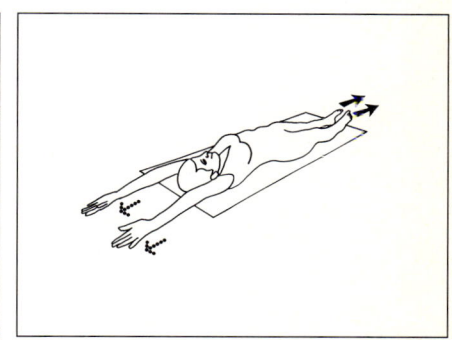

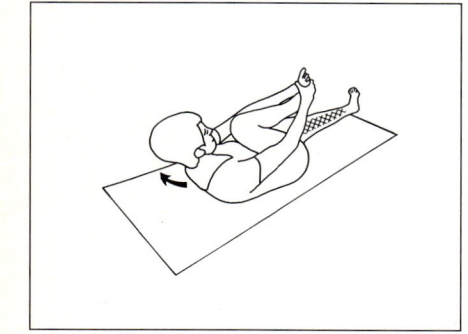

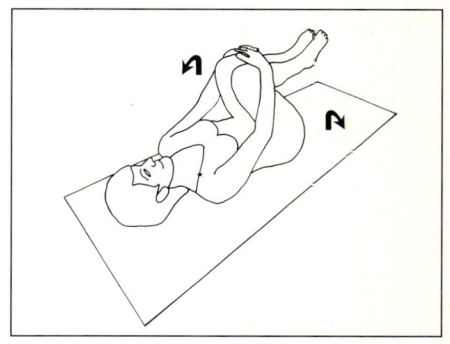

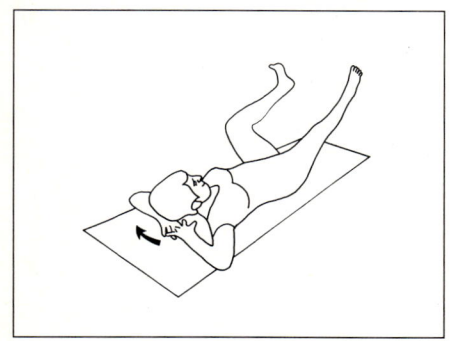

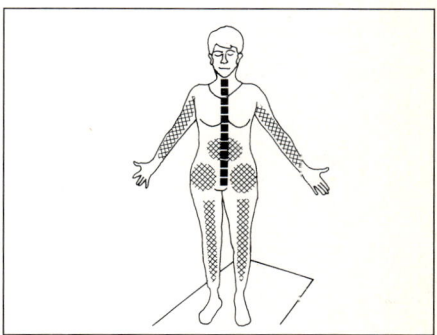

15. Übungstag

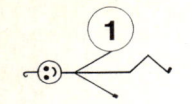

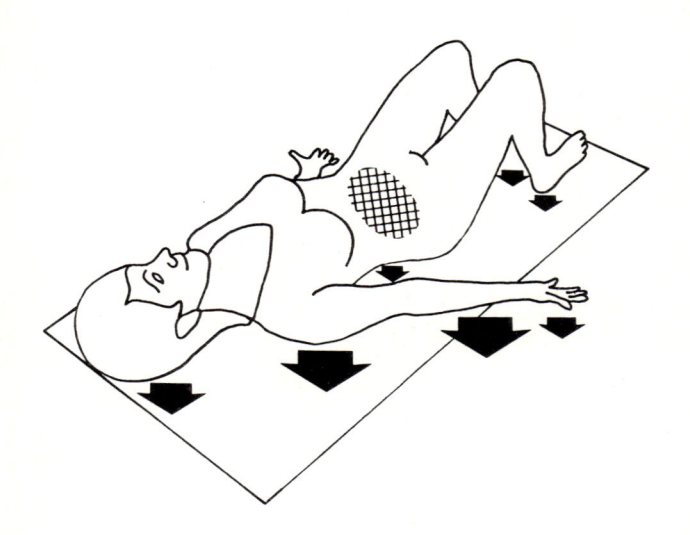

Ausgangsstellung:

Rückenlage
Beine gebeugt
Fersen am Boden
Arme gestreckt leicht abgespreizt
neben dem Körper
Handflächen nach oben

Anzahl:

3mal wiederholen

Ausführung:

Bauchmuskeln spannen
Kreuz in den Boden drücken
Fersen in den Boden drücken
Arme und Hände in den Boden
drücken
Hinterkopf in den Boden drücken
Spannung halten, bis 10 zählen
Spannung lösen bis 5 zählen
Übung wiederholen

Aufpassen:

weiter atmen
Spannung halten
bis 10 zählen

xxxxxx spannen
▶ drücken

15. Übungstag

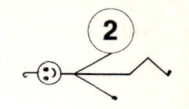

Ausgangsstellung:

Rückenlage
Beine gebeugt
Füße am Boden
beide Hände unter dem Kopf

Anzahl:

2mal jedes Bein üben

Ausführung:

rechtes Bein nach oben strecken
mit der linken Hand zum Fuß hoch greifen
den Kopf mit der rechten Hand unterstützen und anheben
langsam wieder zurücklegen
das Bein mit Bauchmuskelspannung zurückstellen

Aufpassen:

das Knie möglichst gestreckt lassen

➚ Bewegungsrichtung

15. Übungstag

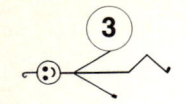

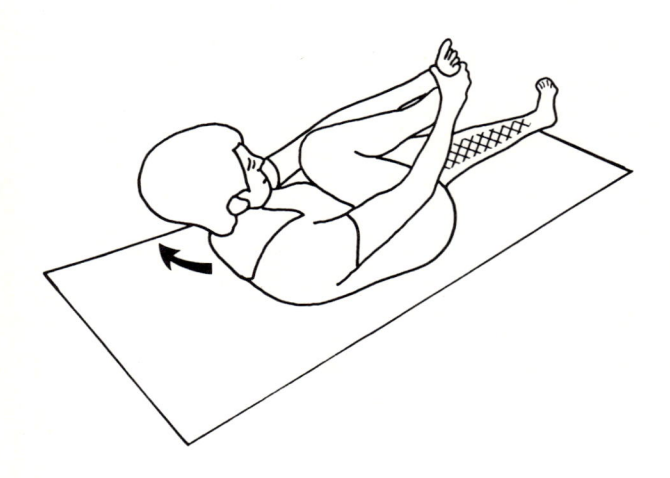

Ausgangsstellung:

Rückenlage
Beine gebeugt
Füße am Boden
Arme gestreckt neben dem Körper

Anzahl:

3mal jedes Bein strecken

XXXXXXX   spannen
➤   Bewegungsrichtung

Ausführung:

rechtes Bein an den Bauch
heranbeugen
beide Hände fassen den rechten Fuß
Kopf anheben, den Fuß loslassen
das Bein strecken, aber nicht
ablegen
nun das linke Knie an den Bauch
heranbeugen
beide Hände fassen den linken Fuß
Kopf bleibt während der Übung oben
den Fuß loslassen
das Bein strecken, gleichzeitig
das andere Bein an den Bauch
heranbeugen
beide Beine nun immer im Wechsel
beugen und strecken

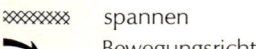

Aufpassen:

nicht zu schnell üben
weiter atmen

15. Übungstag

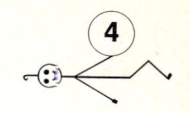

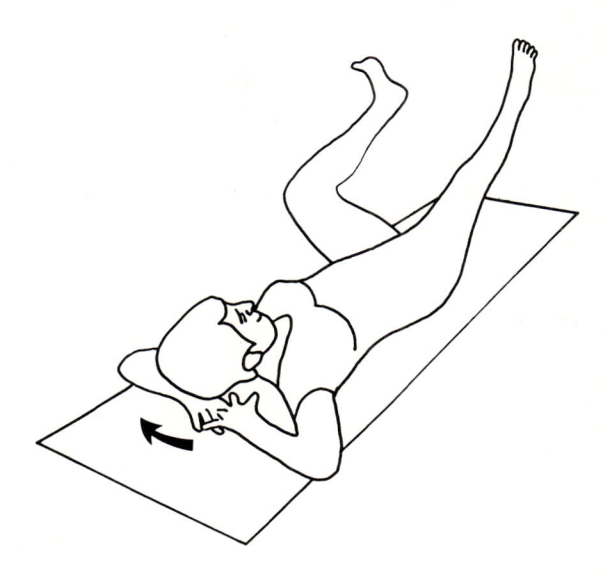

Ausgangsstellung:

Rückenlage
Beine gebeugt
Füße am Boden
beide Hände unter dem Kopf

Anzahl:

einige Male die Radfahrbewegung üben

Ausführung:

beide Knie an den Bauch heranbeugen
die Radfahrbewegung üben
den Kopf anheben, Arme und Hände am Boden lassen
auch rückwärts Radfahren
den Kopf langsam zurücklegen
beide Beine mit der Bauchmuskelspannung zurückstellen

Aufpassen:

das Becken bleibt am Boden liegen

↘ Bewegungsrichtung

15. Übungstag

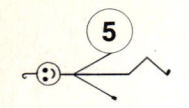

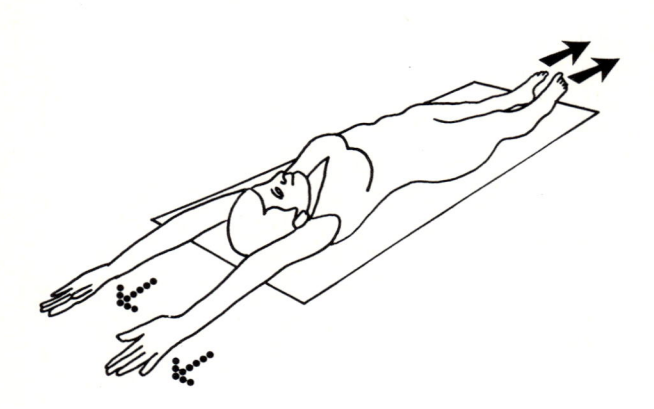

Ausgangsstellung:

Rückenlage
beide Beine gestreckt und geschlossen
beide Arme gestreckt über dem Kopf am Boden

Anzahl:

3mal wiederholen

Ausführung:

Dehnübung:

mit der Einatmung beide Fußspitzen nach unten ziehen
gleichzeitig beide Arme nach oben herausdehnen
beim Ausatmen die Arme zurückgleiten lassen, die Füße lösen

Aufpassen:

vorsichtig dehnen
der Rücken wird bei dieser Übung hohl

dehnen
Bewegungsrichtung

15. Übungstag

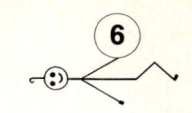

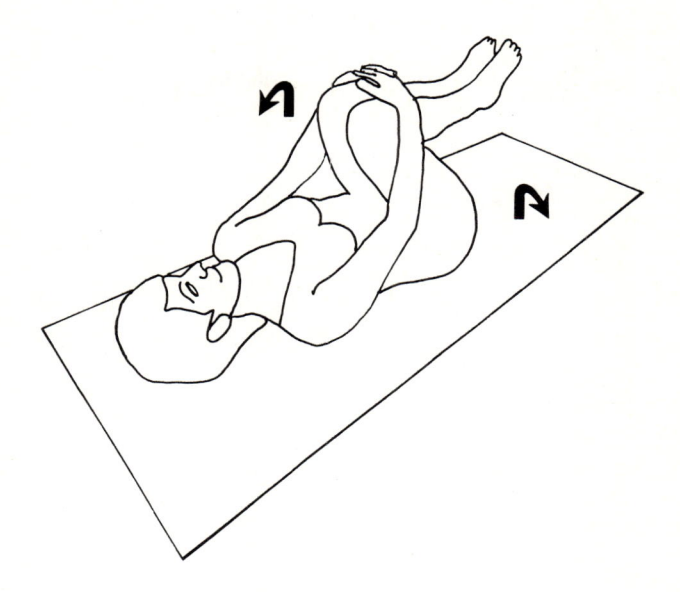

Ausgangsstellung:

Rückenlage
Beine gebeugt
Füße am Boden
Arme neben dem Körper

Anzahl:

einige Male hin und her wiegen

Ausführung:

beide Knie an den Bauch ziehen
mit beiden Händen die Knie fassen
bei Kniebeschwerden die Beine
unter den Knien halten
auf dem Rücken leicht zur Seite
nach rechts und links wiegen

Aufpassen:

nicht zur Seite umfallen
der Kopf bleibt liegen

Bewegungsrichtung

15. Übungstag

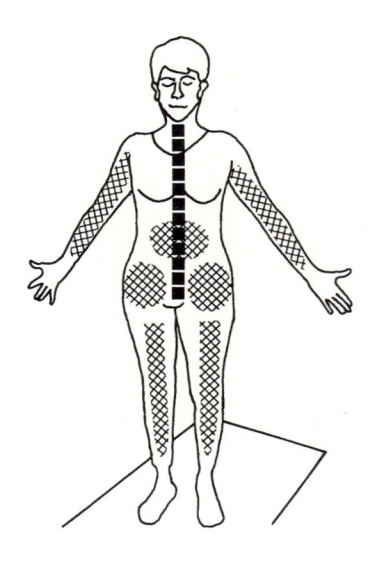

Ausgangsstellung:

Stand: Haltungskontrolle
Füße hüftbreit auseinandergestellt
Zehen zeigen nach vorn

Anzahl:

3mal wiederholen

Ausführung:

Bauch- und Gesäßmuskeln spannen
Beinmuskeln spannen
Schultern etwas zurücknehmen
Rücken strecken
Arme nach außen drehen
leicht vom Körper abspreizen
Finger spreizen
Kopf und Nacken lang herausstrecken
Spannung halten, bis 10 zählen
Spannung lösen

Aufpassen:

Kopf nicht nach hinten beugen
Kinn leicht zum Brustkorb ziehen
weiter atmen

✗✗✗✗✗ spannen
■■■■■ strecken

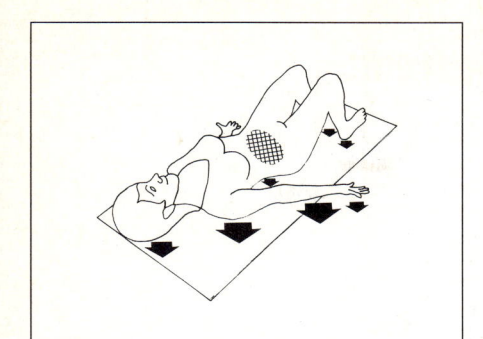

16

Übung 1-7

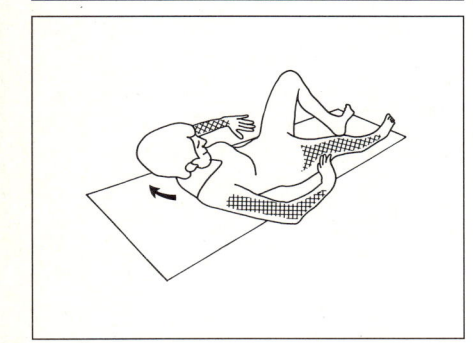

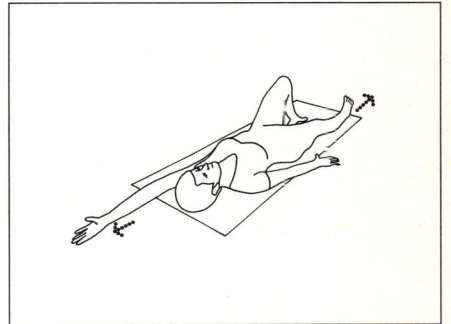

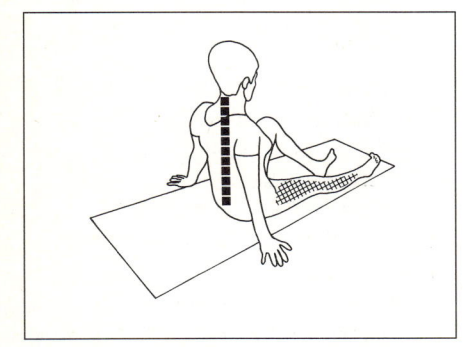

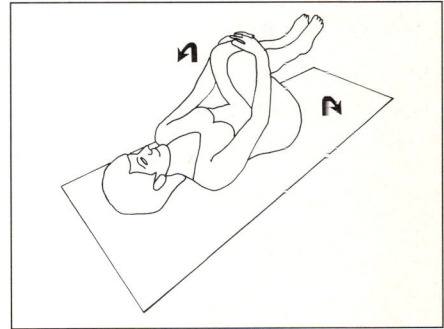

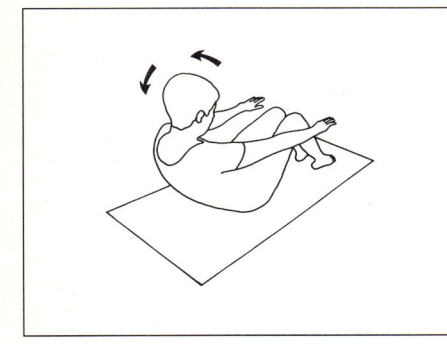

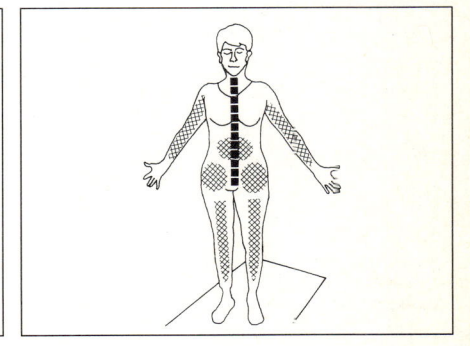

16. Übungstag

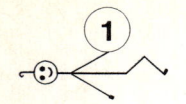

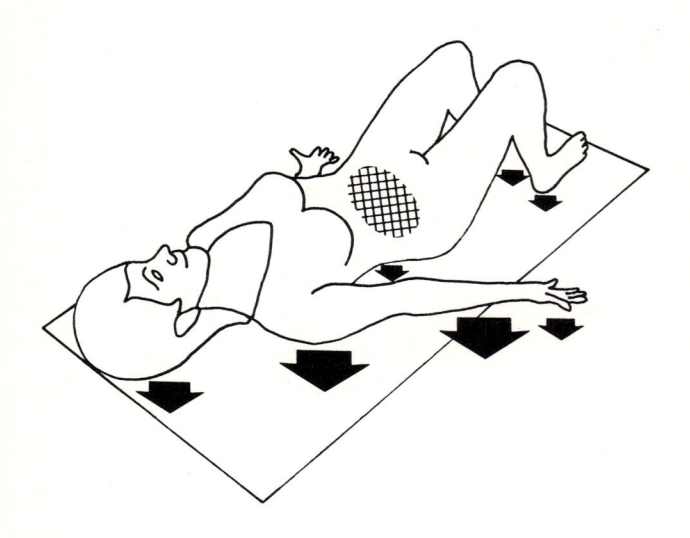

Ausgangsstellung:

Rückenlage
Beine gebeugt
Fersen am Boden
Arme gestreckt leicht abgespreizt
neben dem Körper
Handflächen nach oben

Anzahl:

3mal wiederholen

Ausführung:

Bauchmuskeln spannen
Kreuz in den Boden drücken
Fersen in den Boden drücken
Arme und Hände in den Boden
drücken
Hinterkopf in den Boden drücken
Spannung halten, bis 10 zählen
Spannung lösen bis 5 zählen
Übung wiederholen

Aufpassen:

weiter atmen
Spannung halten
bis 10 zählen

xxxxxxx spannen
▶ drücken

16. Übungstag

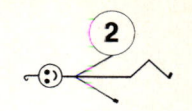

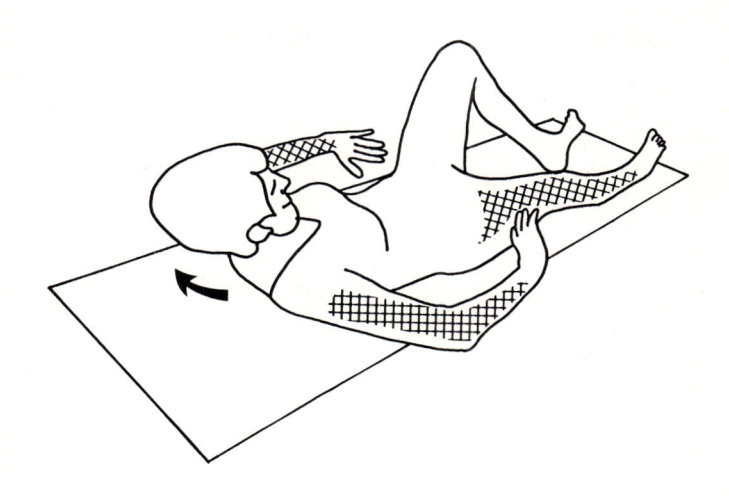

Ausgangsstellung:

Rückenlage
Beine gestreckt, leicht gespreizt
Arme gestreckt neben dem Körper

Anzahl:

2 mal jedes Bein üben

Aufpassen:

nicht zu weit aufrichten
weiter atmen

⊲⊲⊲⊲⊲⊲ spannen
↳ Bewegungsrichtung

Ausführung:
Koordinationsübung:

Kopf anheben
Arme in Körperhöhe anheben und
nach innen drehen
Ellbogen beugen
Hände in Richtung Unterarme ziehen
Finger zeigen zum Körper
nun rechten Fußrücken anbeugen,
Bein spannen
linkes Bein unter Spannung beugen
linke Ferse auf das rechte Knie
tippen
das Bein langsam wieder strecken
das Bein ablegen
Oberkörper, Arme und Kopf
zurücklegen
Spannung lösen

16. Übungstag

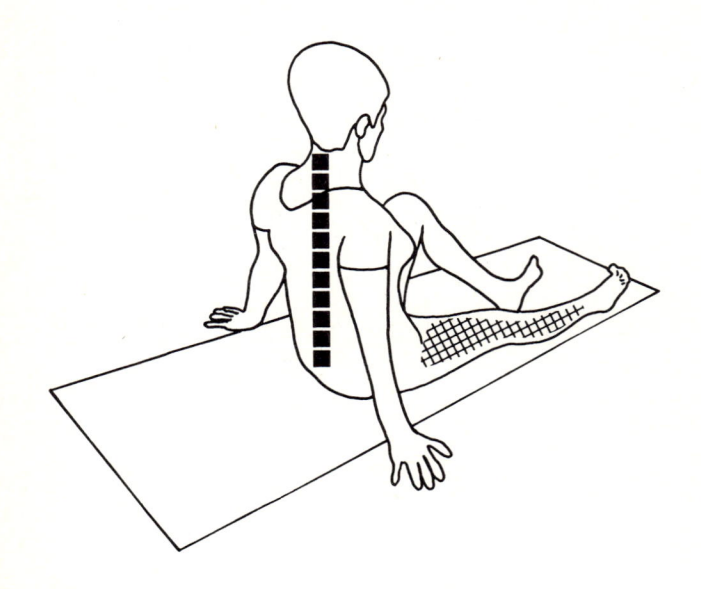

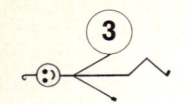

Ausgangsstellung:

Langsitz
Beine gestreckt, leicht gespreizt

Anzahl:

2mal jedes Bein üben

Ausführung:

Arme seitlich neben dem Körper am Boden abstützen
Rücken und Nacken lang herausstrecken
nun rechten Fußrücken anbeugen, Bein spannen
linkes Bein unter Spannung beugen
linke Ferse auf das rechte Knie tippen
das Bein langsam wieder strecken
das Bein ablegen
Spannung lösen

Aufpassen:

während der Übung gerade sitzen bleiben

⠿⠿⠿⠿⠿ spannen
▪▪▪▪▪ strecken

16. Übungstag

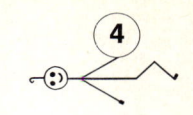

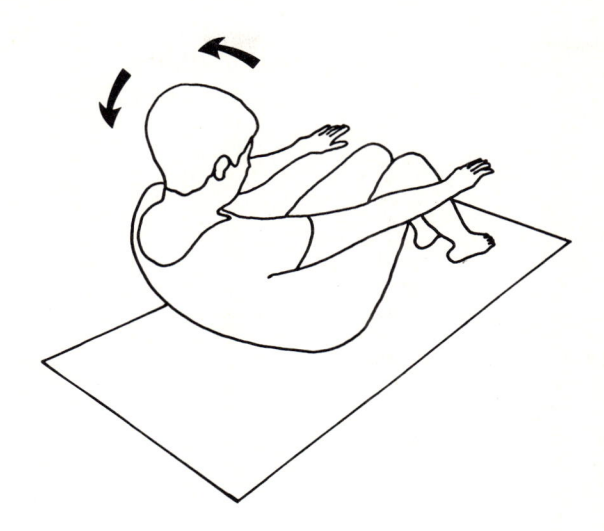

Ausgangsstellung:

Langsitz

Anzahl:

3mal die Übung wiederholen

Ausführung:

Knie anbeugen, Füße am Boden
Arme lang vorstrecken
Rücken rund machen
langsam zur Rückenlage abrollen
dabei auf die Knie schauen
beide Beine an den Bauch
heranbeugen
rechte Hand faßt von innen den
linken Oberschenkel
linke Hand faßt von innen den
rechten Oberschenkel
die Beine schnell nach vorn
strecken und zum Sitz aufrollen
Übung wiederholen

Aufpassen:

weiter atmen

↳ Bewegungsrichtung

16. Übungstag

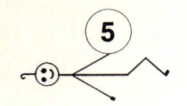

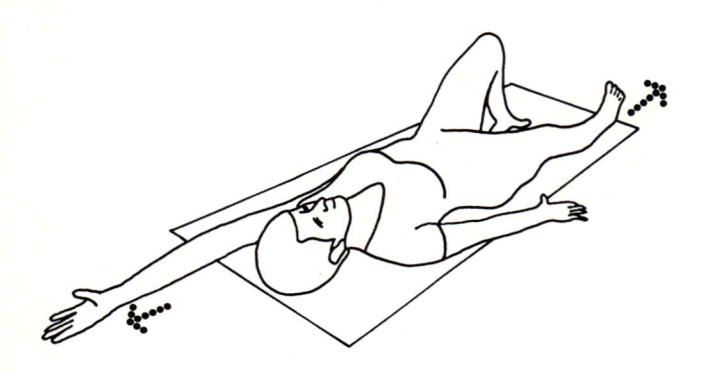

Ausgangsstellung:

Rückenlage
rechtes Bein gestreckt am Boden
linkes Bein gebeugt, Fuß am Boden
linker Arm gestreckt über dem Kopf am Boden
rechter Arm gestreckt neben dem Körper

Anzahl:

4mal jede Seite üben

Ausführung:

Dehnübung:
mit der Einatmung rechtes Bein und linken Arm vorsichtig herausdehnen
mit der Ausatmung Arm und Bein zurückgleiten lassen

Aufpassen:

Arm und Bein bleiben während der Dehnung am Boden

⇢ dehnen

16. Übungstag

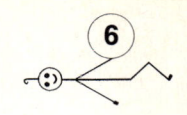

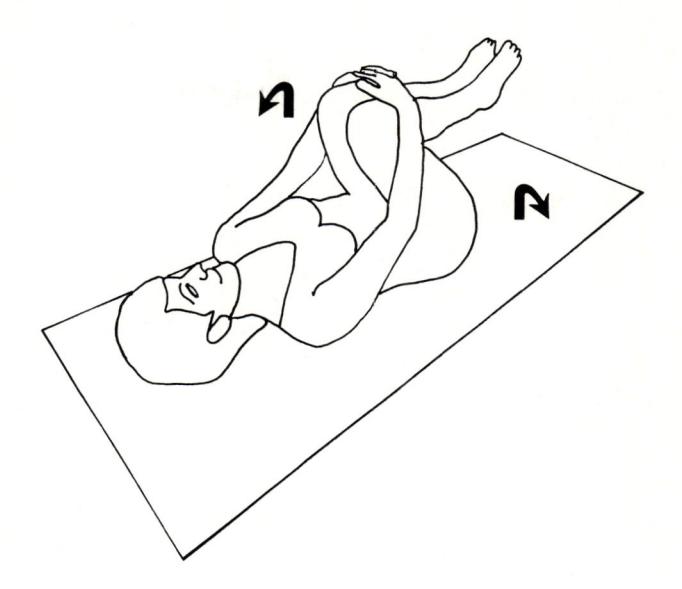

Ausgangsstellung:

Rückenlage
Beine gebeugt
Füße am Boden
Arme neben dem Körper

Anzahl:

einige Male hin und her wiegen

Ausführung:

beide Knie an den Bauch ziehen
mit beiden Händen die Knie fassen
bei Kniebeschwerden die Beine
unter den Knien halten
auf dem Rücken leicht zur Seite
nach rechts und links wiegen

Aufpassen:

nicht zur Seite umfallen
der Kopf bleibt liegen

Bewegungsrichtung

16. Übungstag

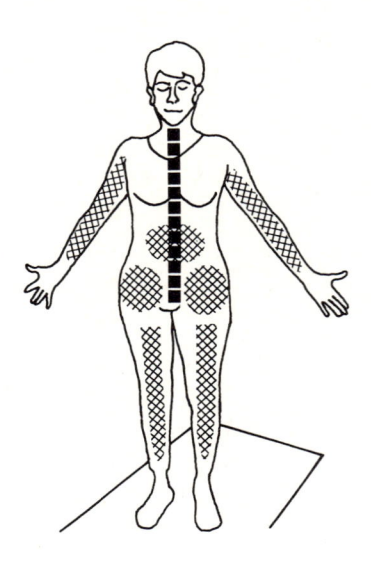

Ausgangsstellung:

Stand: Haltungskontrolle
Füße hüftbreit auseinandergestellt
Zehen zeigen nach vorn

Anzahl:

3mal wiederholen

Ausführung:

Bauch- und Gesäßmuskeln spannen
Beinmuskeln spannen
Schultern etwas zurücknehmen
Rücken strecken
Arme nach außen drehen
leicht vom Körper abspreizen
Finger spreizen
Kopf und Nacken lang herausstrecken
Spannung halten, bis 10 zählen
Spannung lösen

Aufpassen:

Kopf nicht nach hinten beugen
Kinn leicht zum Brustkorb ziehen
weiter atmen

⋈⋈⋈⋈ spannen
▪▪▪▪▪ strecken

17
Übung 1-7

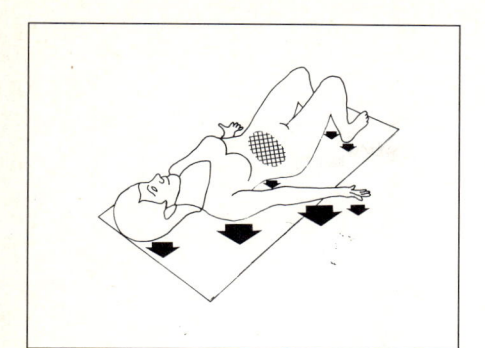

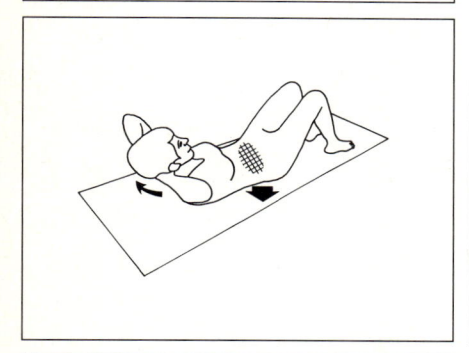

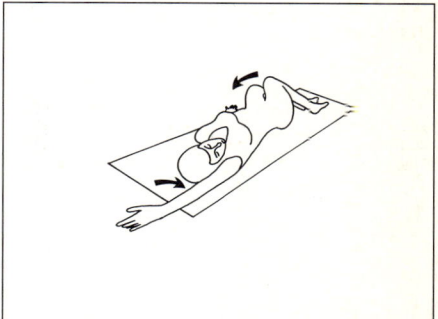

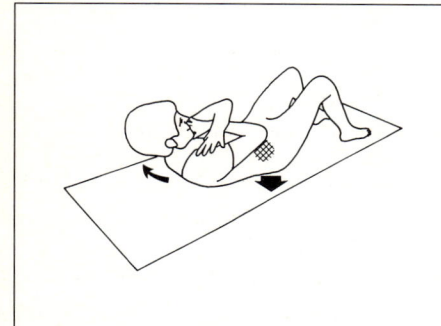

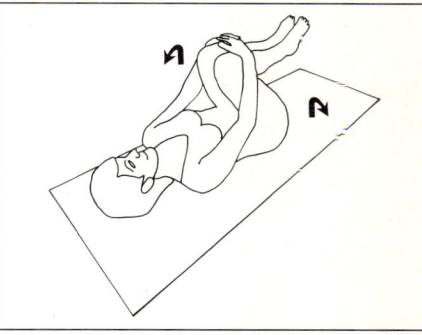

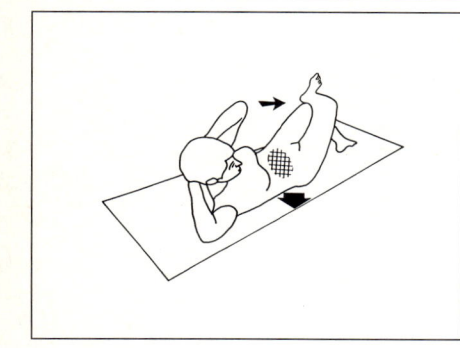

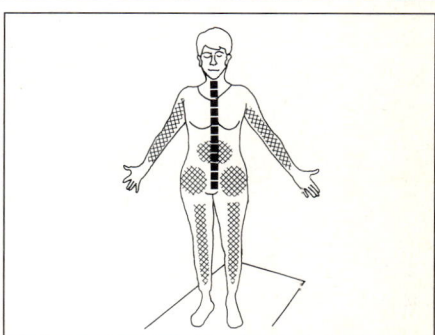

17. Übungstag

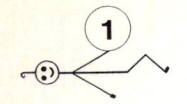

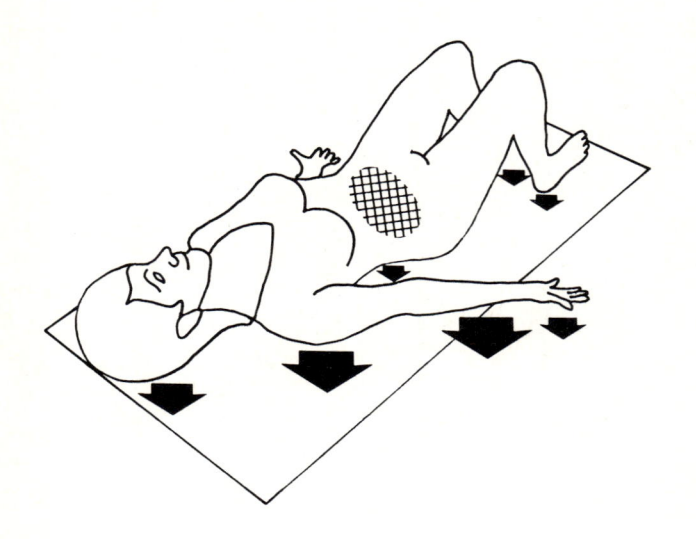

Ausgangsstellung:

Rückenlage
Beine gebeugt
Fersen am Boden
Arme gestreckt leicht abgespreizt
neben dem Körper
Handflächen nach oben

Anzahl:

3mal wiederholen

Ausführung:

Bauchmuskeln spannen
Kreuz in den Boden drücken
Fersen in den Boden drücken
Arme und Hände in den Boden
drücken
Hinterkopf in den Boden drücken
Spannung halten, bis 10 zählen
Spannung lösen bis 5 zählen
Übung wiederholen

Aufpassen:

weiter atmen
Spannung halten
bis 10 zählen

⋙⋙⋙ spannen
▶ drücken

17. Übungstag

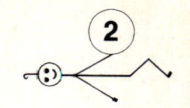

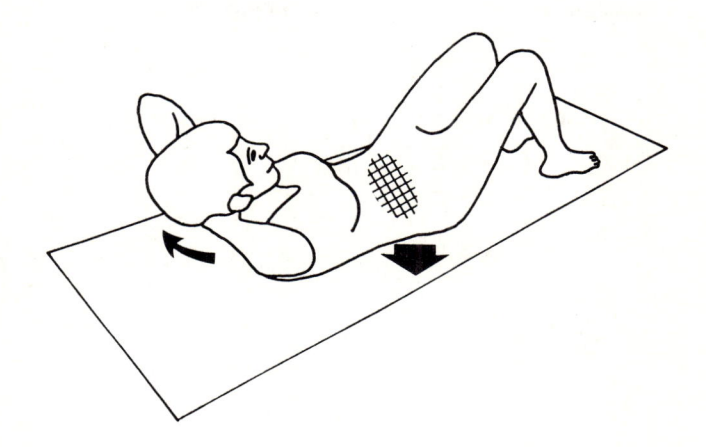

Ausgangsstellung:

Rückenlage
Beine gebeugt
Füße am Boden
Hände unter dem Kopf

Anzahl:

3mal wiederholen

Ausführung:

Bauchmuskeln spannen
Kreuz in den Boden drücken
nun Kopf, Arme und Schultern
vom Boden abheben
die Position etwas halten
langsam wieder zurücklegen
Spannung lösen

Aufpassen:

auf die Knie schauen
weiter atmen

▧▧▧▧	spannen
▶	drücken
↪	Bewegungsrichtung

17. Übungstag

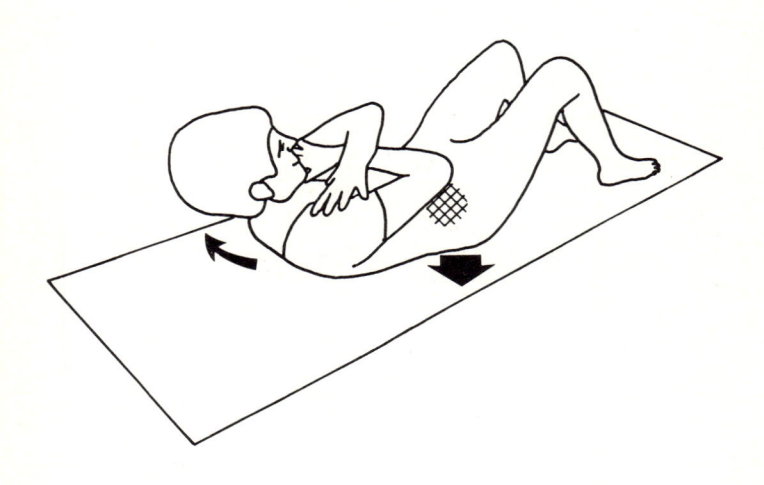

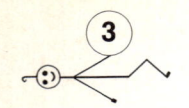

Ausgangsstellung:

Rückenlage
Beine gebeugt
Füße am Boden
Arme auf der Brust gekreuzt

Anzahl:

3mal wiederholen

Ausführung:

Bauchmuskeln spannen
Kreuz in den Boden drücken
nun Kopf, Schultern und Oberkörper
vom Boden abheben
die Position etwas halten
langsam wieder zurücklegen
Spannung lösen

Aufpassen:

auf die Knie schauen
weiter atmen

xxxxxx	spannen
▶	drücken
↪	Bewegungsrichtung

17. Übungstag

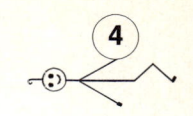

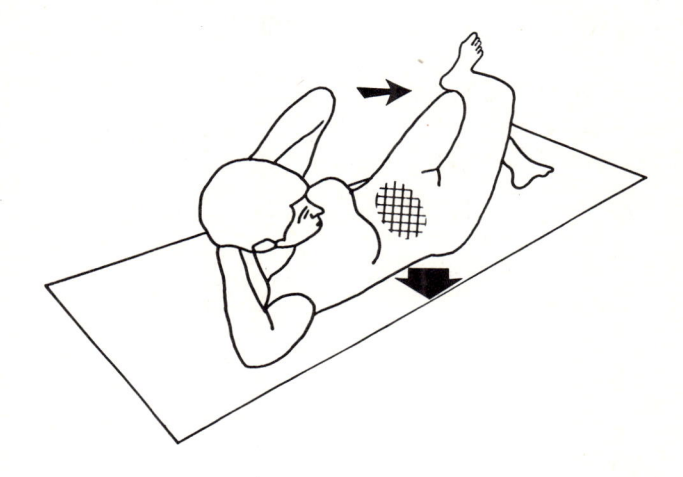

Ausgangsstellung:

Rückenlage
Beine gebeugt
Füße am Boden
Hände unter dem Kopf

Anzahl:

2mal zu jedem Knie aufrichten

Ausführung:

rechten Fuß auf das linke Knie
legen
Bauchmuskeln spannen
Kreuz in den Boden drücken
nun Kopf, Arme und Oberkörper
vom Boden abheben
linken Ellbogen in Richtung
rechtes Knie führen
die Position etwas halten
langsam wieder zurücklegen
Spannung lösen

Aufpassen:

weiter atmen
das Knie nicht zum Ellbogen ziehen

    xxxxxxx   spannen
    ▶   drücken
    →   Bewegungsrichtung

17. Übungstag

Ausgangsstellung:

Rückenlage
Beine gebeugt
Füße am Boden
rechter Arm liegt über dem Kopf am Boden
linker Arm liegt neben dem Körper

Anzahl:

2mal jede Seite wiederholen

Ausführung:

Dehnübung:
beide Beine gebeugt nach links senken
Kopf nach rechts drehen
einen Augenblick so liegen bleiben
langsam in die Ausgangsstellung zurückkommen
Spannung lösen

Aufpassen:

die Knie nicht gewaltsam zum Boden drücken

→ Bewegungsrichtung

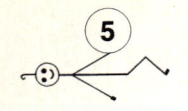

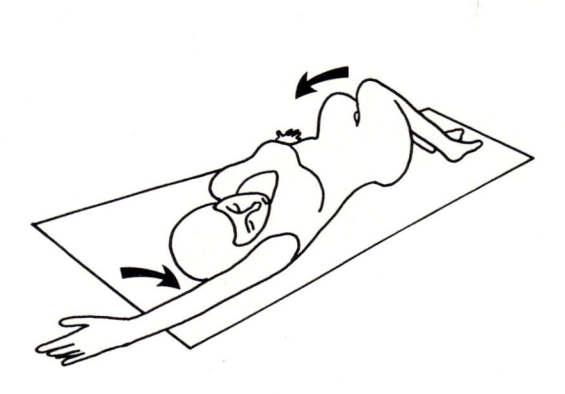

17. Übungstag

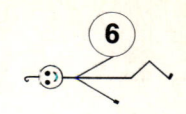

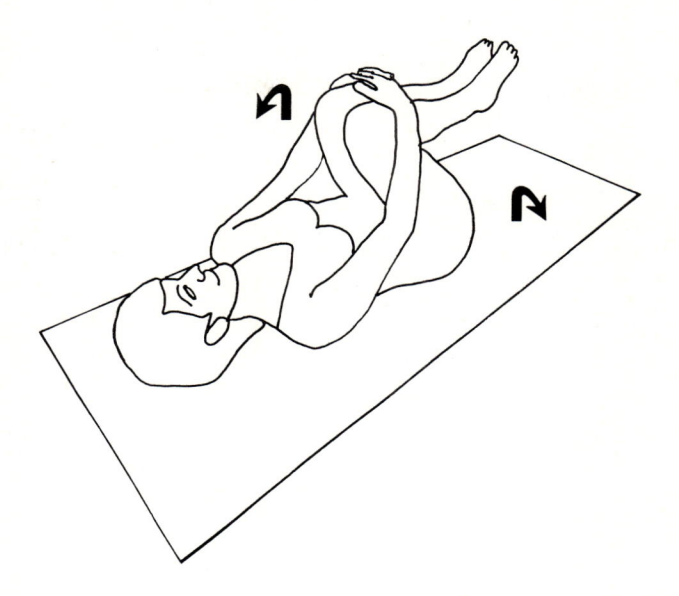

Ausgangsstellung:

Rückenlage
Beine gebeugt
Füße am Boden
Arme neben dem Körper

Anzahl:

einige Male hin und her wiegen

Ausführung:

beide Knie an den Bauch ziehen
mit beiden Händen die Knie fassen
bei Kniebeschwerden die Beine
unter den Knien halten
auf dem Rücken leicht zur Seite
nach rechts und links wiegen

Aufpassen:

nicht zur Seite umfallen
der Kopf bleibt liegen

Bewegungsrichtung

17. Übungstag

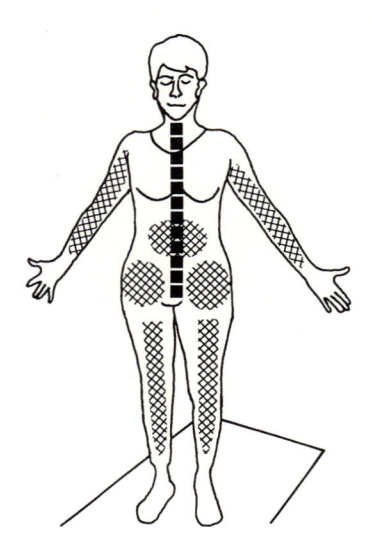

Ausgangsstellung:

Stand: Haltungskontrolle
Füße hüftbreit auseinandergestellt
Zehen zeigen nach vorn

Anzahl:

3mal wiederholen

Ausführung:

Bauch- und Gesäßmuskeln spannen
Beinmuskeln spannen
Schultern etwas zurücknehmen
Rücken strecken
Arme nach außen drehen
leicht vom Körper abspreizen
Finger spreizen
Kopf und Nacken lang herausstrecken
Spannung halten, bis 10 zählen
Spannung lösen

Aufpassen:

Kopf nicht nach hinten beugen
Kinn leicht zum Brustkorb ziehen
weiter atmen

XXXXXX spannen
■■■■■ strecken

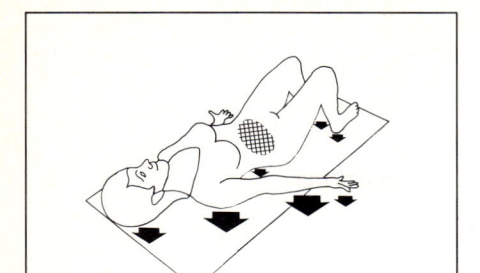

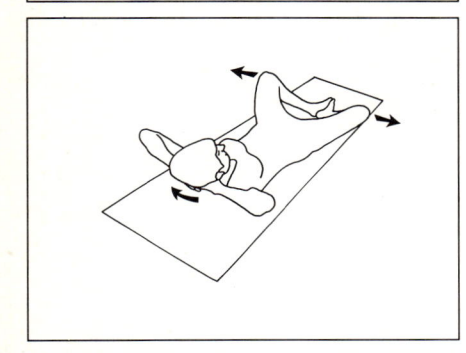

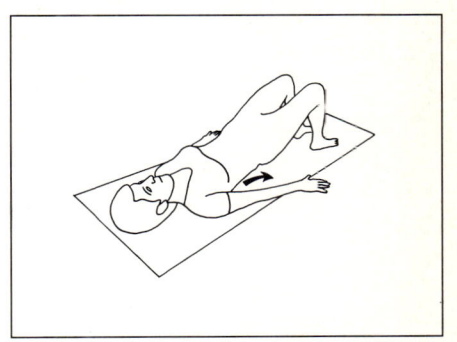

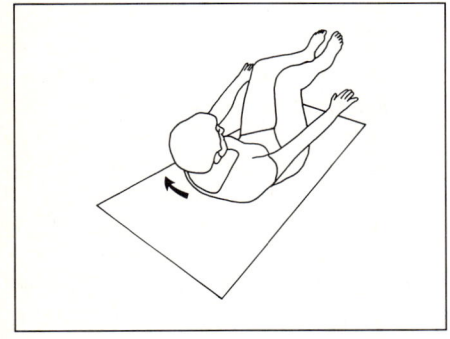

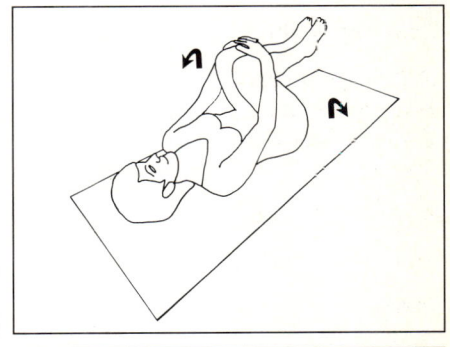

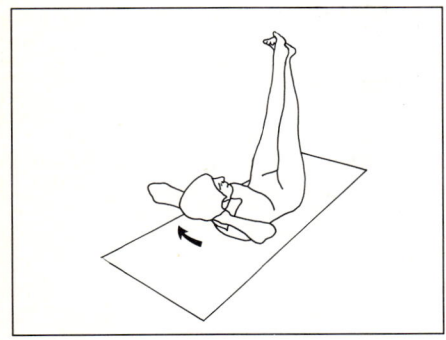

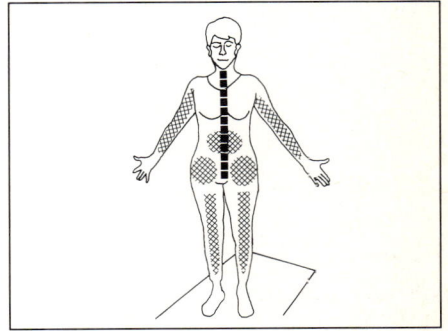

18
Übung 1-7

18. Übungstag

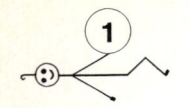

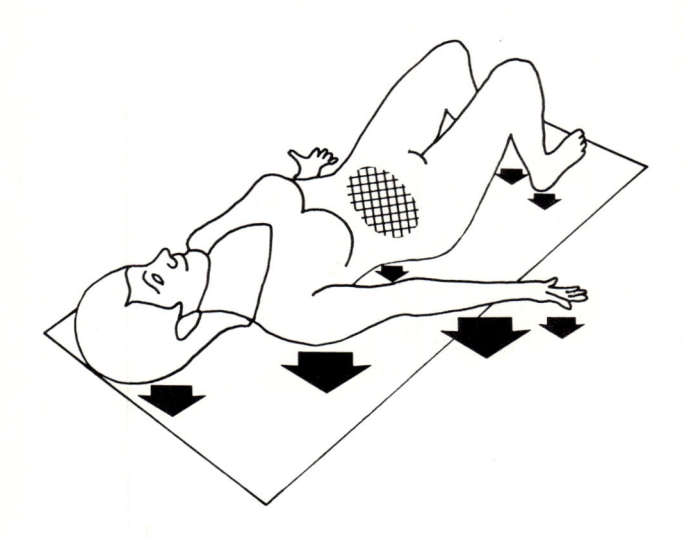

Ausgangsstellung:

Rückenlage
Beine gebeugt
Fersen am Boden
Arme gestreckt leicht abgespreizt
neben dem Körper
Handflächen nach oben

Anzahl:

3mal wiederholen

Ausführung:

Bauchmuskeln spannen
Kreuz in den Boden drücken
Fersen in den Boden drücken
Arme und Hände in den Boden drücken
Hinterkopf in den Boden drücken
Spannung halten, bis 10 zählen
Spannung lösen bis 5 zählen
Übung wiederholen

Aufpassen:

weiter atmen
Spannung halten
bis 10 zählen

XXXXXX spannen
▶ drücken

18. Übungstag

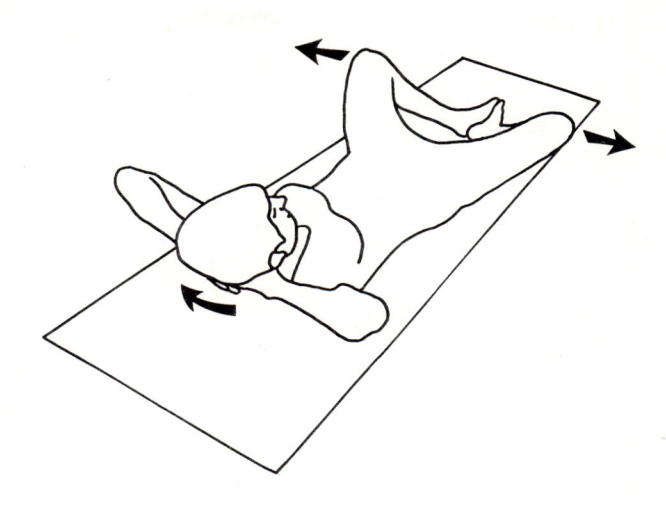

Ausgangsstellung:

Rückenlage
Beine gebeugt
Füße am Boden
Hände unter dem Kopf

Anzahl:

3mal wiederholen

Ausführung:

beide Beine gebeugt spreizen
Fußsohlen aneinanderlegen
Arme, Kopf und Oberkörper anheben
einen Augenblick in der Position
so bleiben
langsam zur Ausgangsstellung
zurücklegen
Spannung lösen

Aufpassen:

weiter atmen

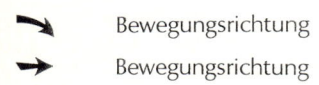

↱ Bewegungsrichtung
→ Bewegungsrichtung

18. Übungstag

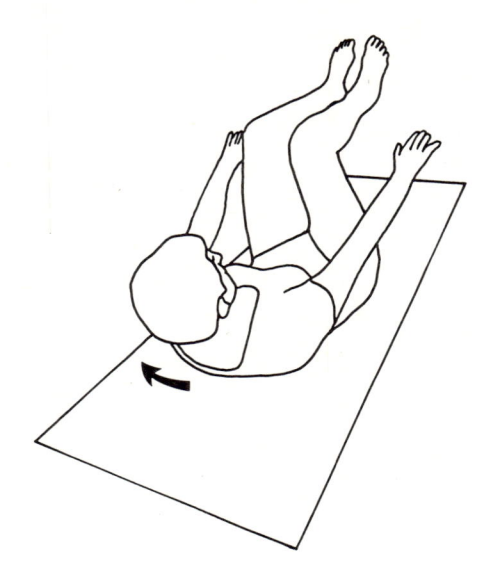

Ausgangsstellung:

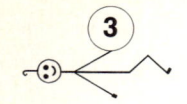

Rückenlage
Beine gebeugt
Füße am Boden
Arme gestreckt neben dem Körper

Anzahl:

3mal wiederholen

Ausführung:

beide Beine rechtwinklig in den
Hüft- und Kniegelenken anbeugen
Kopf, Arme und Oberkörper
anheben
Arme neben den Knien nach vorn
ausstrecken
einen Augenblick in der Position
so bleiben
langsam zur Ausgangsstellung
zurücklegen
Spannung lösen

Aufpassen:

nicht zu hoch aufrichten wollen
die Bauchmuskulatur ist ausreichend
gespannt, wenn die
Schulterblätter den Boden nicht
mehr berühren
weiter atmen

Bewegungsrichtung

18. Übungstag

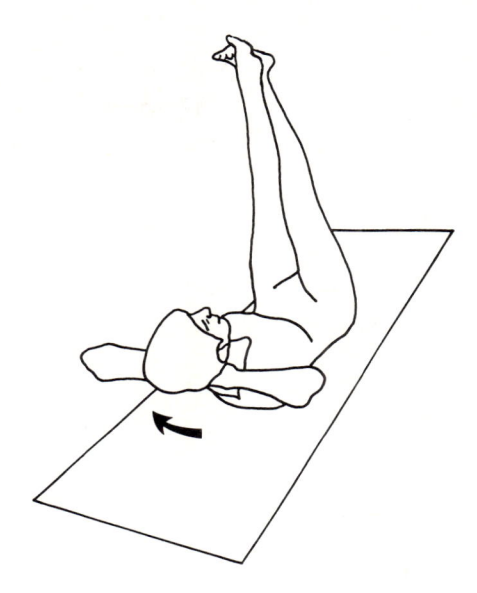

Ausgangsstellung:

Rückenlage
Beine gebeugt
Füße am Boden
Hände unter dem Kopf

Anzahl:

3mal wiederholen

Ausführung:

beide Beine nach oben strecken
Füße in Knöchelhöhe kreuzen
Arme, Kopf und Oberkörper anheben
nach oben schauen
einen Augenblick in der Position
so bleiben
langsam zur Ausgangsstellung
zurücklegen
Spannung lösen

Aufpassen:

die Ellbogen gut zur Seite halten
weiter atmen

� Bewegungsrichtung

18. Übungstag

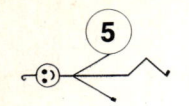

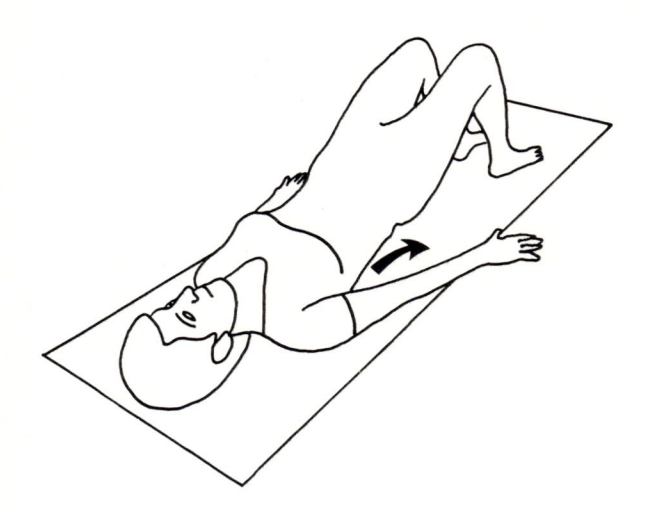

Ausgangsstellung:

Rückenlage
Beine gebeugt
Füße am Boden
Arme gestreckt neben dem Körper

Anzahl:

3–5mal wiederholen

Ausführung:

den Rücken vom Boden abheben nun den Rücken von der Brustwirbelsäule, Lendenwirbelsäule Kreuzbein und Gesäß zum Boden zurück abrollen

Aufpassen:

den Rücken nicht ins Hohlkreuz drücken

➜ Bewegungsrichtung

18. Übungstag

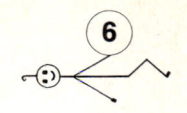

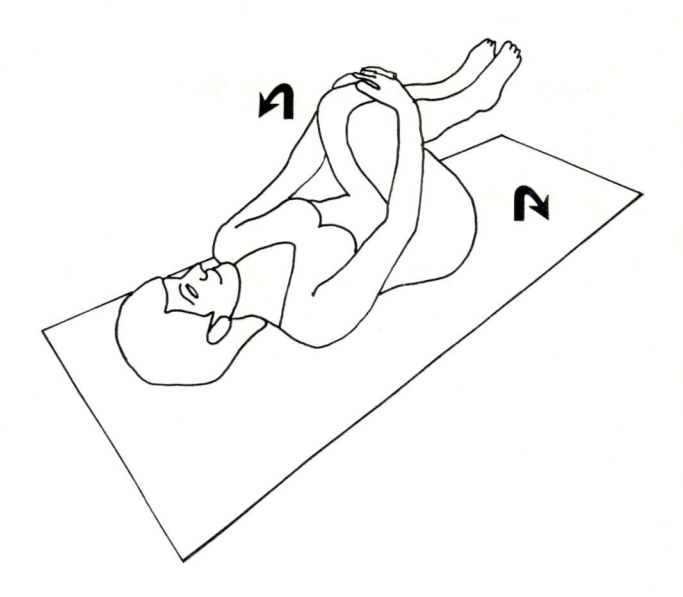

Ausgangsstellung:

Rückenlage
Beine gebeugt
Füße am Boden
Arme neben dem Körper

Anzahl:

einige Male hin und her wiegen

Ausführung:

beide Knie an den Bauch ziehen
mit beiden Händen die Knie fassen
bei Kniebeschwerden die Beine
unter den Knien halten
auf dem Rücken leicht zur Seite
nach rechts und links wiegen

Aufpassen:

nicht zur Seite umfallen
der Kopf bleibt liegen

↪ Bewegungsrichtung

18. Übungstag

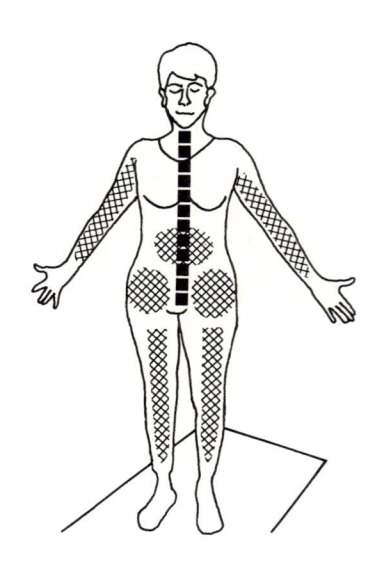

Ausgangsstellung:

Stand: Haltungskontrolle
Füße hüftbreit auseinandergestellt
Zehen zeigen nach vorn

Anzahl:

3mal wiederholen

Ausführung:

Bauch- und Gesäßmuskeln spannen
Beinmuskeln spannen
Schultern etwas zurücknehmen
Rücken strecken
Arme nach außen drehen
leicht vom Körper abspreizen
Finger spreizen
Kopf und Nacken lang herausstrecken
Spannung halten, bis 10 zählen
Spannung lösen

Aufpassen:

Kopf nicht nach hinten beugen
Kinn leicht zum Brustkorb ziehen
weiter atmen

⋙⋙⋙ spannen
▪▪▪▪▪ strecken

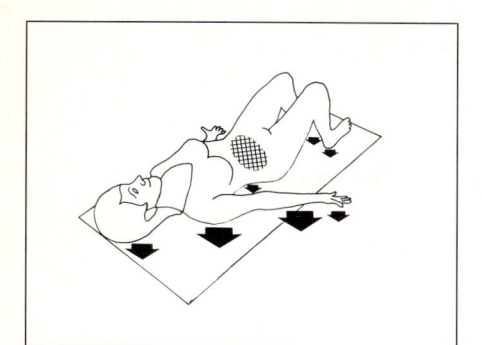

19

Übung 1-7

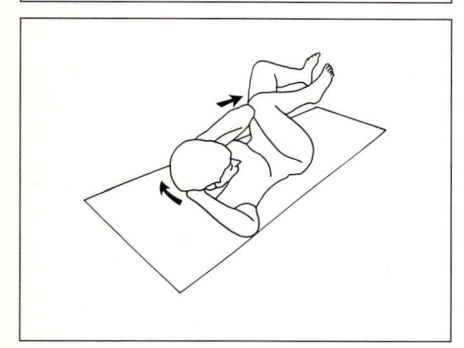

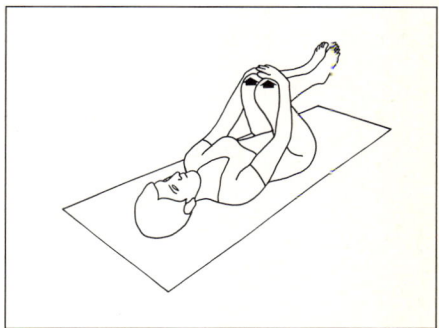

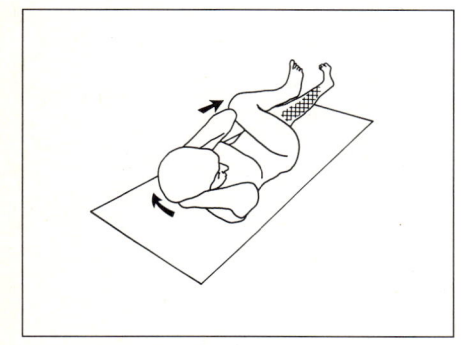

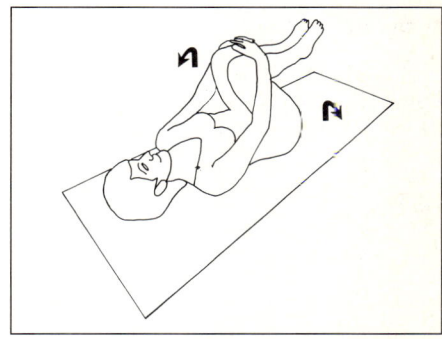

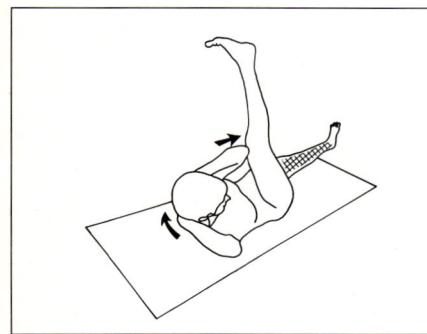

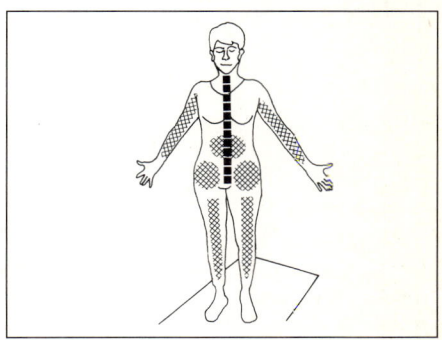

19. Übungstag

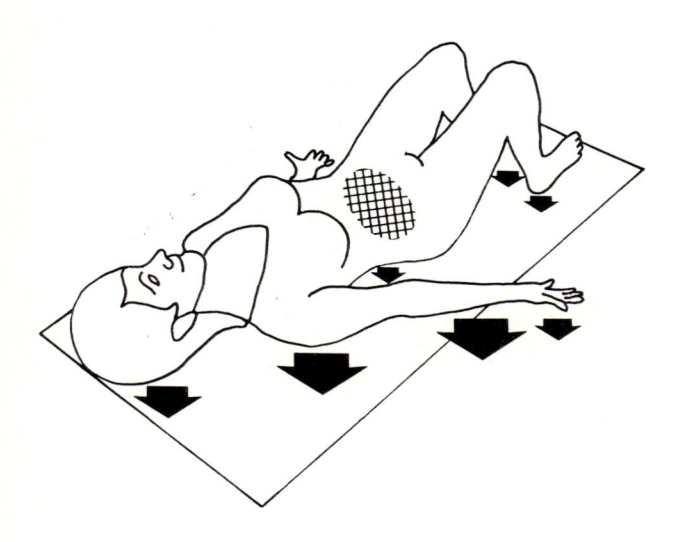

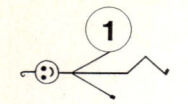

Ausgangsstellung:

Rückenlage
Beine gebeugt
Fersen am Boden
Arme gestreckt leicht abgespreizt
neben dem Körper
Handflächen nach oben

Anzahl:

3mal wiederholen

Ausführung:

Bauchmuskeln spannen
Kreuz in den Boden drücken
Fersen in den Boden drücken
Arme und Hände in den Boden
drücken
Hinterkopf in den Boden drücken
Spannung halten, bis 10 zählen
Spannung lösen bis 5 zählen
Übung wiederholen

Aufpassen:

weiter atmen
Spannung halten
bis 10 zählen

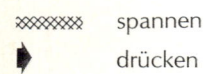

xxxxxx spannen
▶ drücken

146

19. Übungstag

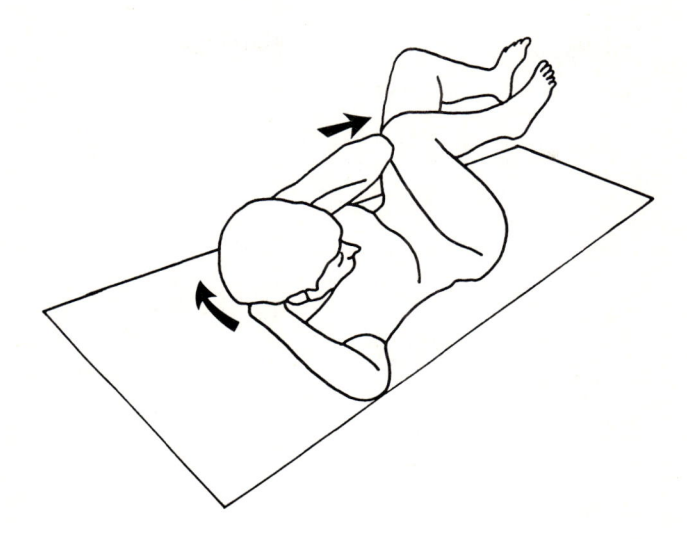

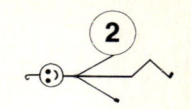

Ausgangsstellung:

Rückenlage
Beine gebeugt
Füße am Boden
Hände unter dem Kopf

Anzahl:

einige Male wiederholen

Ausführung:

beide Knie an den Bauch
heranbeugen
nun linken Ellbogen in Richtung
rechtes Knie führen
Ellbogen zurücknehmen
rechten Ellbogen in Richtung
linkes Knie führen
Ellbogen zurücknehmen
im Wechsel üben

Aufpassen:

nicht zu schnell werden
weiter atmen

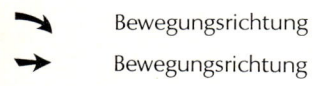

↱ Bewegungsrichtung

→ Bewegungsrichtung

19. Übungstag

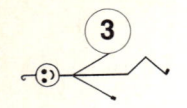

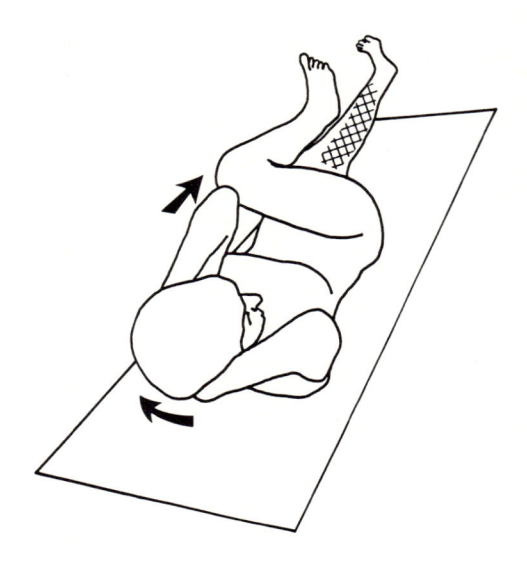

Ausgangsstellung:

Rückenlage
Beine gebeugt
Füße am Boden
Hände unter dem Kopf

Anzahl:

einige Male wiederholen

Ausführung:

linken Ellbogen in Richtung
rechtes Knie führen
Ellbogen zurücknehmen aber nicht
ablegen
nun das rechte Bein strecken
knapp über dem Boden halten
Fußspitze anschauen
nun gleichzeitig das linke Knie
in Richtung rechten Ellbogen führen
im Wechsel üben

Aufpassen:

nicht zu schnell werden
die Beine immer gut strecken
weiter atmen

⋙⋙⋙   spannen

↱   Bewegungsrichtung

→   Bewegungsrichtung

19. Übungstag

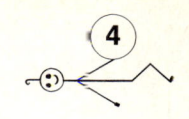

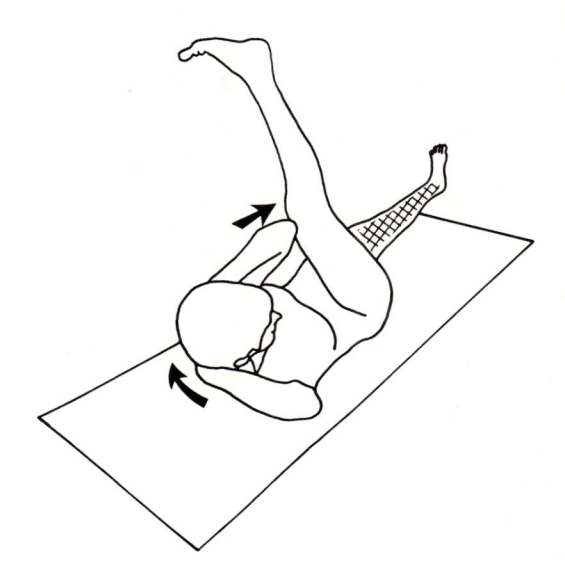

Ausgangsstellung:

Rückenlage
Beine gebeugt
Füße am Boden
Hände unter dem Kopf

Anzahl:

einige Male wiederholen

Aufpassen:

schwere Übung
nicht zu schnell werden
weiter atmen

xxxxxxx spannen
↱ Bewegungsrichtung
→ Bewegungsrichtung

Ausführung:

das rechte Bein gerade nach oben strecken
den linken Ellbogen in Richtung rechtes Knie führen
Ellbogen zurücknehmen aber nicht ablegen
nun das rechte Bein gestreckt senken und knapp über dem Boden halten
nun das linke Bein nach oben strecken
den rechten Ellbogen in Richtung linkes Knie führen
Ellbogen zurücknehmen aber nicht ablegen
nun das linke Bein gestreckt senken und knapp über dem Boden halten
gleichzeitig das rechte Bein gestreckt nach oben anheben
im Wechsel üben

19. Übungstag

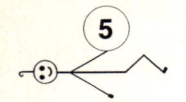

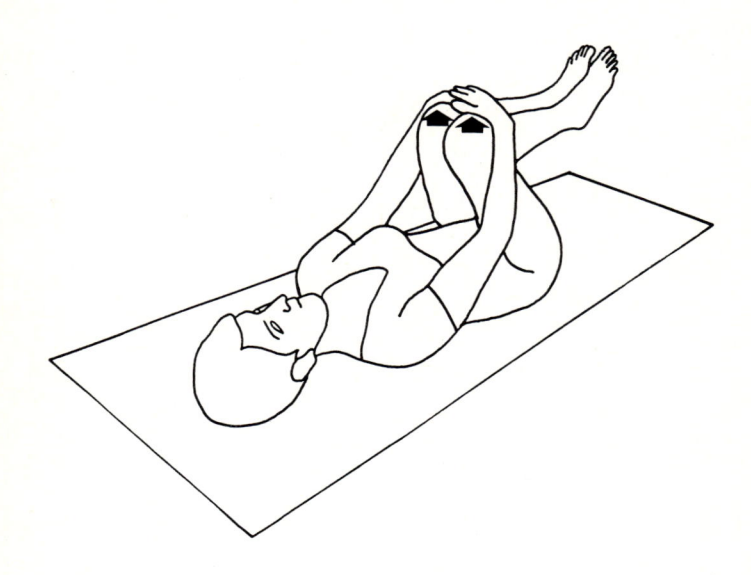

Ausgangsstellung:

Rückenlage
Beine gebeugt
Füße am Boden
Arme gestreckt neben dem Körper

Anzahl:

einige Male üben

Ausführung:

beide Knie an den Bauch
heranbeugen
beide Hände umfassen die Knie
bei Kniebeschwerden: die Beine unter
den Knien in den Kniekehlen
fassen
nun langsam und vorsichtig beide
Knie in die Hände drücken
einen Augenblick diese Position
halten
Spannung langsam lösen

Aufpassen:

der Kopf bleibt am Boden
weiter atmen

▶ drücken

19. Übungstag

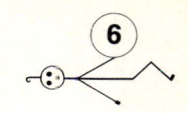

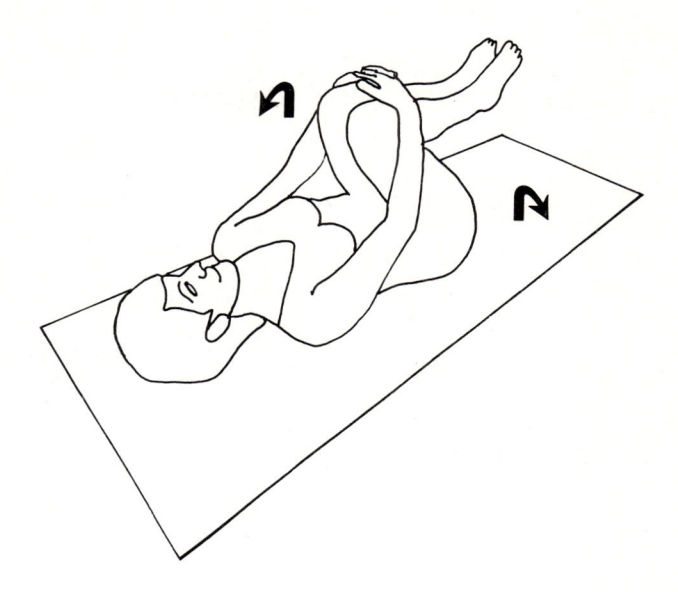

Ausgangsstellung:

Rückenlage
Beine gebeugt
Füße am Boden
Arme neben dem Körper

Anzahl:

einige Male hin und her wiegen

Ausführung:

beide Knie an den Bauch ziehen
mit beiden Händen die Knie fassen
bei Kniebeschwerden die Beine
unter den Knien halten
auf dem Rücken leicht zur Seite nach
rechts und links wiegen

Aufpassen:

nicht zur Seite umfallen
der Kopf bleibt liegen

Bewegungsrichtung

19. Übungstag

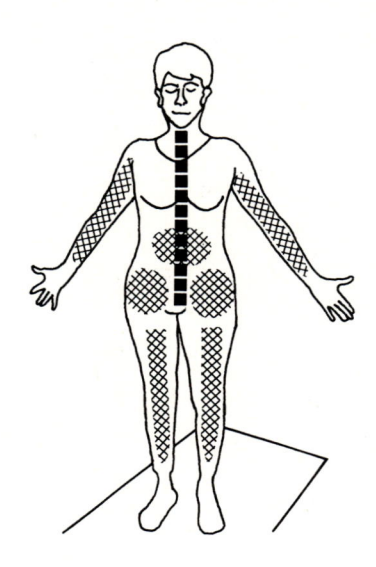

Ausgangsstellung:

Stand: Haltungskontrolle
Füße hüftbreit auseinandergestellt
Zehen zeigen nach vorn

Anzahl:

3mal wiederholen

Ausführung:

Bauch- und Gesäßmuskeln spannen
Beinmuskeln spannen
Schultern etwas zurücknehmen
Rücken strecken
Arme nach außen drehen
leicht vom Körper abspreizen
Finger spreizen
Kopf und Nacken lang herausstrecken
Spannung halten, bis 10 zählen
Spannung lösen

Aufpassen:

Kopf nicht nach hinten beugen
Kinn leicht zum Brustkorb ziehen
weiter atmen

⊠⊠⊠⊠⊠ spannen
■■■■■ strecken

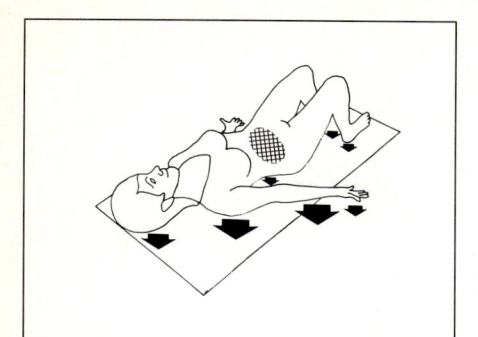

20

Übung 1-7

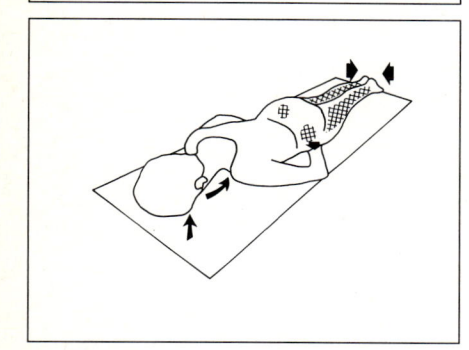

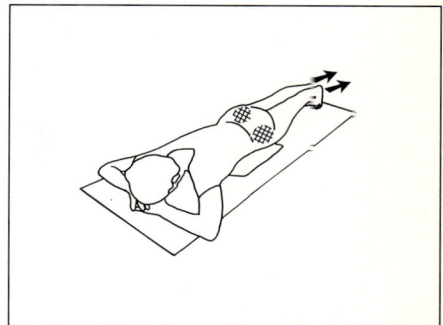

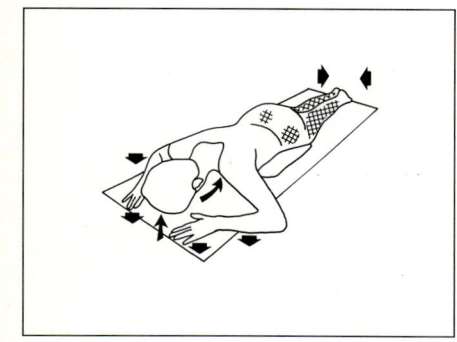

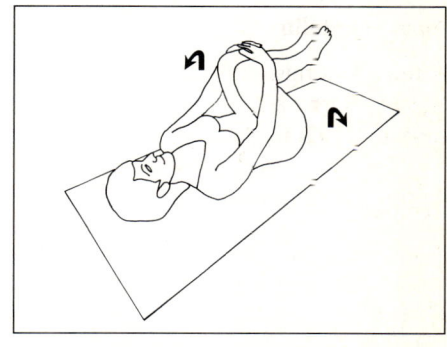

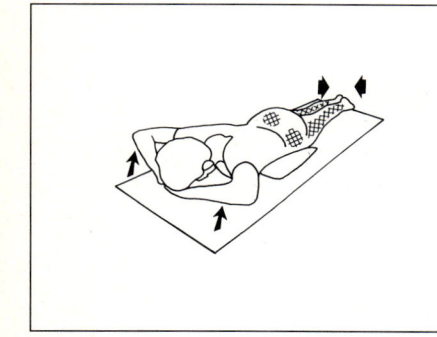

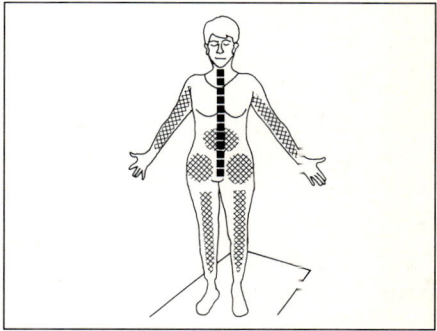

20. Übungstag

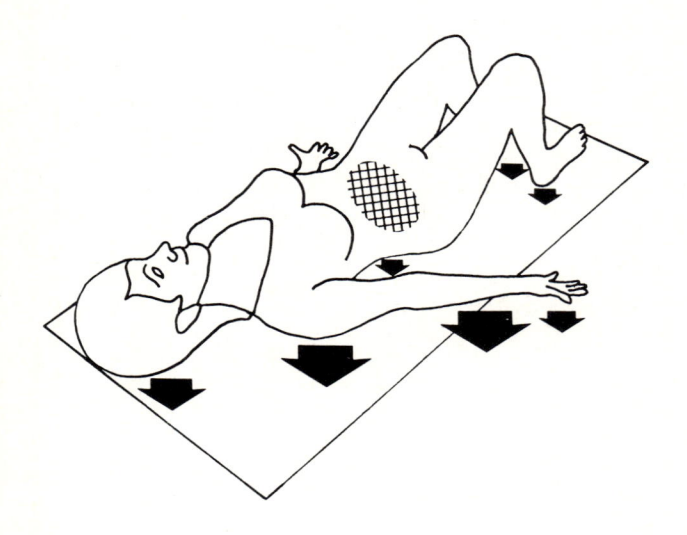

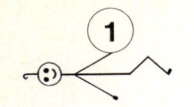

Ausgangsstellung:

Rückenlage
Beine gebeugt
Fersen am Boden
Arme gestreckt leicht abgespreizt neben dem Körper
Handflächen nach oben

Anzahl:

3mal wiederholen

Ausführung:

Bauchmuskeln spannen
Kreuz in den Boden drücken
Fersen in den Boden drücken
Arme und Hände in den Boden drücken
Hinterkopf in den Boden drücken
Spannung halten, bis 10 zählen
Spannung lösen bis 5 zählen
Übung wiederholen

Aufpassen:

weiter atmen
Spannung halten
bis 10 zählen

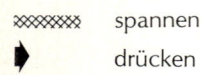

▒▒▒▒▒ spannen
▶ drücken

20. Übungstag

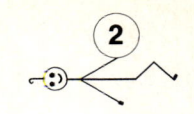

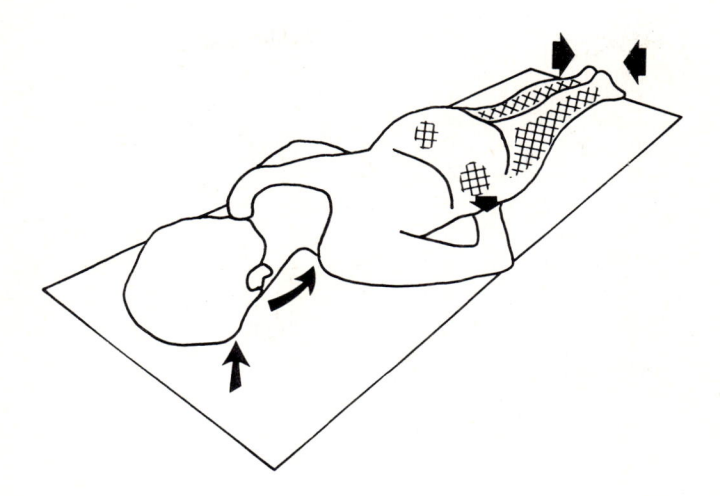

Ausgangsstellung:

Bauchlage Kissen unter dem Bauch
Beine gestreckt
Füße liegen auf den Fußrücken am Boden
die Arme liegen gestreckt neben dem Körper
die Stirn liegt am Boden

Anzahl:

3mal wiederholen

xxxxxxx spannen
▶ drücken
↘ Bewegungsrichtung
→ Bewegungsrichtung

Ausführung:

beide Hände unter die Leisten legen
beide Füße aneinanderdrücken
Beine spannen
Gesäßmuskeln spannen
die Leisten in die Hände drücken
Bauch einziehen
Kopf anheben und Kinn in Richtung Brust ziehen
einen Augenblick diese Position halten
Spannung langsam lösen

Aufpassen:

weiter atmen

20. Übungstag

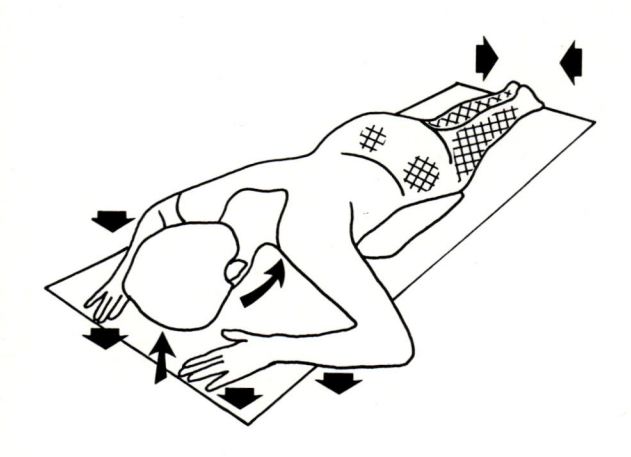

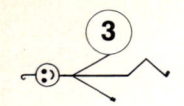

Ausgangsstellung:

Bauchlage Kissen unter dem Bauch
Beine gestreckt
Füße liegen auf den Fußrücken am Boden
die Arme liegen leicht angewinkelt neben dem Kopf

Anzahl:

3mal wiederholen

Ausführung:

beide Füße aneinanderdrücken
Beine spannen
Gesäßmuskeln spannen
beide Hände und Unterarme in den Boden drücken
Bauch einziehen
Kopf anheben und Kinn in Richtung Brust ziehen
einen Augenblick diese Position halten
Spannung langsam lösen

Aufpassen:

weiter atmen

XXXXXXX spannen
▶ drücken
↘ Bewegungsrichtung
→ Bewegungsrichtung

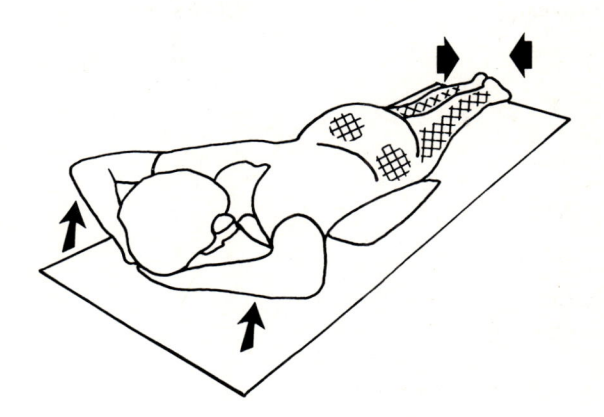

20. Übungstag

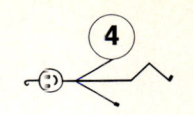

Ausgangsstellung:

Bauchlage Kissen unter dem Bauch
Beine gestreckt
Füße liegen auf den Fußrücken am Boden
Hände liegen unter der Stirn am Boden

Anzahl:

3mal wiederholen

Ausführung:

beide Füße aneinanderdrücken
Beine spannen
Gesäßmuskeln spannen
Bauch einziehen
beide Arme und Hände anheben
die Stirn bleibt auf den Händen liegen
einen Augenblick diese Position halten
Spannung langsam lösen

Aufpassen:

Arme nur in Schulterhöhe anheben
weiter atmen

xxxxxx   spannen
▶   drücken
→   Bewegungsrichtung

20. Übungstag

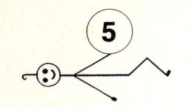

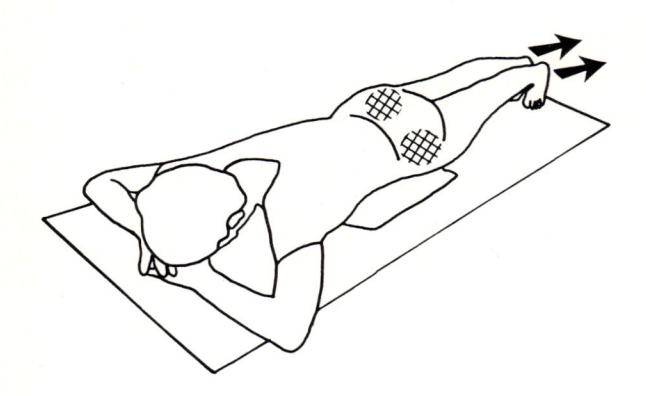

Ausgangsstellung:

Bauchlage Kissen unter dem Bauch
Beine gestreckt
die Zehen stehen gebeugt am Boden
Hände liegen unter der Stirn am Boden

Anzahl:

5mal wiederholen

Ausführung:

beide Fersen nach unten ziehen
die Knie heben vom Boden ab
die Beine sind gestreckt
Gesäßmuskeln spannen
Bauch einziehen
einen Augenblick diese Position halten
Spannung langsam lösen

Aufpassen:

weiter atmen

XXXXXXX spannen
➜ Bewegungsrichtung

20. Übungstag

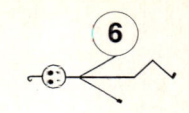

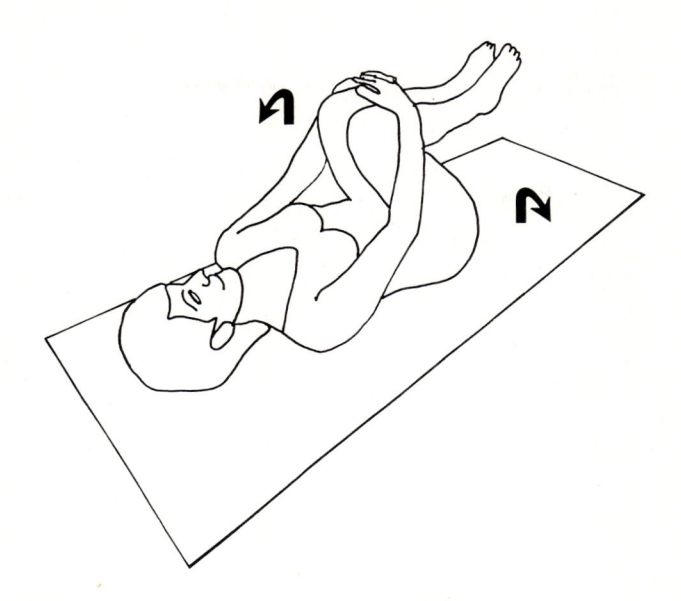

Ausgangsstellung:

Rückenlage
Beine gebeugt
Füße am Boden
Arme neben dem Körper

Anzahl:

einige Male hin und her wiegen

Ausführung:

beide Knie an den Bauch ziehen
mit beiden Händen die Knie fassen
bei Kniebeschwerden die Beine
unter den Knien halten
auf dem Rücken leicht zur Seite
nach rechts und links wiegen

Aufpassen:

nicht zur Seite umfallen
der Kopf bleibt liegen

➘   Bewegungsrichtung

20. Übungstag

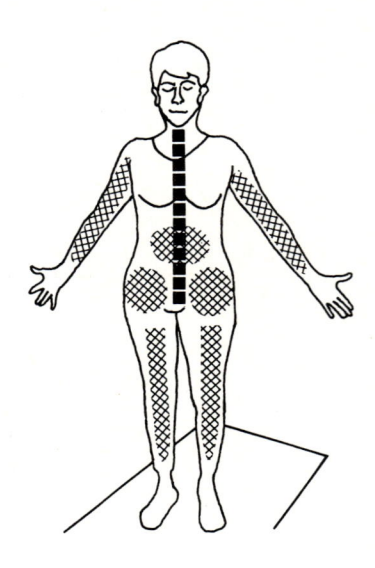

Ausgangsstellung:

Stand: Haltungskontrolle
Füße hüftbreit auseinandergestellt
Zehen zeigen nach vorn

Anzahl:

3mal wiederholen

Ausführung:

Bauch- und Gesäßmuskeln spannen
Beinmuskeln spannen
Schultern etwas zurücknehmen
Rücken strecken
Arme nach außen drehen
leicht vom Körper abspreizen
Finger spreizen
Kopf und Nacken lang herausstrecken
Spannung halten, bis 10 zählen
Spannung lösen

Aufpassen:

Kopf nicht nach hinten beugen
Kinn leicht zum Brustkorb ziehen
weiter atmen

▩▩▩▩▩ spannen
■■■■■ strecken

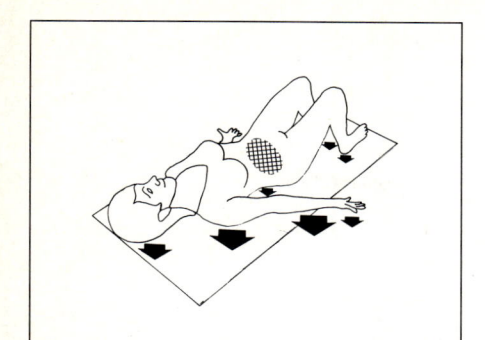

21

Übung 1-7

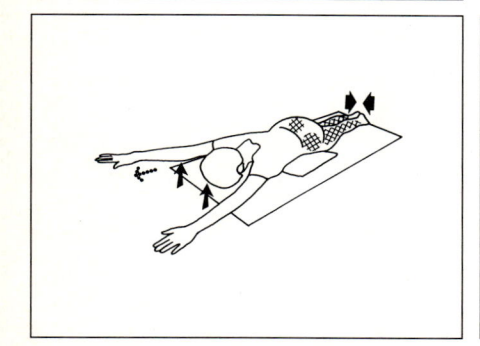

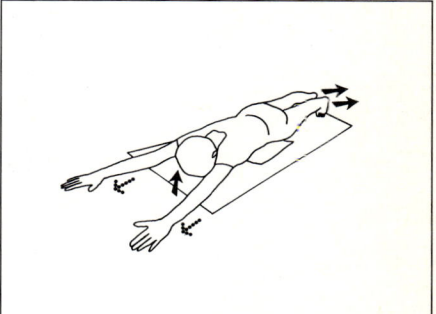

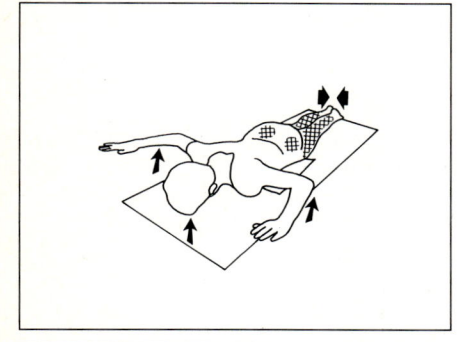

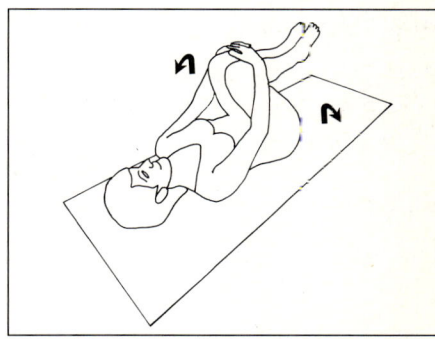

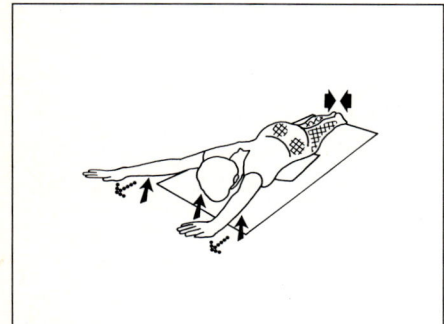

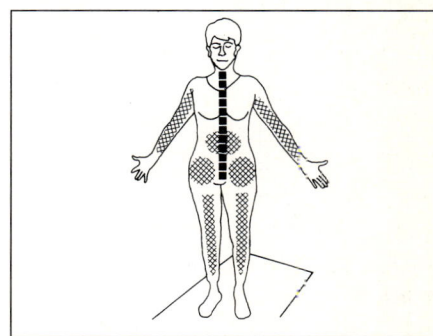

21. Übungstag

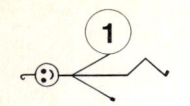

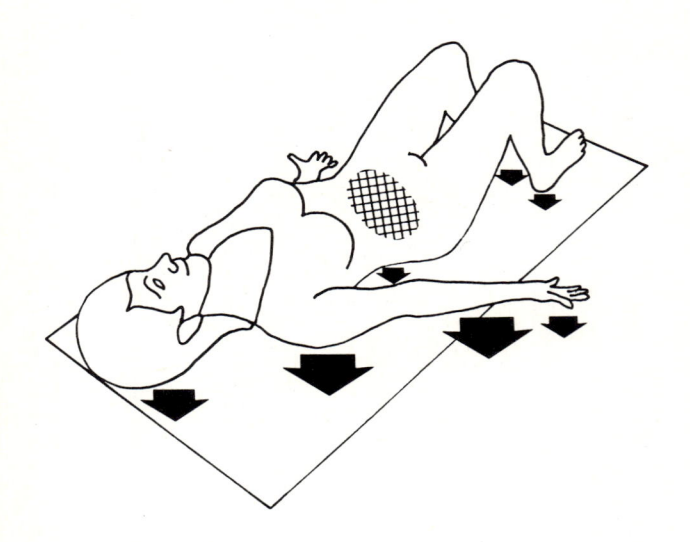

Ausgangsstellung:

Rückenlage
Beine gebeugt
Fersen am Boden
Arme gestreckt leicht abgespreizt
neben dem Körper
Handflächen nach oben

Anzahl:

3mal wiederholen

Ausführung:

Bauchmuskeln spannen
Kreuz in den Boden drücken
Fersen in den Boden drücken
Arme und Hände in den Boden drücken
Hinterkopf in den Boden drücken
Spannung halten, bis 10 zählen
Spannung lösen bis 5 zählen
Übung wiederholen

Aufpassen:

weiter atmen
Spannung halten
bis 10 zählen

⋈⋈⋈⋈⋈ spannen
▶ drücken

21. Übungstag

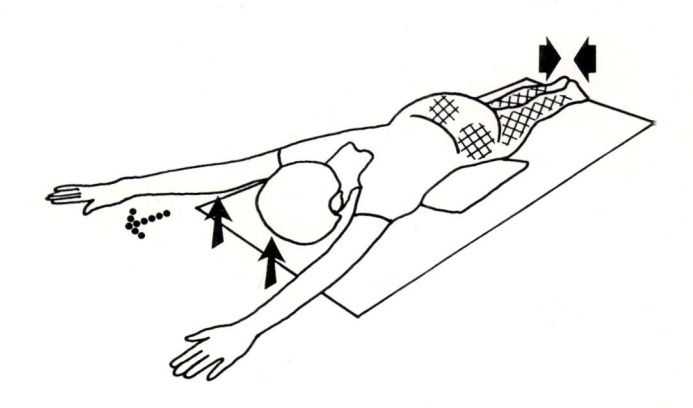

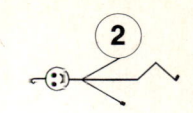

Ausgangsstellung:

Bauchlage Kissen unter dem Bauch
Beine gestreckt
Füße liegen auf den Fußrücken am Boden
beide Arme liegen gestreckt nach vorn am Boden

Anzahl:

2mal jeden Arm üben

→ Bewegungsrichtung
⨯⨯⨯⨯⨯ spannen
▸ drücken
⋯⋯⋗ dehnen

Ausführung:

beide Füße aneinanderdrücken
Beine spannen
Gesäßmuskeln spannen
Bauch einziehen
rechten Arm am Boden herausschieben
den Arm anheben
Kopf nasefrei vom Boden abheben
Blick bleibt zum Boden gerichtet
einen Augenblick diese Position halten
Spannung langsam lösen

Aufpassen:

Arm nur in Schulterhöhe anheben
weiter atmen

21. Übungstag

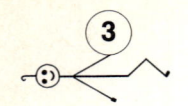

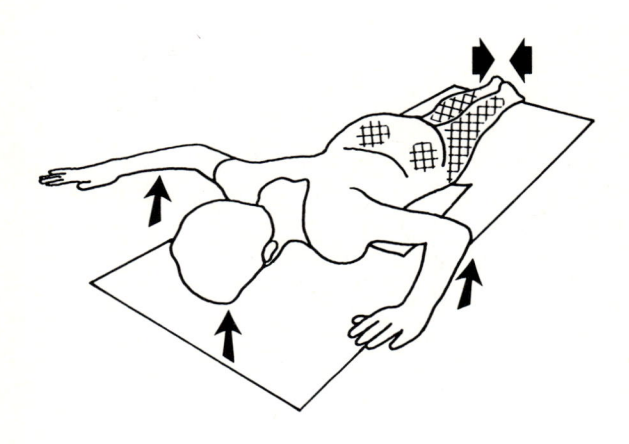

Ausgangsstellung:

Bauchlage Kissen unter dem Bauch
Beine gestreckt
Füße liegen auf den Fußrücken am Boden
beide Arme in U-Halte: Arme liegen in Schulterbreite, die Unterarme sind rechtwinklig angebeugt

Anzahl:

3mal wiederholen

Ausführung:

beide Füße aneinanderdrücken
Beine spannen
Gesäßmuskeln spannen
Bauch einziehen
beide Arme in U-Halte anheben
Kopf nasefrei vom Boden abheben
Blick bleibt zum Boden gerichtet
einen Augenblick diese Position halten
Spannung langsam lösen

Aufpassen:

Arme nur in Schulterhöhe anheben
zum Boden schauen
weiter atmen

⋙⋙⋙ spannen
▶ drücken
→ Bewegungsrichtung

21. Übungstag

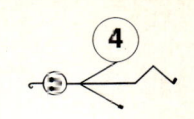

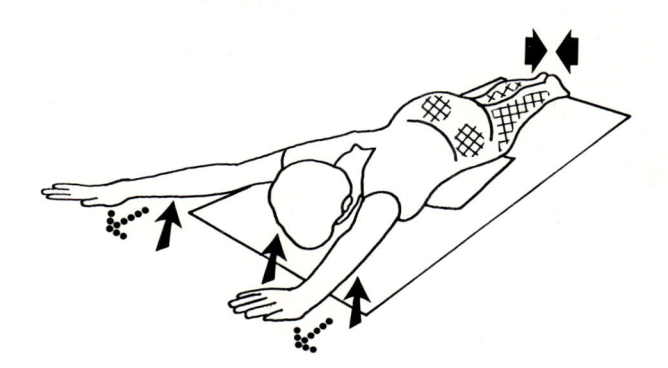

Ausgangsstellung:

Bauchlage Kissen unter dem Bauch
Beine gestreckt
Füße liegen auf den Fußrücken am Boden
beide Arme liegen gestreckt nach vorn am Boden

Anzahl:

3mal wiederholen

Ausführung:

beide Füße aneinanderdrücken
Beine spannen
Gesäßmuskeln spannen
Bauch einziehen
beide Arme gestreckt am Boden
lang herausschieben
beide Arme anheben
Kopf nasefrei vom Boden abheben
Blick bleibt zum Boden gerichtet
einen Augenblick diese Position halten
Spannung langsam lösen

Aufpassen:

Arme nur in Schulterhöhe anheben
zum Boden schauen
weiter atmen

⋘⋙	spannen
⋯⋗	dehnen
→	Bewegungsrichtung
▶	drücken

165

21. Übungstag

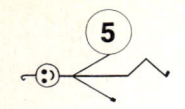

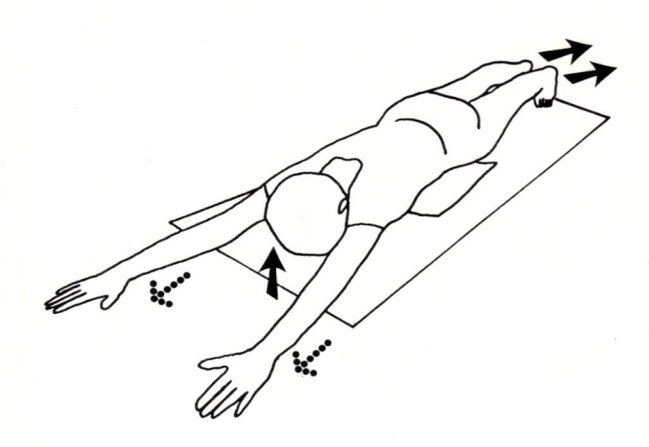

Ausgangsstellung:

Bauchlage Kissen unter dem Bauch
Beine gestreckt
die Zehen stehen gebeugt am Boden
beide Arme liegen gestreckt nach vorn am Boden

Anzahl:

3mal wiederholen

Ausführung:

Dehnübung:

beide Fersen nach unten ziehen
die Knie heben vom Boden ab
die Beine sind gestreckt
beide Arme gestreckt am Boden
lang herausschieben
Kopf nasefrei vom Boden abheben
mit der Einatmung dehnen
mit der Ausatmung lösen

Aufpassen:

vorsichtig dehnen

⋯⋯▸ dehnen
➡ Bewegungsrichtung

21. Übungstag

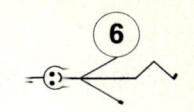

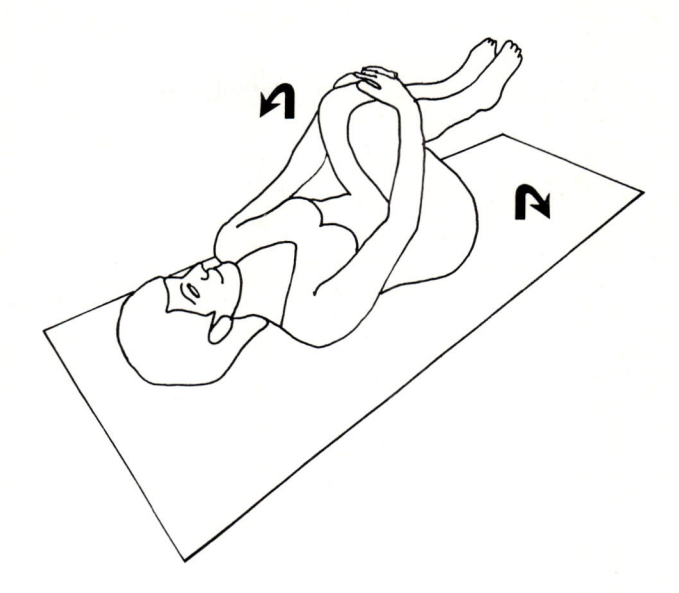

Ausgangsstellung:

Rückenlage
Beine gebeugt
Füße am Boden
Arme neben dem Körper

Anzahl:

einige Male hin und her wiegen

Ausführung:

beide Knie an den Bauch ziehen
mit beiden Händen die Knie fassen
bei Kniebeschwerden die Beine
unter den Knien halten
auf dem Rücken leicht zur Seite
nach rechts und links wiegen

Aufpassen:

nicht zur Seite umfallen
der Kopf bleibt liegen

Bewegungsrichtung

21. Übungstag

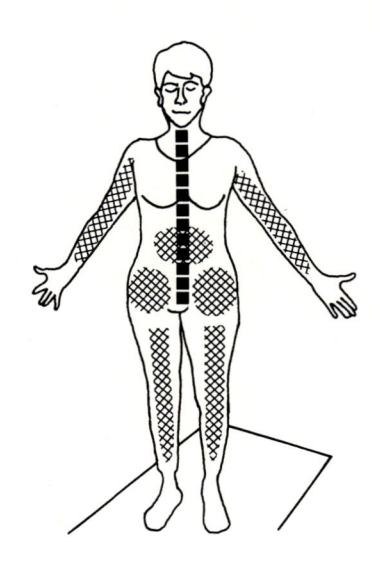

Ausgangsstellung:

Stand: Haltungskontrolle
Füße hüftbreit auseinandergestellt
Zehen zeigen nach vorn

Anzahl:

3mal wiederholen

Ausführung:

Bauch- und Gesäßmuskeln spannen
Beinmuskeln spannen
Schultern etwas zurücknehmen
Rücken strecken
Arme nach außen drehen
leicht vom Körper abspreizen
Finger spreizen
Kopf und Nacken lang herausstrecken
Spannung halten, bis 10 zählen
Spannung lösen

Aufpassen:

Kopf nicht nach hinten beugen
Kinn leicht zum Brustkorb ziehen
weiter atmen

▪▪▪▪▪▪ spannen
■■■■■ strecken

22
Übung 1-7

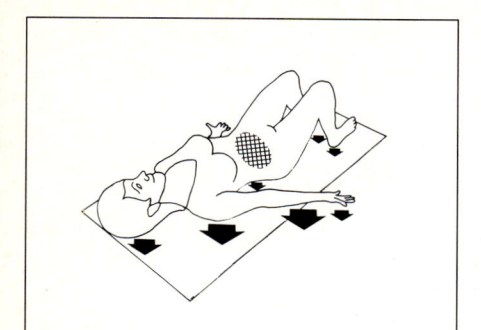

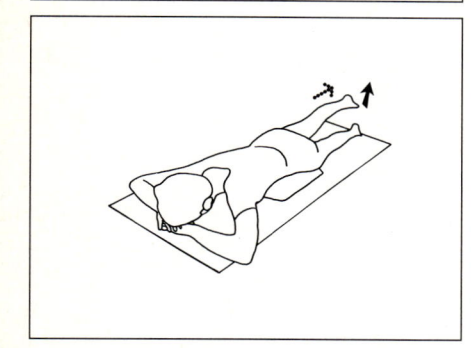

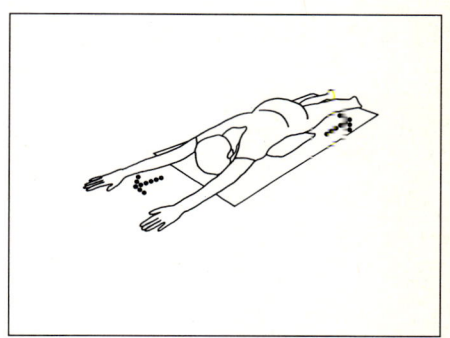

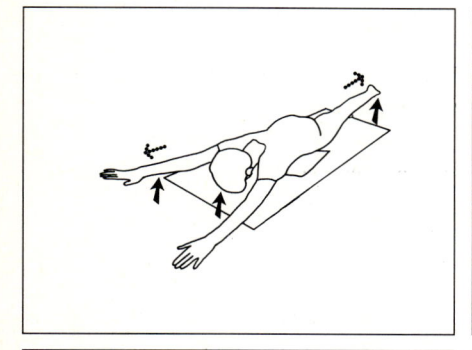

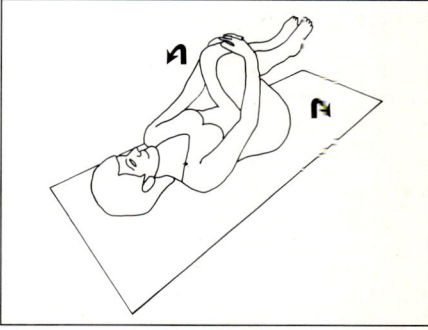

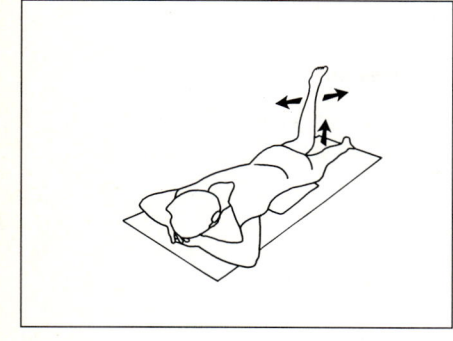

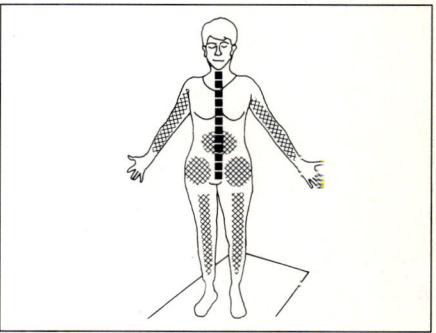

22. Übungstag

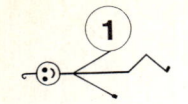

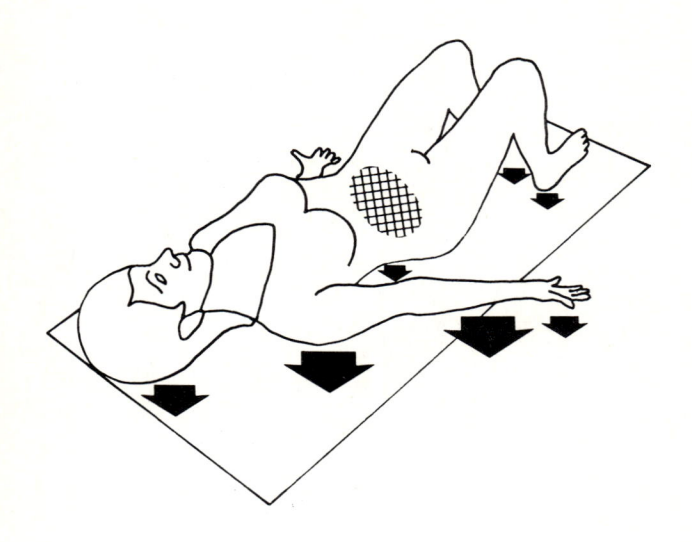

Ausgangsstellung:

Rückenlage
Beine gebeugt
Fersen am Boden
Arme gestreckt leicht abgespreizt
neben dem Körper
Handflächen nach oben

Anzahl:

3mal wiederholen

Ausführung:

Bauchmuskeln spannen
Kreuz in den Boden drücken
Fersen in den Boden drücken
Arme und Hände in den Boden
drücken
Hinterkopf in den Boden drücken
Spannung halten, bis 10 zählen
Spannung lösen bis 5 zählen
Übung wiederholen

Aufpassen:

weiter atmen
Spannung halten
bis 10 zählen

XXXXXX spannen
▶ drücken

170

22. Übungstag

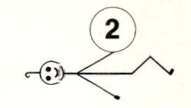

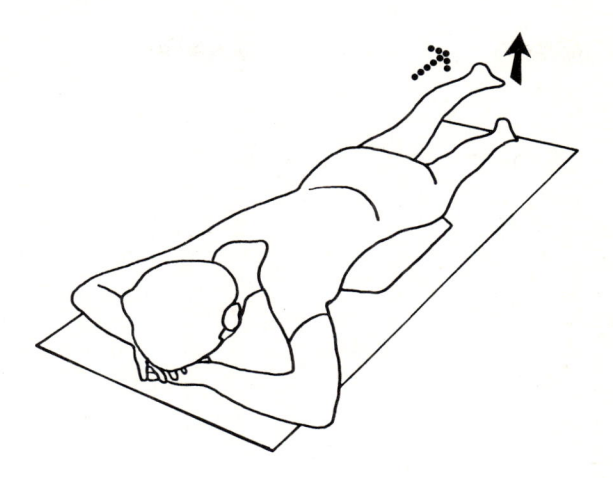

Ausgangsstellung:

Bauchlage Kissen unter dem Bauch
Beine gestreckt
Füße liegen auf den Fußrücken am Boden
beide Hände liegen unter der Stirn am Boden

Anzahl:

2mal jedes Bein üben

Ausführung:

rechtes Bein am Boden herausschieben
das Bein anheben
einen Augenblick diese Position halten
Bein zurücklegen
Spannung langsam lösen

Aufpassen:

das Bein nur in Körperhöhe anheben
weiter atmen

⇢ dehnen
→ Bewegungsrichtung

22. Übungstag

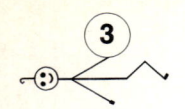

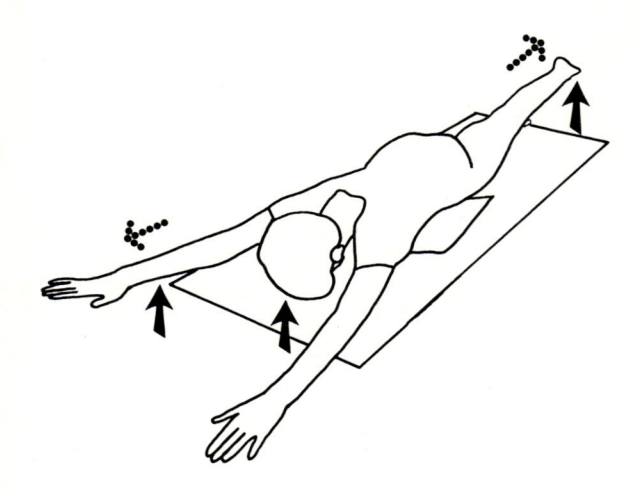

Ausgangsstellung:

Bauchlage Kissen unter dem Bauch
Beine gestreckt
Füße liegen auf den Fußrücken am Boden
beide Arme liegen gestreckt nach vorn am Boden

Anzahl:

2mal wiederholen

Ausführung:

rechten Arm und linkes Bein getreckt am Boden herausschieben
Arm und Bein anheben
Kopf nasefrei vom Boden abheben
Blick bleibt zum Boden gerichtet
einen Augenblick diese Position halten
Kopf, Arm und Bein zurücklegen
Spannung langsam lösen

Aufpassen:

Arm und Bein nur in Körperhöhe anheben
weiter atmen

••••> dehnen
➤ Bewegungsrichtung

22. Übungstag

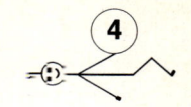

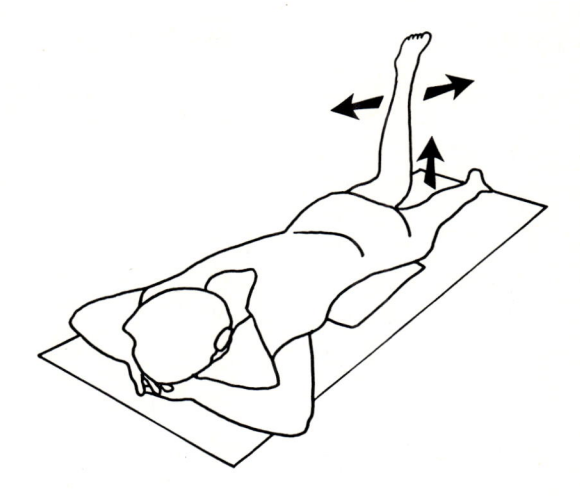

Ausgangsstellung:

Bauchlage Kissen unter dem Bauch
Beine gestreckt
Füße liegen auf den Fußrücken am Boden
beide Hände liegen unter der Stirn am Boden

Anzahl:

jedes Bein mehrere Male üben

Ausführung:

rechtes Bein in Körperhöhe anheben
das Bein langsam im Knie beugen und wieder strecken
diese Übung mehrere Male wiederholen, ohne das Bein abzulegen

Aufpassen:

das Bein nur in Körperhöhe anheben
weiter atmen

➜ Bewegungsrichtung

22. Übungstag

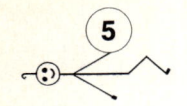

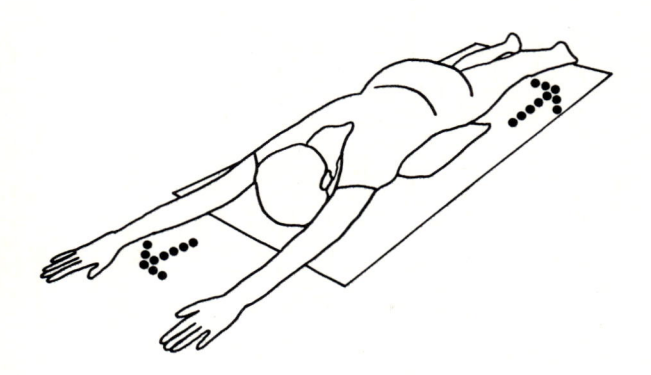

Ausgangsstellung:

Bauchlage Kissen unter dem Bauch
Beine gestreckt
Füße liegen auf den Fußrücken am Boden
beide Arme liegen gestreckt nach vorn am Boden

Anzahl:

2mal üben

Ausführung:

Dehnübung:
rechten Arm und linkes Bein gestreckt
am Boden herausschieben
Stirn bleibt am Boden
mit der Einatmung dehnen
mit der Ausatmung lösen

Aufpassen:

vorsichtig dehnen

dehnen

22. Übungstag

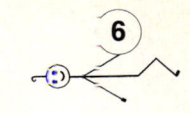

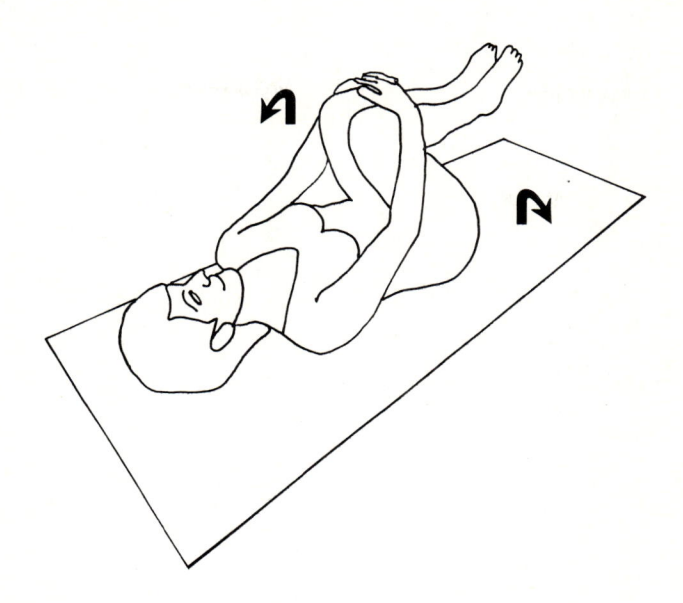

Ausgangsstellung:

Rückenlage
Beine gebeugt
Füße am Boden
Arme neben dem Körper

Anzahl:

einige Male hin und her wiegen

Ausführung:

beide Knie an den Bauch ziehen
mit beiden Händen die Knie fassen
bei Kniebeschwerden die Beine
unter den Knien halten
auf dem Rücken leicht zur Seite nach
rechts und links wiegen

Aufpassen:

nicht zur Seite umfallen
der Kopf bleibt liegen

Bewegungsrichtung

22. Übungstag

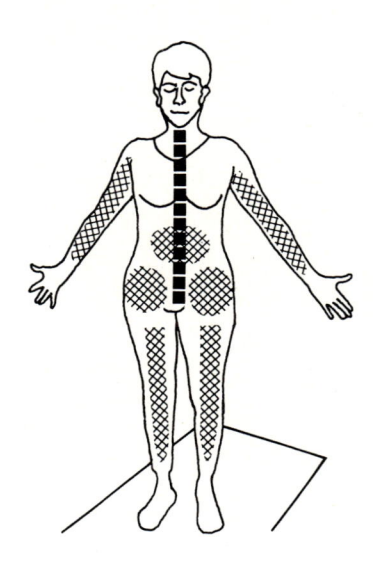

Ausgangsstellung:

Stand: Haltungskontrolle
Füße hüftbreit auseinandergestellt
Zehen zeigen nach vorn

Anzahl:

3mal wiederholen

Ausführung:

Bauch- und Gesäßmuskeln spannen
Beinmuskeln spannen
Schultern etwas zurücknehmen
Rücken strecken
Arme nach außen drehen
leicht vom Körper abspreizen
Finger spreizen
Kopf und Nacken lang herausstrecken
Spannung halten, bis 10 zählen
Spannung lösen

Aufpassen:

Kopf nicht nach hinten beugen
Kinn leicht zum Brustkorb ziehen
weiter atmen

 spannen
▬▬▬▬▬ strecken

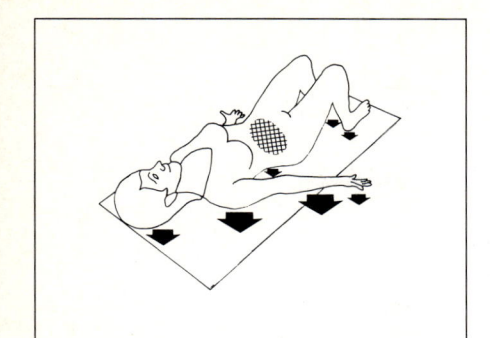

23

Übung 1-7

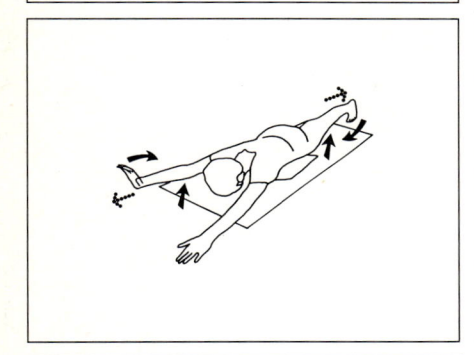

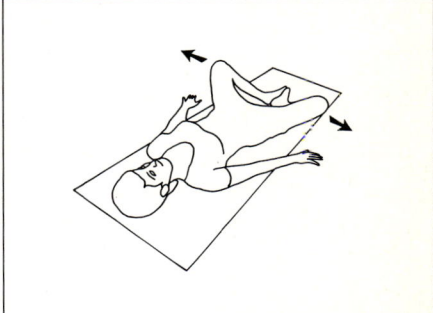

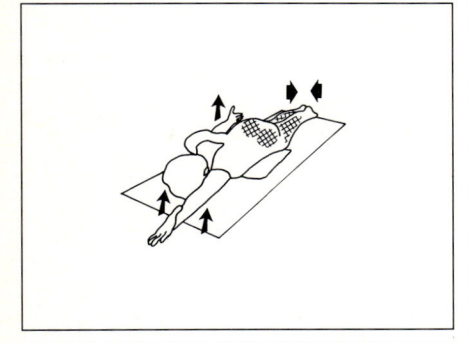

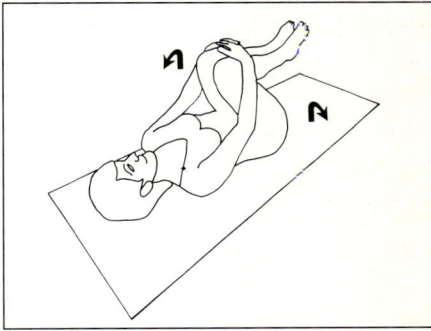

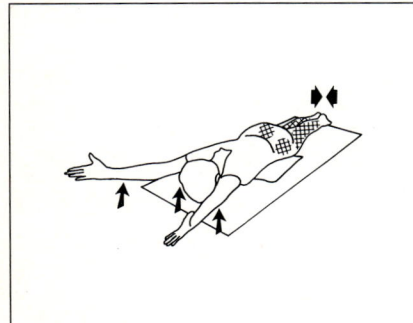

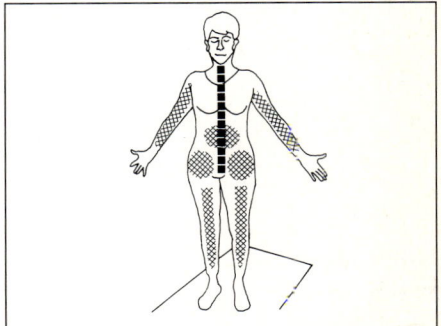

23. Übungstag

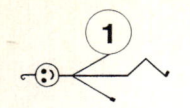

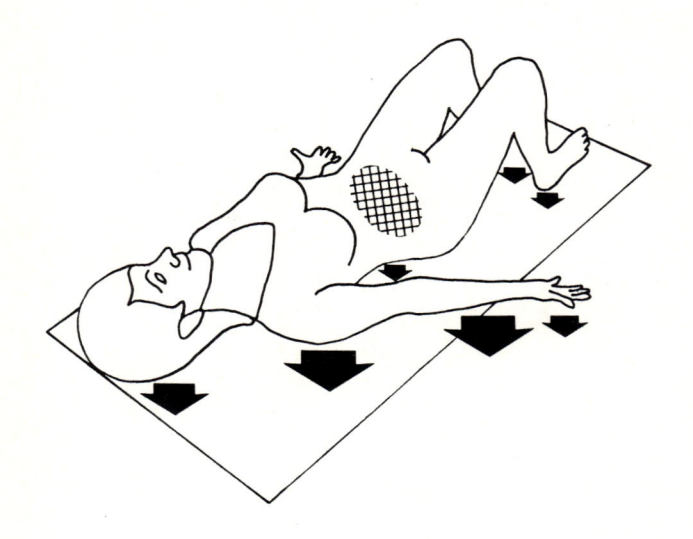

Ausgangsstellung:

Rückenlage
Beine gebeugt
Fersen am Boden
Arme gestreckt leicht abgespreizt
neben dem Körper
Handflächen nach oben

Anzahl:

3mal wiederholen

Ausführung:

Bauchmuskeln spannen
Kreuz in den Boden drücken
Fersen in den Boden drücken
Arme und Hände in den Boden drücken
Hinterkopf in den Boden drücken
Spannung halten, bis 10 zählen
Spannung lösen, bis 5 zählen
Übung wiederholen

Aufpassen:

weiter atmen
Spannung halten
bis 10 zählen

⠿⠿⠿⠿ spannen
➤ drücken

23. Übungstag

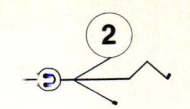

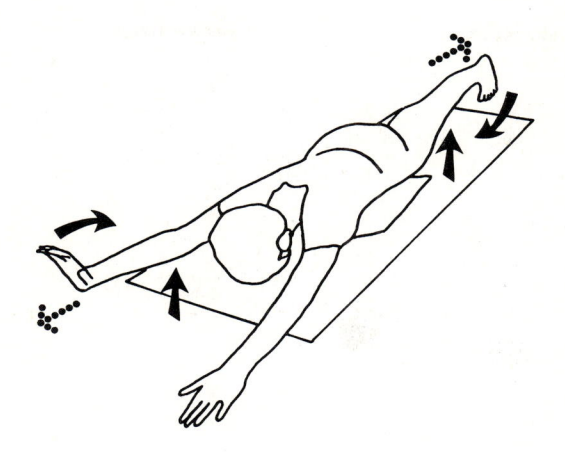

Ausgangsstellung:

Bauchlage Kissen unter dem Bauch
Beine gestreckt
Füße liegen auf den Fußrücken am Boden
beide Arme liegen gestreckt nach vorn am Boden

Anzahl:

2mal üben

Ausführung:

linkes Bein anheben, den Fuß in Richtung Körper ziehen
rechten Arm anheben, die Hand in Richtung Unterarm ziehen
nun die linke Ferse nach unten dehnen und gleichzeitig die rechte Hand nach vorn schieben
einen Augenblick diese Position halten
Arm und Bein zurücklegen
Spannung langsam lösen

Aufpassen:

Arm und Bein nur in Körperhöhe anheben
vorsichtig dehnen
weiter atmen

⋯⋯> dehnen
↘ Bewegungsrichtung
→ Bewegungsrichtung

23. Übungstag

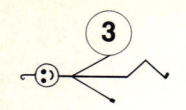

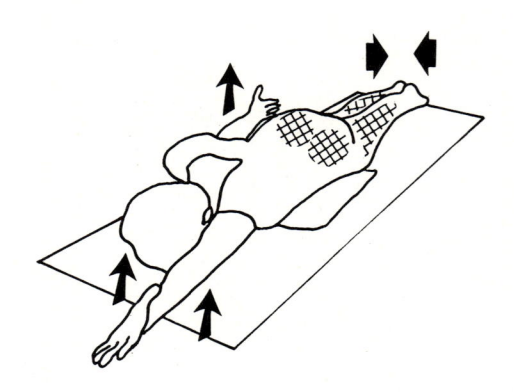

Ausgangsstellung:

Bauchlage Kissen unter dem Bauch
Beine gestreckt
Füße liegen auf den Fußrücken am Boden
rechter Arm liegt gestreckt neben dem Körper
auf der Handfläche
linker Arm liegt gestreckt nach vorn am Boden die Handfläche zeigt nach oben

Anzahl:

3mal wiederholen

Ausführung:

beide Füße aneinanderdrücken
Beine spannen
Gesäßmuskeln spannen
Bauch einziehen
beide Arme anheben
Kopf nasefrei vom Boden abheben
einen Augenblick diese Position halten
Kopf und Arme zurücklegen
Spannung langsam lösen

Aufpassen:

Arme nur in Körperhöhe anheben
weiter atmen

       spannen
       drücken
       Bewegungsrichtung

23. Übungstag

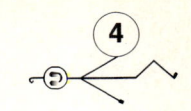

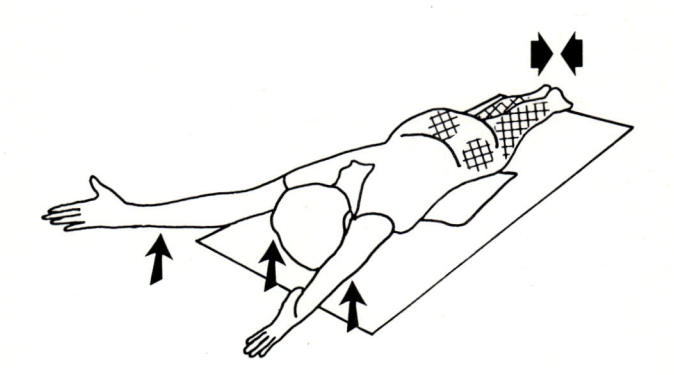

Ausgangsstellung:

Bauchlage Kissen unter dem Bauch
Beine gestreckt
Füße liegen auf den Fußrücken am Boden
beide Arme liegen gestreckt nach vorn am Boden
die Handflächen zeigen nach oben

Anzahl:

3mal wiederholen

Ausführung:

beide Füße aneinanderdrücken
Beine spannen
Gesäßmuskeln spannen
Bauch einziehen
beide Arme anheben
Kopf nasefrei vom Boden abheben
Blick bleibt zum Boden gerichtet
einen Augenblick diese Position halten
Kopf und Arme zurücklegen
Spannung langsam lösen

Aufpassen:

Arme nur in Schulterhöhe anheben
zum Boden schauen
weiter atmen

xxxxxx   spannen
▶   drücken
→   Bewegungsrichtung

181

23. Übungstag

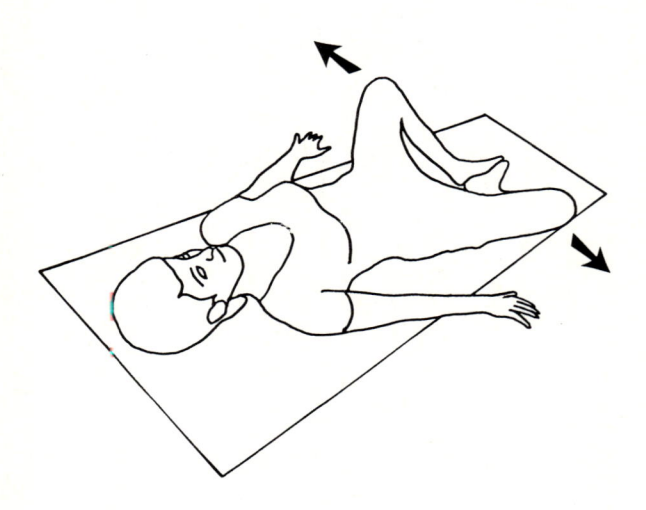

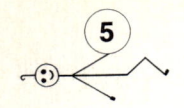

Ausgangsstellung:

Rückenlage
Beine gestreckt
Arme liegen neben dem Körper

Anzahl:

2mal wiederholen

Ausführung:

Dehnübung:
beide Beine beugen
Fußsohlen aneinanderlegen
beide Knie zur Seite spreizen
ohne Gewalt!
einen Augenblick diese Position halten
beide Knie langsam schließen
beide Beine strecken
Spannung langsam lösen

Aufpassen:

vorsichtig dehnen
weiter atmen

➜   Bewegungsrichtung

23. Übungstag

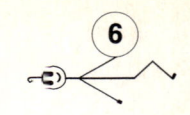

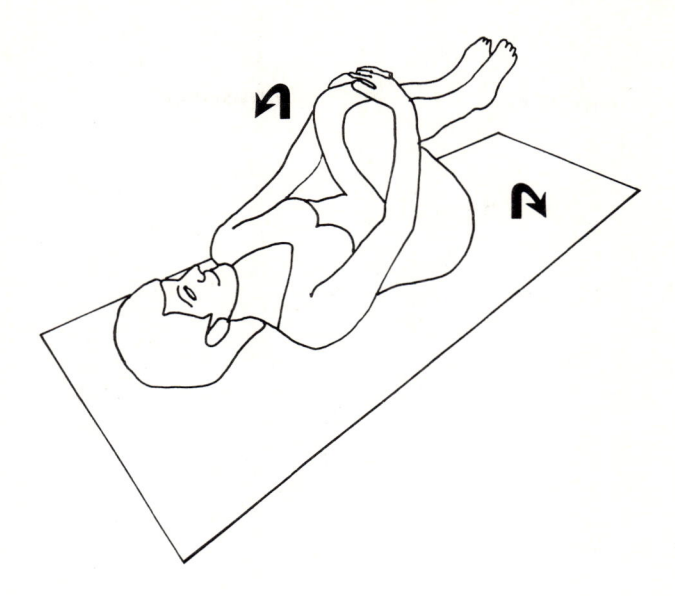

Ausgangsstellung:

Rückenlage
Beine gebeugt
Füße am Boden
Arme neben dem Körper

Anzahl:

einige Male hin und her wiegen

Ausführung:

beide Knie an den Bauch ziehen
mit beiden Händen die Knie fassen
bei Kniebeschwerden die Beine
unter den Knien halten
auf dem Rücken leicht zur Seite
nach rechts und links wiegen

Aufpassen:

nicht zur Seite umfallen
der Kopf bleibt liegen

➤   Bewegungsrichtung

23. Übungstag

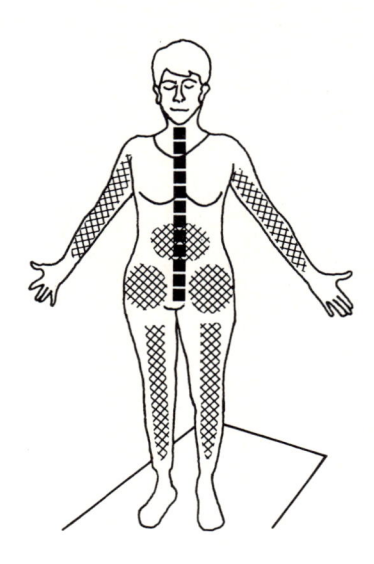

Ausgangsstellung:

Stand: Haltungskontrolle
Füße hüftbreit auseinandergestellt
Zehen zeigen nach vorn

Anzahl:

3mal wiederholen

Ausführung:

Bauch- und Gesäßmuskeln spannen
Beinmuskeln spannen
Schultern etwas zurücknehmen
Rücken strecken
Arme nach außen drehen
leicht vom Körper abspreizen
Finger spreizen
Kopf und Nacken lang herausstrecken
Spannung halten, bis 10 zählen
Spannung lösen

Aufpassen:

Kopf nicht nach hinten beugen
Kinn leicht zum Brustkorb ziehen
weiter atmen

XXXXXX spannen
▪▪▪▪▪ strecken

184

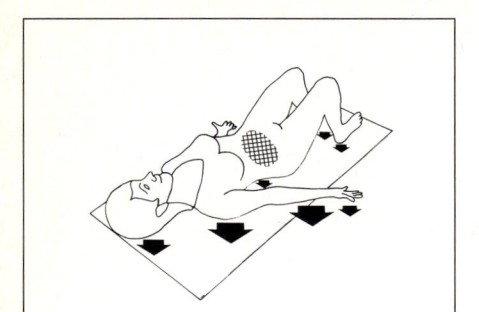

24

Übung 1-7

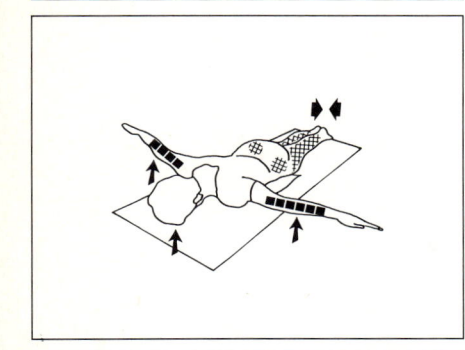

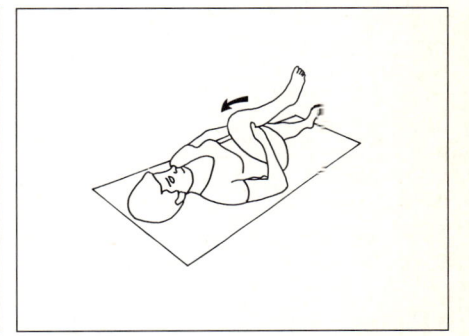

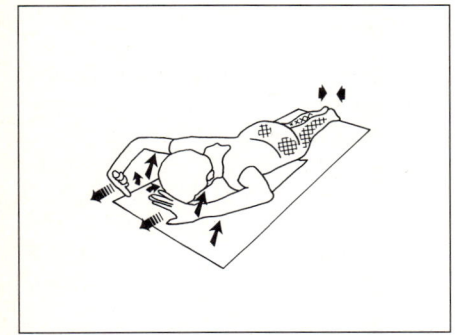

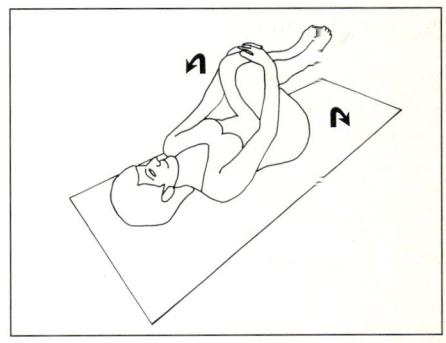

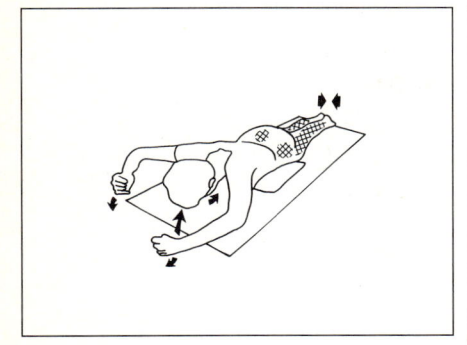

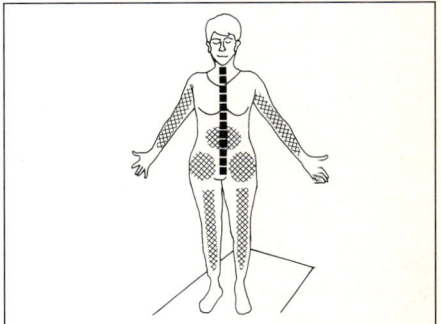

24. Übungstag

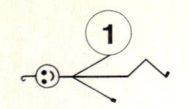

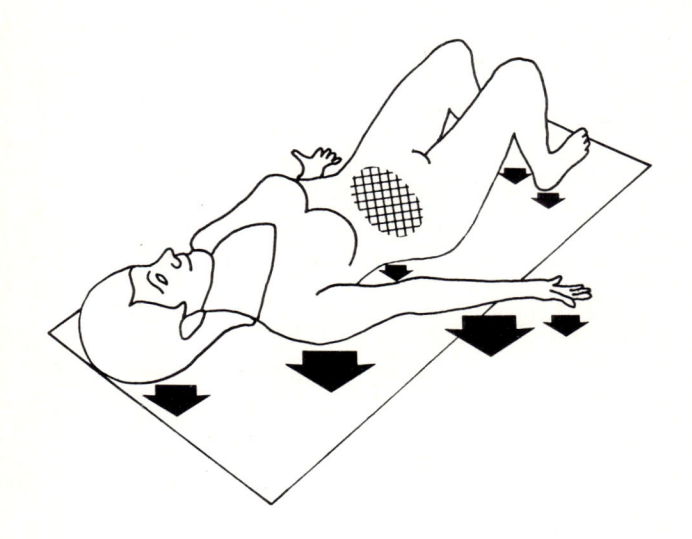

Ausgangsstellung:

Rückenlage
Beine gebeugt
Fersen am Boden
Arme gestreckt leicht abgespreizt
neben dem Körper
Handflächen nach oben

Anzahl:

3mal wiederholen

Ausführung:

Bauchmuskeln spannen
Kreuz in den Boden drücken
Fersen in den Boden drücken
Arme und Hände in den Boden drücken
Hinterkopf in den Boden drücken
Spannung halten, bis 10 zählen
Spannung lösen bis 5 zählen
Übung wiederholen

Aufpassen:

weiter atmen
Spannung halten
bis 10 zählen

▓▓▓▓▓ spannen
▶ drücken

24. Übungstag

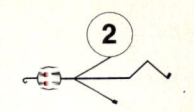

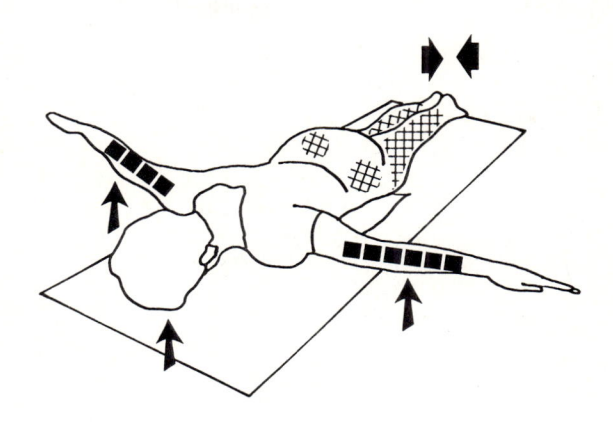

Ausgangsstellung:

Bauchlage Kissen unter dem Bauch
Beine gestreckt
Füße liegen auf den Fußrücken am Boden
Hände liegen unter der Stirn

Anzahl:

3mal wiederholen

xxxxxxx spannen
▶ drücken
▬▬▬ strecken
→ Bewegungsrichtung

Ausführung:

beide Füße aneinanderdrücken
Beine spannen
Gesäßmuskeln spannen
Bauch einziehen
Kopf und Arme anheben
Blick bleibt zum Boden gerichtet
Arme in Körperhöhe zur Seite strecken
beide Hände hinter den Kopf nehmen
die Arme wieder zur Seite strecken
die Hände unter die Stirn führen
Kopf und Arme zurücklegen
Spannung langsam lösen

Aufpassen:

Arme nur in Schulterhöhe anheben
zum Boden schauen
weiter atmen

187

24. Übungstag

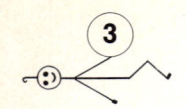

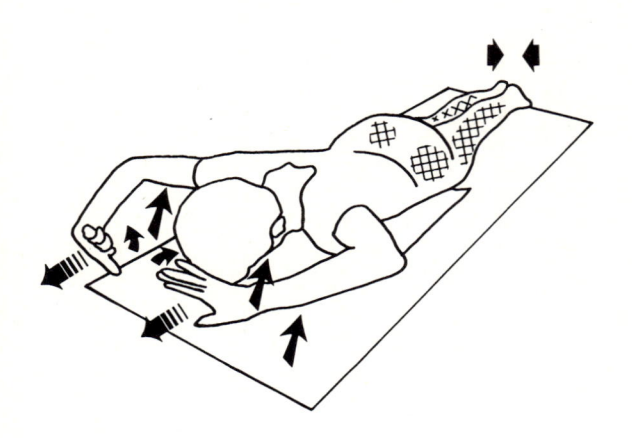

Ausgangsstellung:

Bauchlage Kissen unter dem Bauch
Beine gestreckt
Füße liegen auf den Fußrücken am Boden
beide Arme liegen im Halbkreis vor dem Kopf

Anzahl:

3mal wiederholen

xxxxxx   spannen
▶   drücken
▥▶   stemmen
↘   Bewegungsrichtung
→   Bewegungsrichtung

Ausführung:

beide Füße aneinanderdrücken
Beine spannen
Gesäßmuskeln spannen
Bauch einziehen
beide Hände in Richtung Unterarme hochziehen
Kopf und Arme anheben
nun die Hände nach vorn stemmen
etwas wegschieben wollen
die Ellbogen bleiben gebeugt
einen Augenblick diese Position halten
Kopf und Arme zurücklegen
Spannung langsam lösen

Aufpassen:

zum Boden schauen
weiter atmen

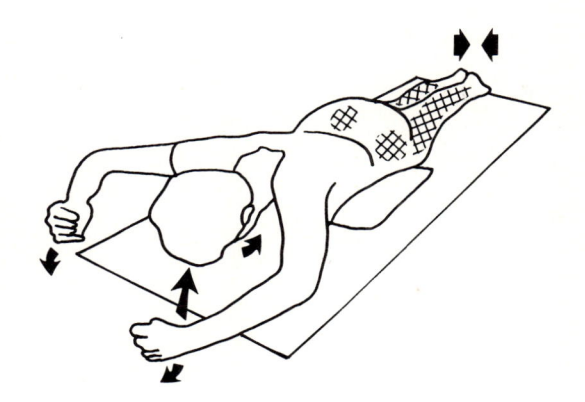

24. Übungstag

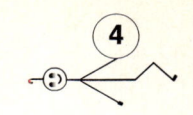

Ausgangsstellung:

Bauchlage Kissen unter dem Bauch
Beine gestreckt
Füße liegen auf den Fußrücken am Boden
beide Arme liegen im Halbkreis vor dem Kopf

Anzahl:

3mal wiederholen

XXXXXX spannen
▶ drücken
↪ Bewegungsrichtung
→ Bewegungsrichtung

Ausführung:

beide Füße aneinanderdrücken
Beine spannen
Gesäßmuskeln spannen
Bauch einziehen
beide Hände zu Fäusten ballen
nun mit den Fäusten auf den Boden trommeln
Kopf nasefrei vom Boden abheben
Kinn in Richtung Brust ziehen
Kopf und Arme zurücklegen
Spannung langsam lösen

Aufpassen:

auf die Spannung der Beine achten
die Füße bleiben am Boden
weiter atmen

24. Übungstag

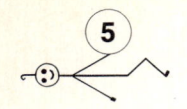

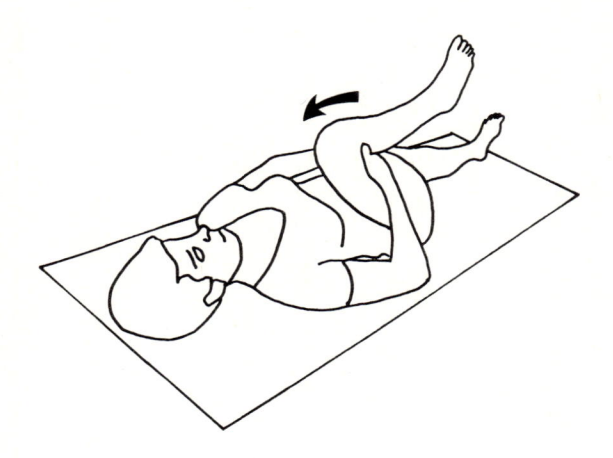

Ausgangsstellung:

Rückenlage
Beine gestreckt
Arme liegen neben dem Körper

Anzahl:

jedes Bein 2mal üben

Ausführung:

Dehnübung:
das rechte Bein an den Bauch heranbeugen
das Bein mit beiden Händen unter dem Knie fassen und leicht an den Bauch heranziehen
der Kopf bleibt am Boden liegen
einen Augenblick diese Position halten
die Hände lösen
das Bein und die Arme zurücklegen

Aufpassen:

weiter atmen

➘   Bewegungsrichtung

24. Übungstag

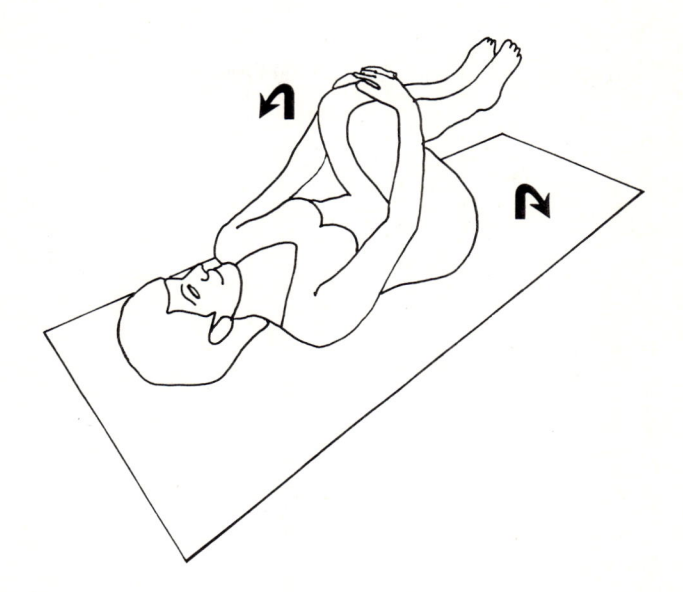

Ausgangsstellung:

Rückenlage
Beine gebeugt
Füße am Boden
Arme neben dem Körper

Anzahl:

einige Male hin und her wiegen

Ausführung:

beide Knie an den Bauch ziehen
mit beiden Händen die Knie fassen
bei Kniebeschwerden die Beine
unter den Knien halten
auf dem Rücken leicht zur Seite
nach rechts und links wiegen

Aufpassen:

nicht zur Seite umfallen
der Kopf bleibt liegen

➘ Bewegungsrichtung

191

24. Übungstag

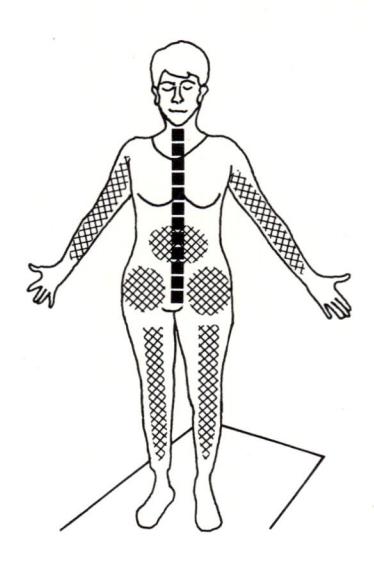

Ausgangsstellung:

Stand: Haltungskontrolle
Füße hüftbreit auseinandergestellt
Zehen zeigen nach vorn

Anzahl:

3mal wiederholen

Ausführung:

Bauch- und Gesäßmuskeln spannen
Beinmuskeln spannen
Schultern etwas zurücknehmen
Rücken strecken
Arme nach außen drehen
leicht vom Körper abspreizen
Finger spreizen
Kopf und Nacken lang herausstrecken
Spannung halten, bis 10 zählen
Spannung lösen

Aufpassen:

Kopf nicht nach hinten beugen
Kinn leicht zum Brustkorb ziehen
weiter atmen

XXXXXX   spannen
■■■■■   strecken

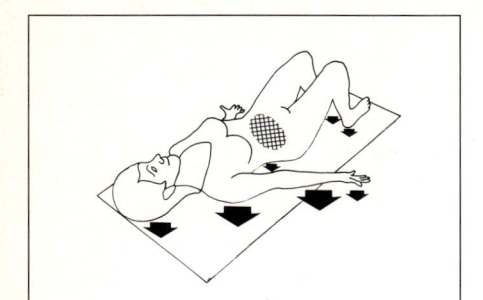

25

Übung 1-7

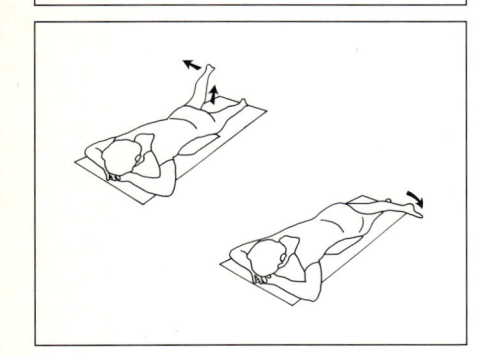

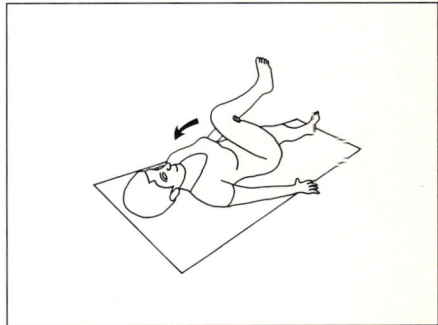

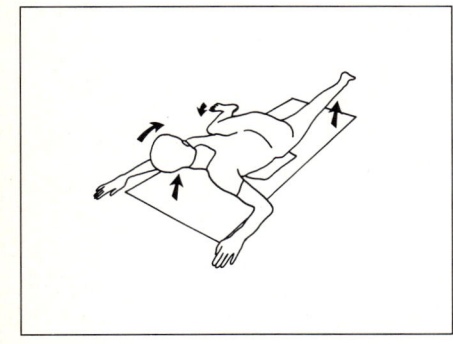

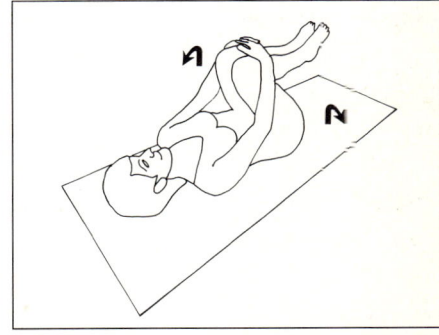

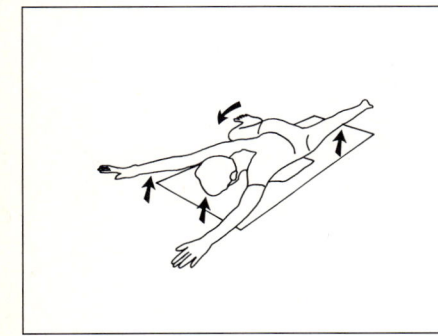

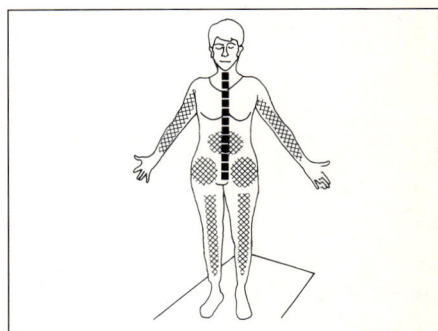

25. Übungstag

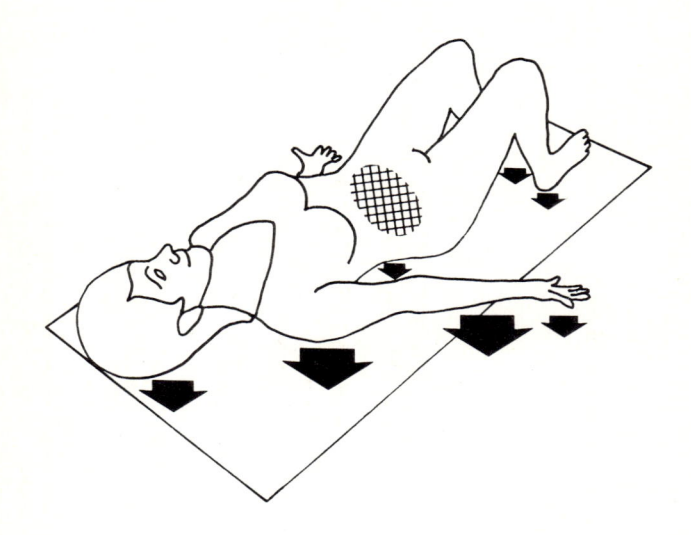

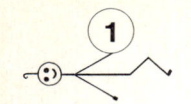

Ausgangsstellung:

Rückenlage
Beine gebeugt
Fersen am Boden
Arme gestreckt leicht abgespreizt neben dem Körper
Handflächen nach oben

Anzahl:

3mal wiederholen

Ausführung:

Bauchmuskeln spannen
Kreuz in den Boden drücken
Fersen in den Boden drücken
Arme und Hände in den Boden drücken
Hinterkopf in den Boden drücken
Spannung halten, bis 10 zählen
Spannung lösen bis 5 zählen
Übung wiederholen

Aufpassen:

weiter atmen
Spannung halten
bis 10 zählen

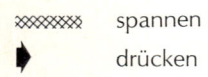

▨▨▨▨▨ spannen
▶ drücken

25. Übungstag

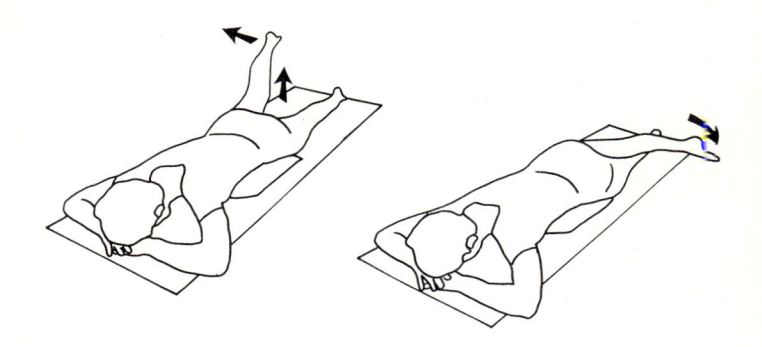

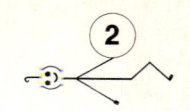

Ausgangsstellung:

Bauchlage Kissen unter dem Bauch
Beine gestreckt
Füße liegen auf den Fußrücken am Boden
Hände liegen unter der Stirn

Anzahl:

4 mal jedes Bein üben

Ausführung:

rechtes Bein gestreckt in Körperhöhe anheben
das Bein langsam zur Seite abspreizen
das Bein zurückführen und gestreckt über das linke Bein legen
das rechte Bein wieder anheben und neben das linke Bein zurücklegen
Spannung langsam lösen

Aufpassen:

das Bein nur in Körperhöhe anheben
weiter atmen

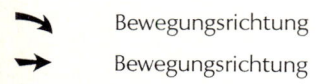

↘ Bewegungsrichtung
→ Bewegungsrichtung

25. Übungstag

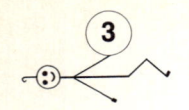

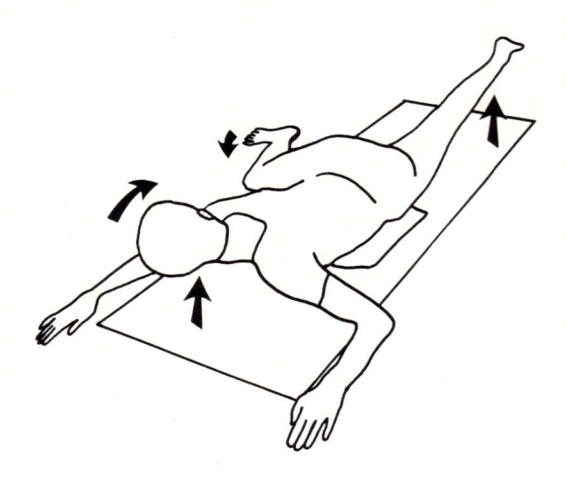

Ausgangsstellung:

Bauchlage Kissen unter dem Bauch
Beine gestreckt
Füße liegen auf den Fußrücken am Boden
beide Arme in U-Halte: Arme liegen in Schulterbreite, die Unterarme sind rechtwinklig angebeugt

Anzahl:

4mal jedes Bein üben

Ausführung:

rechtes Bein am Boden zur Seite anbeugen
Fußrücken anbeugen
den Kopf anheben und über die rechte Schulter das rechte Knie und den Fuß ansehen
nun das linke Bein gestreckt in Körperhöhe anheben
einen Augenblick diese Position halten
Kopf und Bein zurücklegen
Spannung langsam lösen

Aufpassen:

den Kopf vorsichtig zur Seite drehen
weiter atmen

↘   Bewegungsrichtung
→   Bewegungsrichtung

25. Übungstag

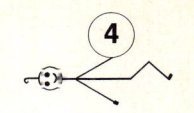

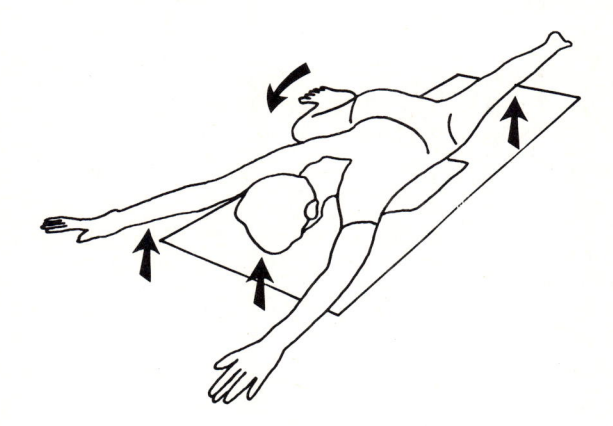

Ausgangsstellung:

Bauchlage Kissen unter dem Bauch
Beine gestreckt
Füße liegen auf den Fußrücken am Boden
beide Arme liegen gestreckt nach vorn am Boden

Anzahl:

4mal wiederholen

Ausführung:

rechtes Bein am Boden zur Seite anbeugen
Kopf nasefrei vom Boden abheben
rechten Arm und linkes Bein gestreckt in Körperhöhe anheben
einen Augenblick diese Position halten
Kopf, Arm und Beine zurücklegen
Spannung langsam lösen

Aufpassen:

Arm und Bein nur in Körperhöhe anheben
weiter atmen

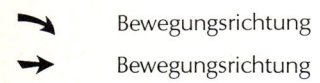

↘ Bewegungsrichtung
→ Bewegungsrichtung

25. Übungstag

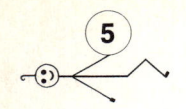

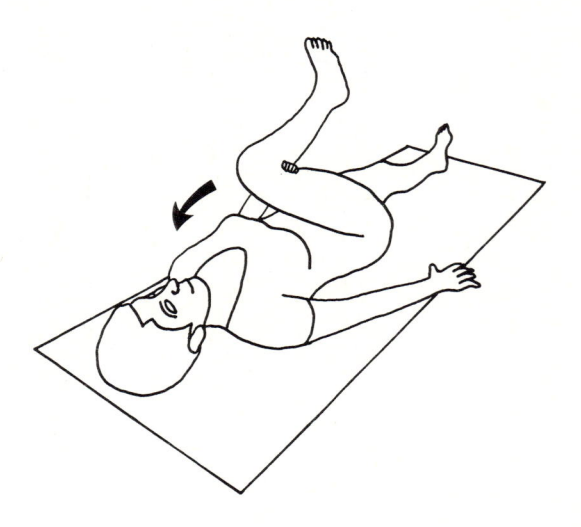

Ausgangsstellung:

Rückenlage
Beine gestreckt
Arme liegen neben dem Körper

Anzahl:

4mal jedes Bein üben

Ausführung:

Dehnübung:

das rechte Bein an den Bauch
heranbeugen
die linke Hand faßt das Bein
unter dem Knie
das Bein vorsichtig in Richtung
linke Schulter ziehen
einen Augenblick diese Position
halten
die Hand lösen, das Bein zurücklegen
Spannung langsam lösen

Aufpassen:

vorsichtig dehnen
weiter atmen

→   Bewegungsrichtung

25. Übungstag

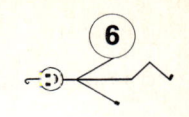

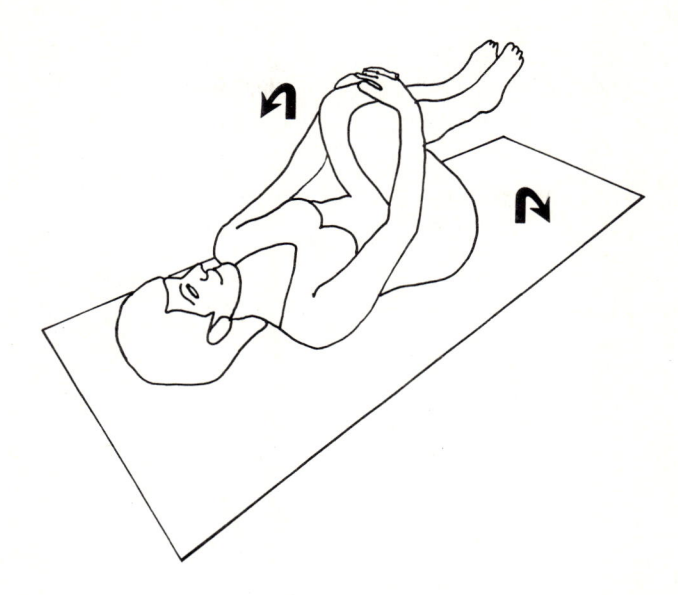

Ausgangsstellung:

Rückenlage
Beine gebeugt
Füße am Boden
Arme neben dem Körper

Anzahl:

einige Male hin und her wiegen

Ausführung:

beide Knie an den Bauch ziehen
mit beiden Händen die Knie fassen
bei Kniebeschwerden die Beine
unter den Knien halten
auf dem Rücken leicht zur Seite
nach rechts und links wiegen

Aufpassen:

nicht zur Seite umfallen
der Kopf bleibt liegen

Bewegungsrichtung

199

25. Übungstag

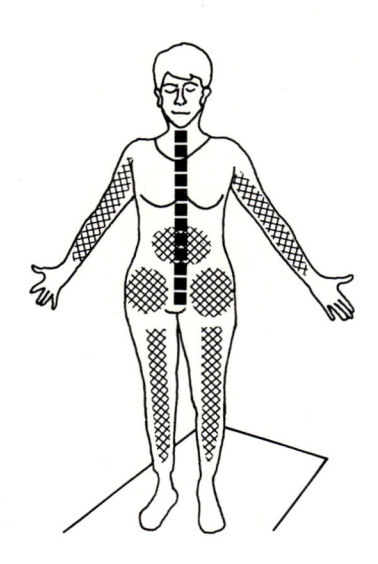

Ausgangsstellung:

Stand: Haltungskontrolle
Füße hüftbreit auseinandergestellt
Zehen zeigen nach vorn

Anzahl:

3mal wiederholen

Ausführung:

Bauch- und Gesäßmuskeln spannen
Beinmuskeln spannen
Schultern etwas zurücknehmen
Rücken strecken
Arme nach außen drehen
leicht vom Körper abspreizen
Finger spreizen
Kopf und Nacken lang herausstrecken
Spannung halten, bis 10 zählen
Spannung lösen

Aufpassen:

Kopf nicht nach hinten beugen
Kinn leicht zum Brustkorb ziehen
weiter atmen

▒▒▒▒ spannen
▬▬▬▬ strecken

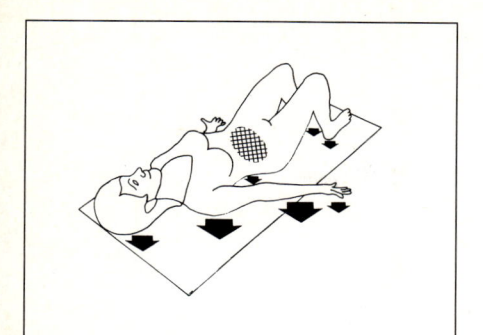

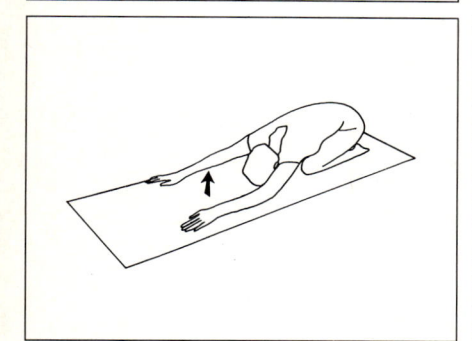

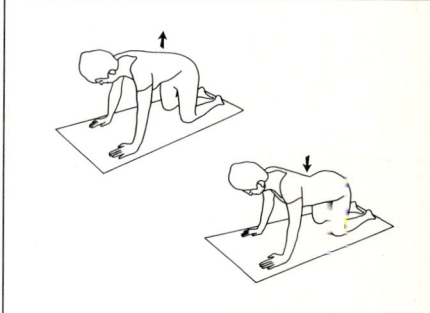

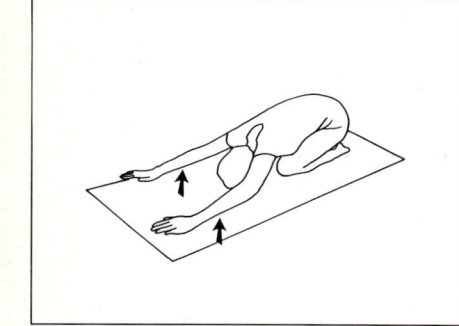

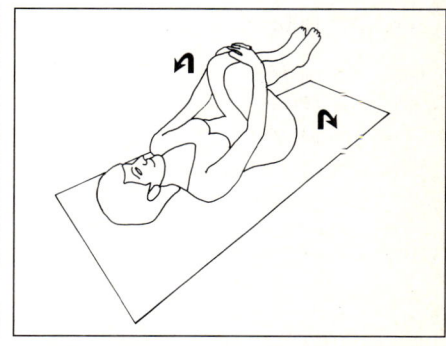

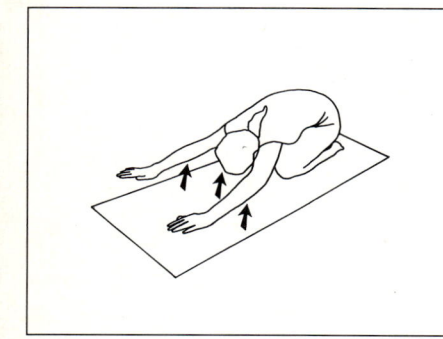

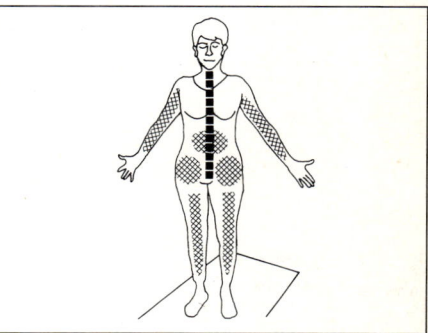

26
Übung 1-7

26. Übungstag

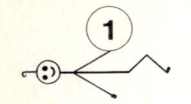

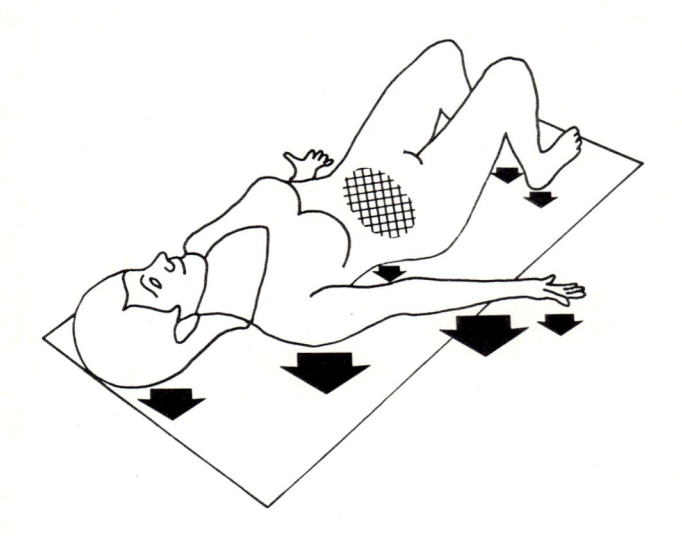

Ausgangsstellung:

Rückenlage
Beine gebeugt
Fersen am Boden
Arme gestreckt leicht abgespreizt
neben dem Körper
Handflächen nach oben

Anzahl:

3mal wiederholen

Ausführung:

Bauchmuskeln spannen
Kreuz in den Boden drücken
Fersen in den Boden drücken
Arme und Hände in den Boden
drücken
Hinterkopf in den Boden drücken
Spannung halten, bis 10 zählen
Spannung lösen bis 5 zählen
Übung wiederholen

Aufpassen:

weiter atmen
Spannung halten
bis 10 zählen

xxxxxx spannen
▶ drücken

26. Übungstag

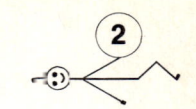

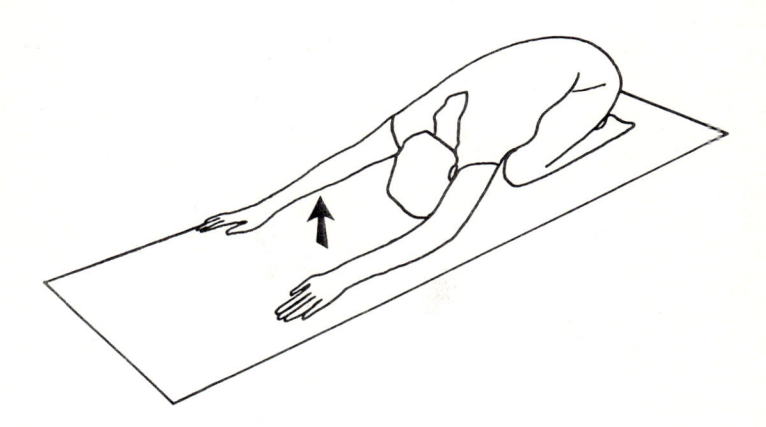

Ausgangsstellung:

Päckchensitz: aus dem Kniestand auf die Unterschenkel und Fersen zurücksetzen

Anzahl:

4mal jeden Arm üben

Ausführung:

Oberkörper nach vorn beugen
die Stirn auf den Boden legen
beide Arme lang nach vorn strecken
rechten Arm gestreckt anheben
einen Augenblick diese Position halten
Arm zurücklegen
Spannung langsam lösen

Aufpassen:

wenn die Füße schmerzen, Kissen
unter die Füße legen
Stirn bleibt am Boden
weiter atmen

→   Bewegungsrichtung

26. Übungstag

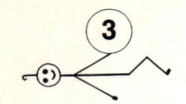

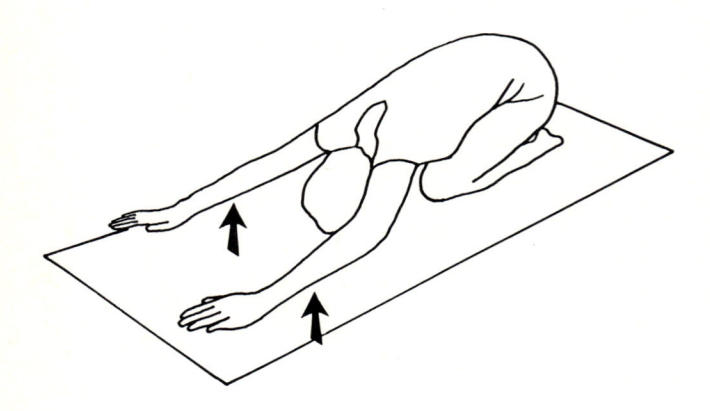

Ausgangsstellung:

Päckchensitz: aus dem Kniestand auf die Unterschenkel und Fersen zurücksetzen

Anzahl:

4mal wiederholen

Ausführung:

Oberkörper nach vorn beugen
die Stirn auf den Boden legen
beide Arme lang nach vorn strecken
beide Arme gestreckt anheben
einen Augenblick diese Position halten
Arme zurücklegen
Spannung langsam lösen

Aufpassen:

wenn die Füße schmerzen, Kissen unter die Füße legen
Stirn bleibt am Boden
weiter atmen

➜ Bewegungsrichtung

26. Übungstag

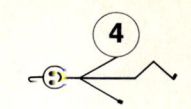

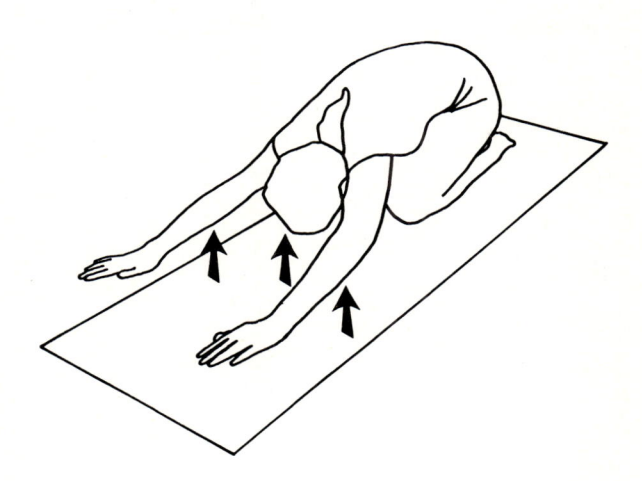

Ausgangsstellung:

Päckchensitz: aus dem Kniestand auf die Unterschenkel und Fersen zurücksetzen

Anzahl:

4mal wiederholen

Ausführung:

Oberkörper nach vorn beugen
die Stirn auf den Boden legen
beide Arme lang nach vorn strecken
beide Arme gestreckt anheben
den Kopf abheben
einen Augenblick diese Position halten
Kopf und Arme zurücklegen
Spannung langsam lösen

Aufpassen:

auf den Boden schauen
möglichst auf den Fersen sitzen bleiben
weiter atmen

➡ Bewegungsrichtung

26. Übungstag

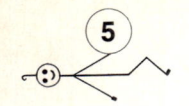

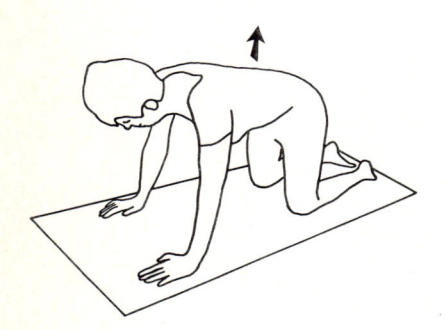

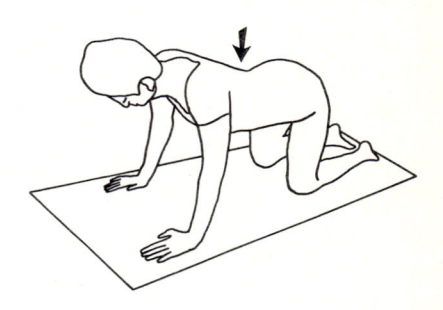

Ausgangsstellung:

Vierfüßlerstand: auf den Knien und Händen stehen
die Hände stehen unter den Schultergelenken
die Knie stehen unter den Hüftgelenken
der Kopf ist gerade
der Blick ist zum Boden gerichtet

Anzahl:

3–5mal wiederholen

Ausführung:

die Bauchmuskeln spannen,
den Bauch einziehen
den Rücken ein wenig rund machen
die Bauchmuskeln lösen
den Rücken weich durchhängen lassen
beim Durchhängen einatmen
beim Rundwerden ausatmen

Aufpassen:

diese Bewegung sehr weich und fließend üben
die Bewegung der Atmung anpassen

➜   Bewegungsrichtung

26. Übungstag

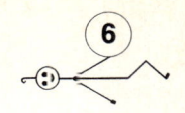

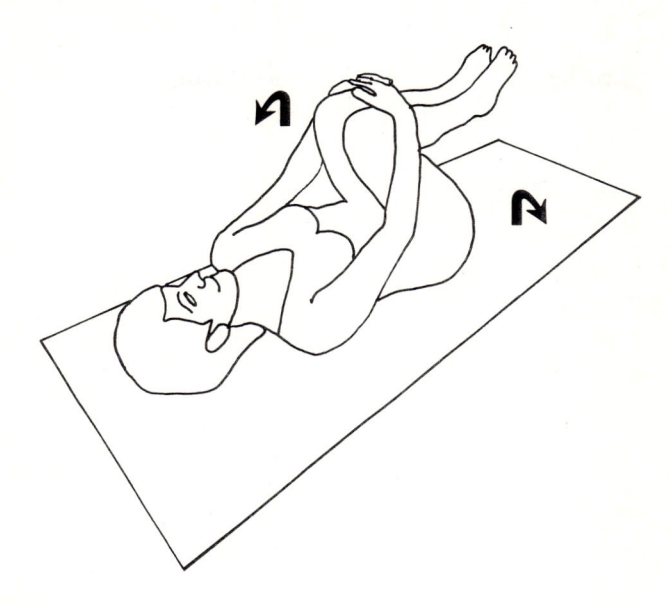

Ausgangsstellung:

Rückenlage
Beine gebeugt
Füße am Boden
Arme neben dem Körper

Anzahl:

einige Male hin und her wiegen

Ausführung:

beide Knie an den Bauch ziehen
mit beiden Händen die Knie fassen
bei Kniebeschwerden die Beine
unter den Knien halten
auf dem Rücken leicht zur Seite
nach rechts und links wiegen

Aufpassen:

nicht zur Seite umfallen
der Kopf bleibt liegen

↘   Bewegungsrichtung

26. Übungstag

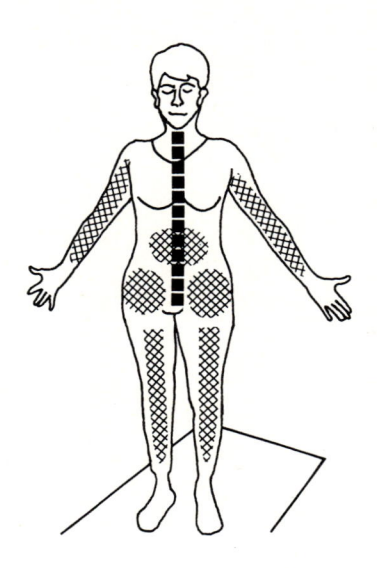

Ausgangsstellung:

Stand: Haltungskontrolle
Füße hüftbreit auseinandergestellt
Zehen zeigen nach vorn

Anzahl:

3mal wiederholen

Ausführung:

Bauch- und Gesäßmuskeln spannen
Beinmuskeln spannen
Schultern etwas zurücknehmen
Rücken strecken
Arme nach außen drehen
leicht vom Körper abspreizen
Finger spreizen
Kopf und Nacken lang herausstrecken
Spannung halten, bis 10 zählen
Spannung lösen

Aufpassen:

Kopf nicht nach hinten beugen
Kinn leicht zum Brustkorb ziehen
weiter atmen

⋙⋙⋙ spannen
▪▪▪▪▪ strecken

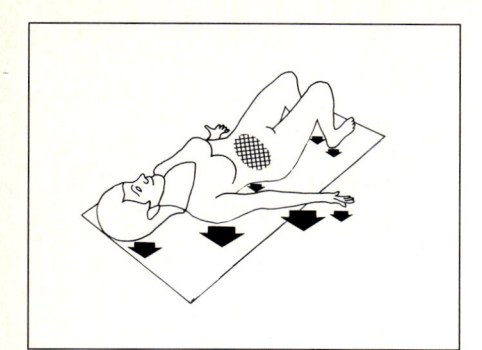

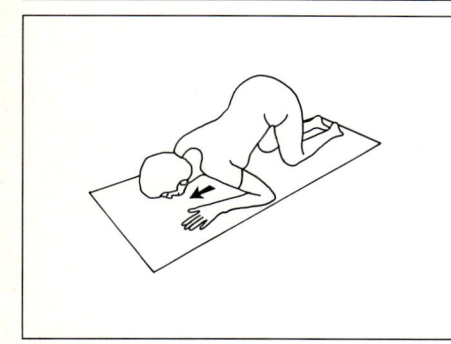

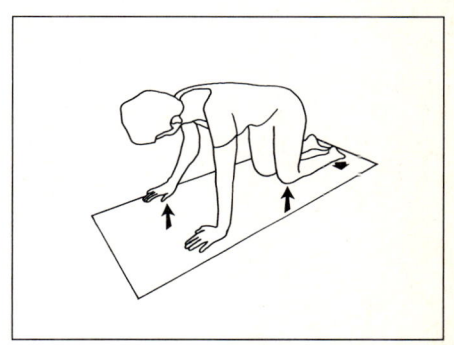

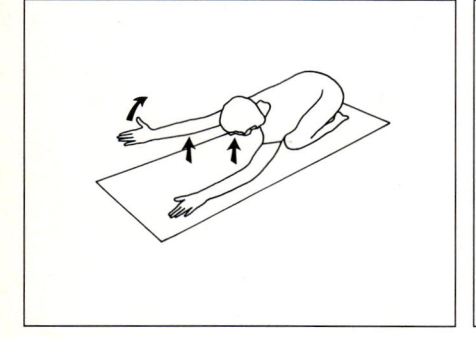

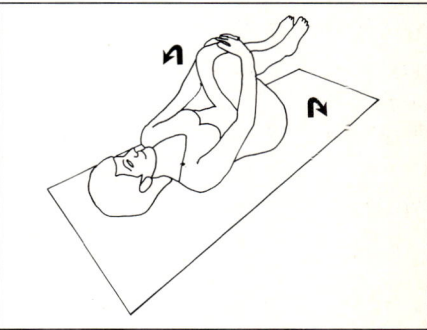

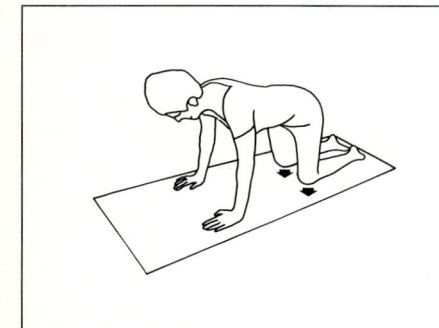

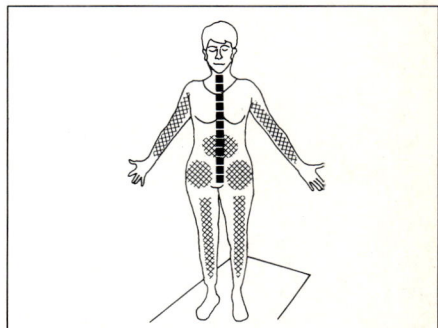

27
Übung 1-7

27. Übungstag

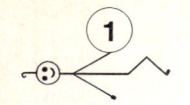

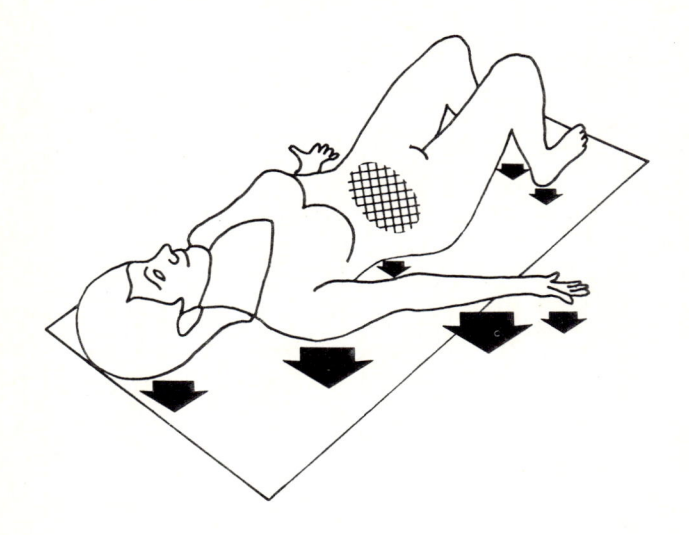

Ausgangsstellung:

Rückenlage
Beine gebeugt
Fersen am Boden
Arme gestreckt leicht abgespreizt neben dem Körper
Handflächen nach oben

Anzahl:

3mal wiederholen

Ausführung:

Bauchmuskeln spannen
Kreuz in den Boden drücken
Fersen in den Boden drücken
Arme und Hände in den Boden drücken
Hinterkopf in den Boden drücken
Spannung halten, bis 10 zählen
Spannung lösen bis 5 zählen
Übung wiederholen

Aufpassen:

weiter atmen
Spannung halten
bis 10 zählen

xxxxxx spannen
▶ drücken

27. Übungstag

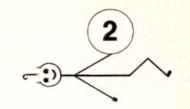

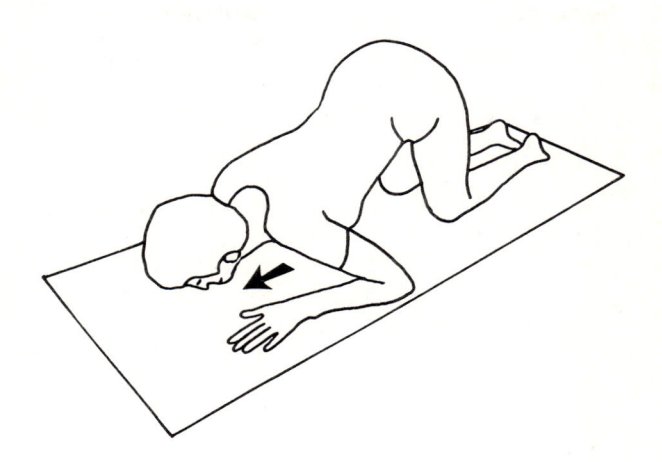

Ausgangsstellung:

Rutschstellung: Fersensitz
Arme liegen bis zu den Ellbogen am Boden
Stirn liegt am Boden

Anzahl:

4mal wiederholen

Ausführung:

Gesäß von den Fersen abheben
Kopf abheben
das Kinn knapp über dem Boden
bis zu den Händen schieben
mit rundem Rücken nach hinten zurückstoßen
beim Vorschieben einatmen
beim Zurückstoßen ausatmen

Aufpassen:

die Bewegung der Atmung anpassen

➜ Bewegungsrichtung

27. Übungstag

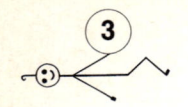

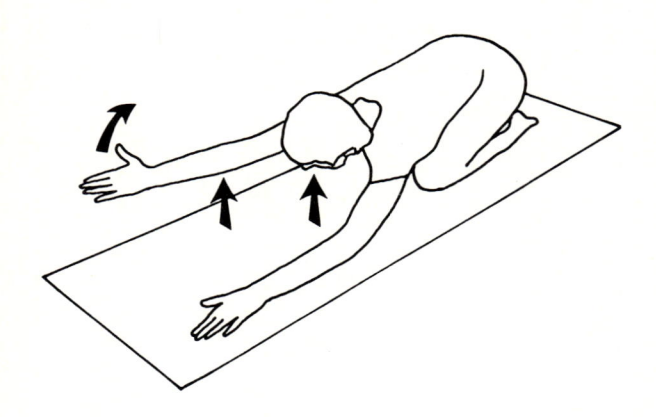

Ausgangsstellung:

Rutschstellung: Fersensitz
Hände liegen auf dem Boden
Arme sind gestreckt
Stirn liegt auf dem Boden

Anzahl:

3mal jeden Arm üben

Ausführung:

Kopf nasefrei abheben
rechte Hand vom Boden lösen
den Arm gestreckt in Körperhöhe anheben
den Daumen nach oben drehen
in die Hand hineinschauen
einen Augenblick diese Position halten
Kopf und Arm zurücklegen
Spannung langsam lösen

Aufpassen:

den Arm nur in Körperhöhe anheben
weiter atmen

↱ Bewegungsrichtung
→ Bewegungsrichtung

27. Übungstag

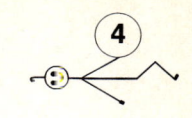

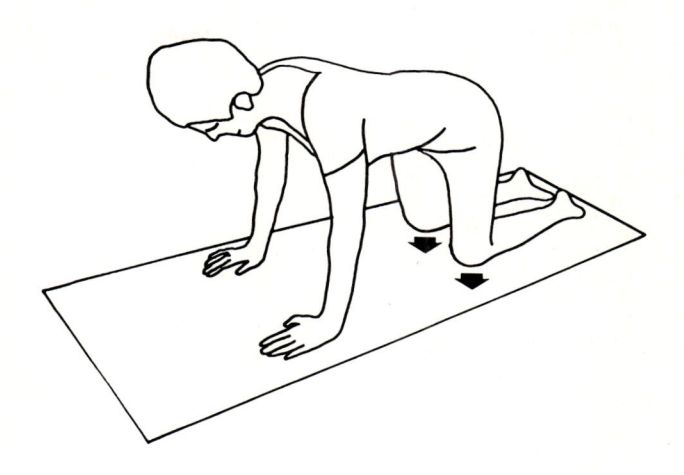

Ausgangsstellung:

Vierfüßlerstand: auf den Knien
und Händen stehen
die Hände stehen unter den Schultergelenken
die Knie stehen unter den Hüftgelenken
der Kopf ist gerade
der Blick ist zum Boden gerichtet

Anzahl:

5mal wiederholen

Ausführung:

beide Knie in den Boden drücken
einen Augenblick diese Position halten
Spannung langsam lösen

Aufpassen:

auf den Boden schauen
weiter atmen

▸ drücken

27. Übungstag

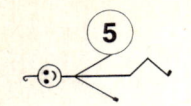

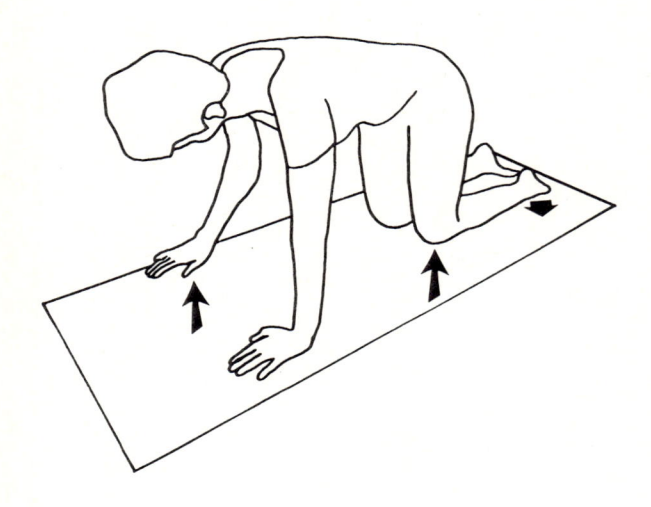

Ausgangsstellung:

Vierfüßlerstand: auf den Knien und Händen stehen
die Hände stehen unter den Schultergelenken
die Knie stehen unter den Hüftgelenken
der Kopf ist gerade
der Blick ist zum Boden gerichtet

Anzahl:

4mal wiederholen

Ausführung:

linken Fußrücken in den Boden drücken
das Knie ein wenig abheben
die rechte Hand ein wenig vom Boden abheben
einen Augenblick diese Position halten
Knie und Hand zurückstellen
Spannung langsam lösen

Aufpassen:

nicht den Körper verdrehen
auf den Boden schauen

▸   drücken
→   Bewegungsrichtung

27. Übungstag

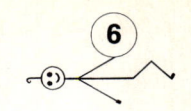

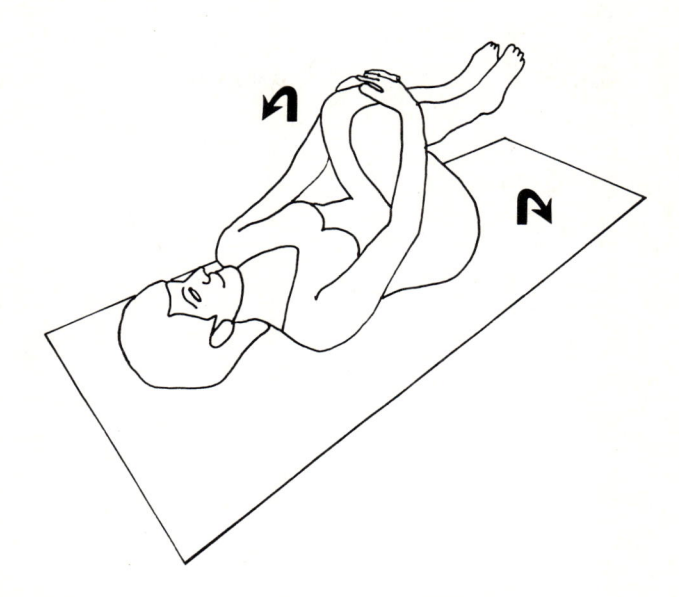

Ausgangsstellung:

Rückenlage
Beine gebeugt
Füße am Boden
Arme neben dem Körper

Anzahl:

einige Male hin und her wiegen

Ausführung:

beide Knie an den Bauch ziehen
mit beiden Händen die Knie fassen
bei Kniebeschwerden die Beine
unter den Knien halten
auf dem Rücken leicht zur Seite
nach rechts und links wiegen

Aufpassen:

nicht zur Seite umfallen
der Kopf bleibt liegen

Bewegungsrichtung

27. Übungstag

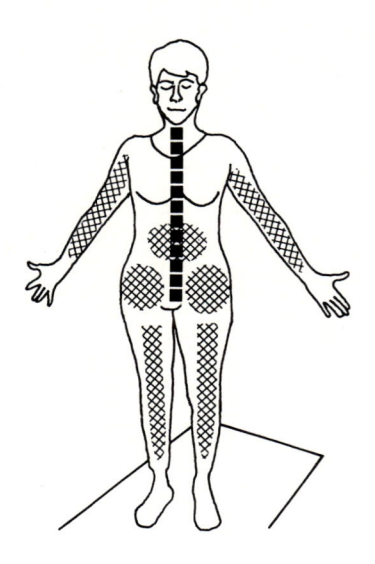

Ausgangsstellung:

Stand: Haltungskontrolle
Füße hüftbreit auseinandergestellt
Zehen zeigen nach vorn

Anzahl:

3mal wiederholen

Ausführung:

Bauch- und Gesäßmuskeln spannen
Beinmuskeln spannen
Schultern etwas zurücknehmen
Rücken strecken
Arme nach außen drehen
leicht vom Körper abspreizen
Finger spreizen
Kopf und Nacken lang herausstrecken
Spannung halten, bis 10 zählen
Spannung lösen

Aufpassen:

Kopf nicht nach hinten beugen
Kinn leicht zum Brustkorb ziehen
weiter atmen

XXXXXX   spannen
■■■■■   strecken

28

Übung 1-7

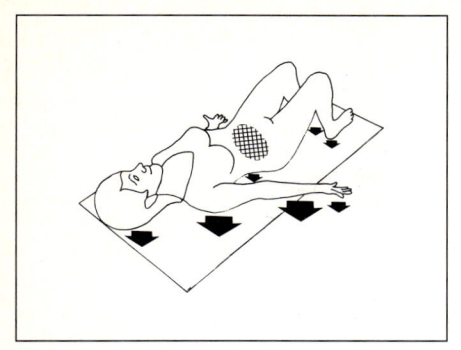

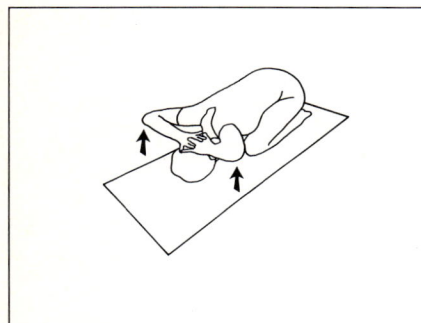

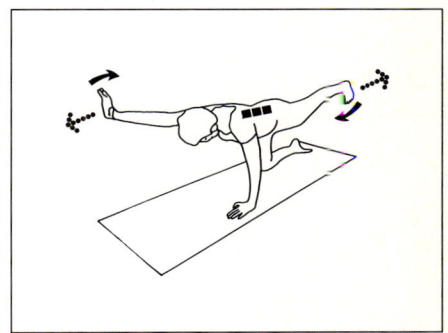

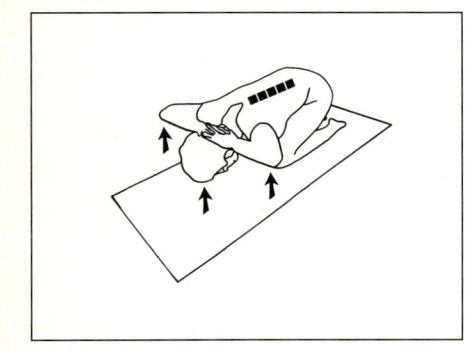

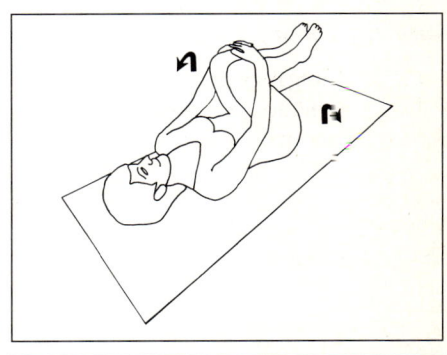

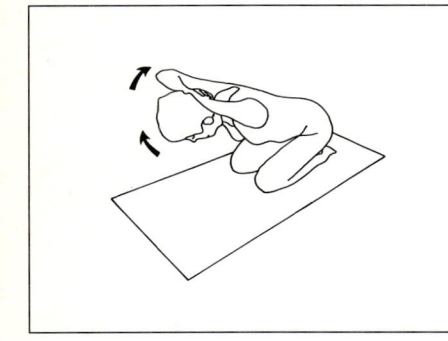

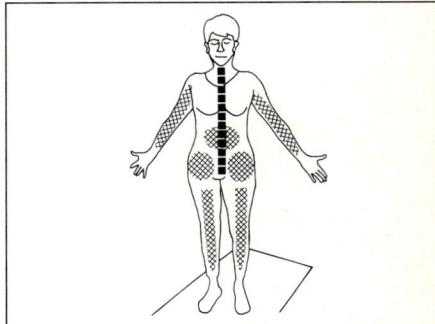

28. Übungstag

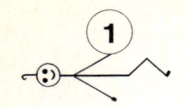

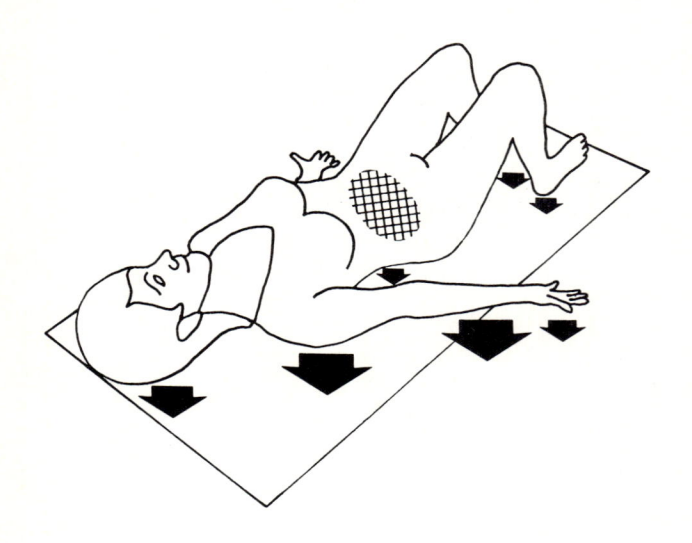

Ausgangsstellung:

Rückenlage
Beine gebeugt
Fersen am Boden
Arme gestreckt leicht abgespreizt
neben dem Körper
Handflächen nach oben

Anzahl:

3mal wiederholen

Ausführung:

Bauchmuskeln spannen
Kreuz in den Boden drücken
Fersen in den Boden drücken
Arme und Hände in den Boden
drücken
Hinterkopf in den Boden drücken
Spannung halten, bis 10 zählen
Spannung lösen bis 5 zählen
Übung wiederholen

Aufpassen:

weiter atmen
Spannung halten
bis 10 zählen

spannen
drücken

28. Übungstag

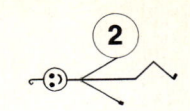

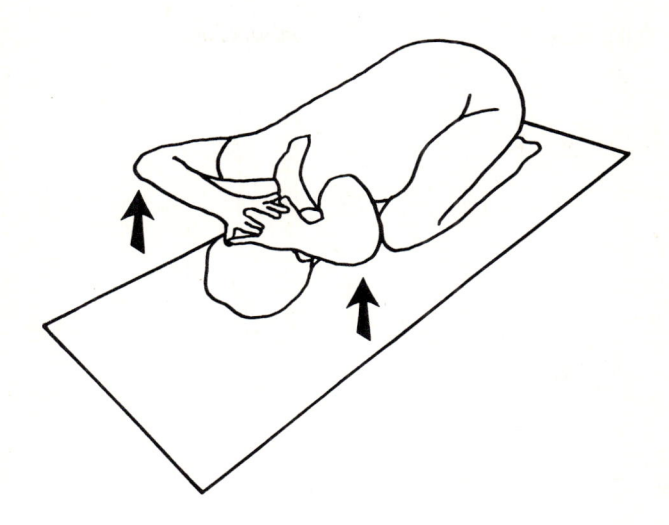

Ausgangsstellung:

Päckchensitz: aus dem Kniestand auf die Unterschenkel und Fersen zurücksetzen

Anzahl:

5mal wiederholen

Ausführung:

Oberkörper nach vorn beugen
die Stirn auf den Boden legen
beide Hände hinter den Kopf nehmen
beide Ellbogen in Schulterhöhe anheben
einen Augenblick diese Position halten
Ellbogen zurücklegen
Spannung langsam lösen

Aufpassen:

möglichst auf den Fersen sitzen bleiben
Stirn bleibt am Boden
weiter atmen

➜ Bewegungsrichtung

219

28. Übungstag

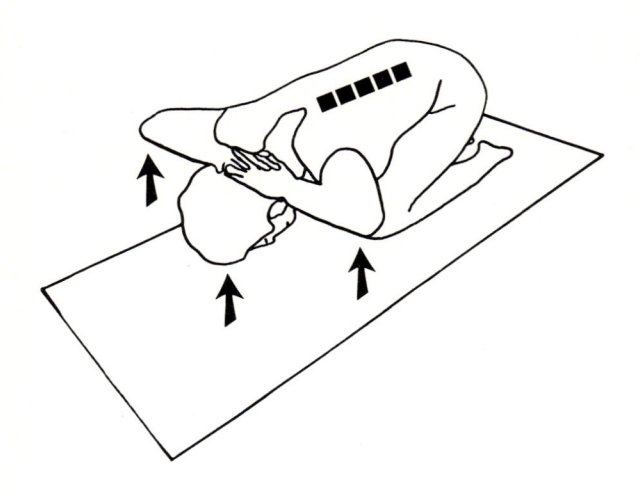

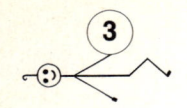

Ausgangsstellung:

Päckchensitz: aus dem Kniestand auf die Unterschenkel und Fersen zurücksetzen

Anzahl:

5mal wiederholen

Ausführung:

Oberkörper nach vorn beugen
die Stirn auf den Boden legen
beide Hände hinter den Kopf nehmen
beide Ellbogen in Schulterhöhe anheben
den Kopf abheben
den Rücken strecken
einen Augenblick diese Position halten
Kopf und Ellbogen zurücklegen
Spannung langsam lösen

Aufpassen:

möglichst auf den Fersen sitzen bleiben
auf den Boden schauen
weiter atmen

■■■■■ strecken
→ Bewegungsrichtung

28. Übungstag

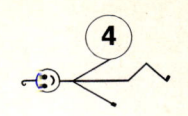

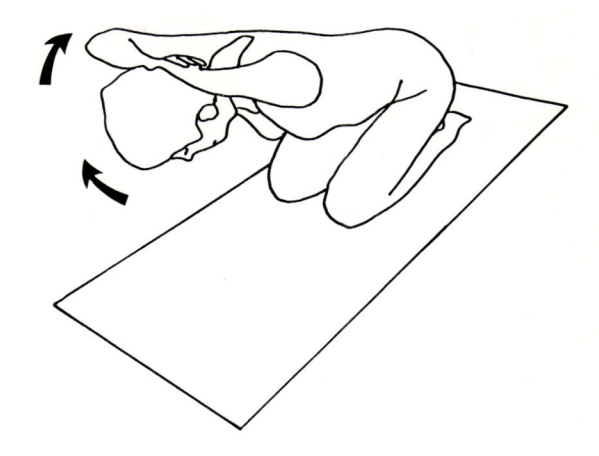

Ausgangsstellung:

Päckchensitz: aus dem Kniestand auf die Unterschenkel und Fersen zurücksetzen

Anzahl:

5mal wiederholen

Ausführung:

Oberkörper nach vorn beugen
die Stirn auf den Boden legen
beide Hände hinter den Kopf nehmen
Oberkörper langsam zum Fersensitz aufrichten
Oberkörper langsam wieder zurückbeugen
beim Aufrichten einatmen
beim Abbeugen ausatmen

Aufpassen:

möglichst auf den Fersen sitzen bleiben

→ Bewegungsrichtung

28. Übungstag

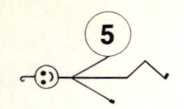

Ausgangsstellung:

Vierfüßlerstand: auf den Knien und Händen stehen
die Hände stehen unter den Schultergelenken
die Knie stehen unter den Hüftgelenken
der Kopf ist gerade
der Blick ist zum Boden gerichtet

Anzahl:

3mal wiederholen

■■■■■ strecken
┄┄┄> dehnen
↘ Bewegungsrichtung

Ausführung:

rechten Arm und linkes Bein in Körperhöhe strecken
rechte Hand in Richtung Unterarm ziehen
linken Vorfuß in Richtung Unterschenkel ziehen
Handfläche und Ferse gegeneinander herausschieben
den Rücken über die Diagonale strecken
einen Augenblick diese Position halten
Arm und Bein zurückstellen
Spannung langsam lösen

Aufpassen:

Rücken nicht durchhängen lassen
Bauchmuskeln spannen
weiter atmen

28. Übungstag

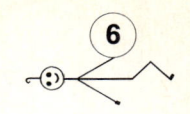

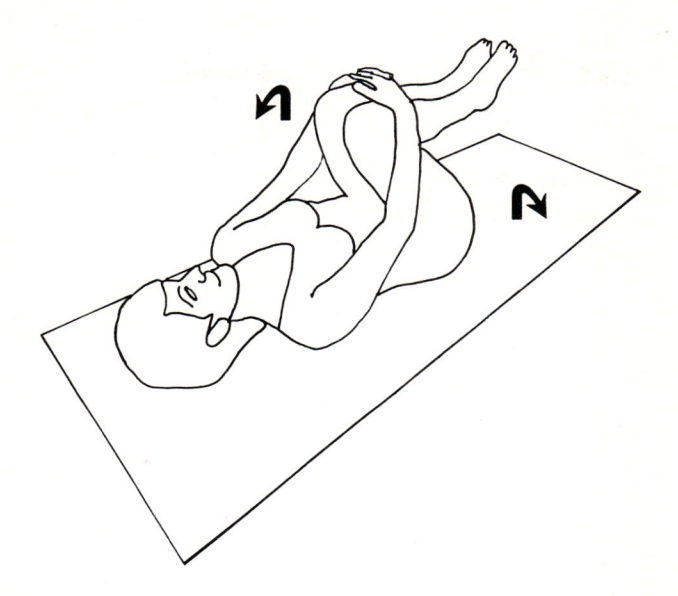

Ausgangsstellung:

Rückenlage
Beine gebeugt
Füße am Boden
Arme neben dem Körper

Anzahl:

einige Male hin und her wiegen

Ausführung:

beide Knie an den Bauch ziehen
mit beiden Händen die Knie fassen
bei Kniebeschwerden die Beine
unter den Knien halten
auf dem Rücken leicht zur Seite
nach rechts und links wiegen

Aufpassen:

nicht zur Seite umfallen
der Kopf bleibt liegen

↘ Bewegungsrichtung

28. Übungstag

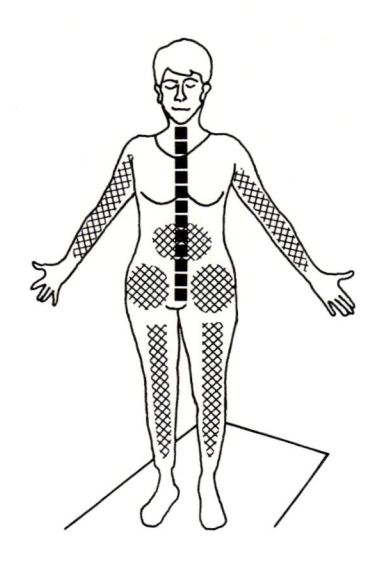

Ausgangsstellung:

Stand: Haltungskontrolle
Füße hüftbreit auseinandergestellt
Zehen zeigen nach vorn

Anzahl:

3mal wiederholen

Ausführung:

Bauch- und Gesäßmuskeln spannen
Beinmuskeln spannen
Schultern etwas zurücknehmen
Rücken strecken
Arme nach außen drehen
leicht vom Körper abspreizen
Finger spreizen
Kopf und Nacken lang herausstrecken
Spannung halten, bis 10 zählen
Spannung lösen

Aufpassen:

Kopf nicht nach hinten beugen
Kinn leicht zum Brustkorb ziehen
weiter atmen

XXXXXX spannen
▪▪▪▪▪ strecken

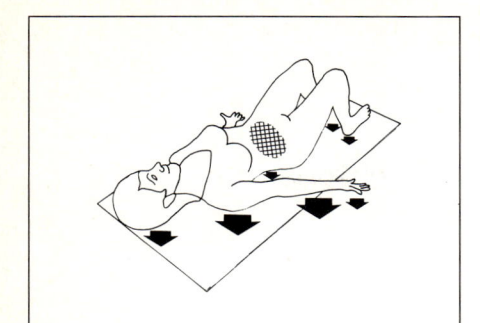

29

Übung 1-7

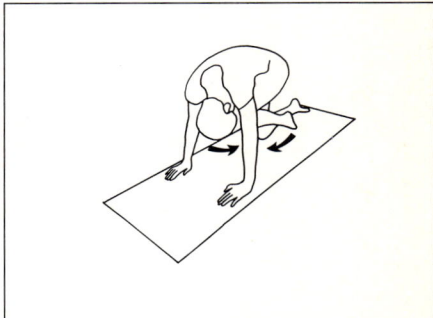

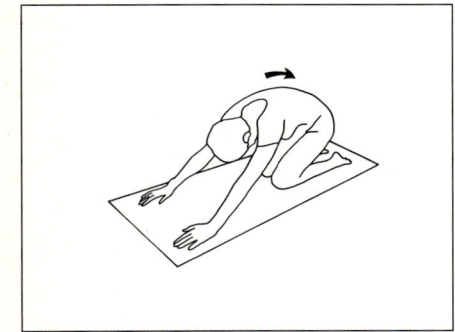

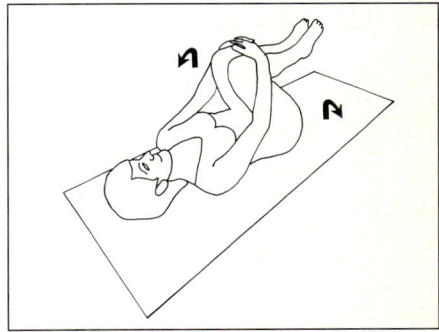

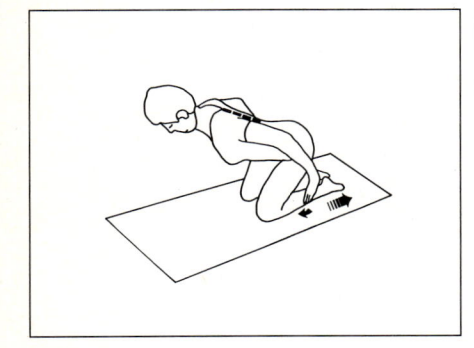

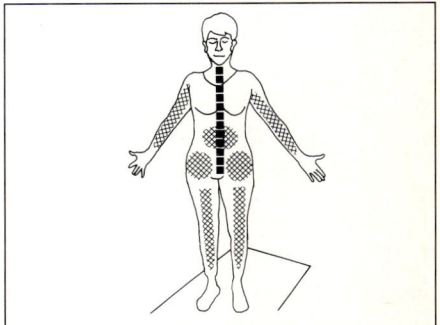

29. Übungstag

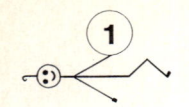

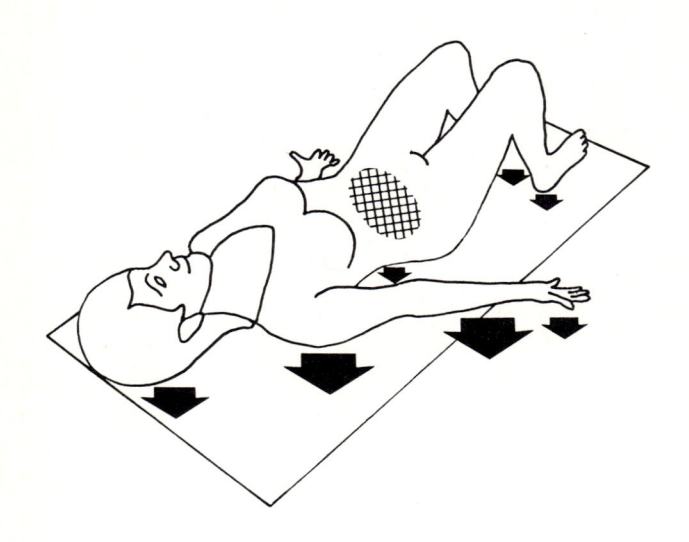

Ausgangsstellung:

Rückenlage
Beine gebeugt
Fersen am Boden
Arme gestreckt leicht abgespreizt
neben dem Körper
Handflächen nach oben

Anzahl:

3mal wiederholen

Ausführung:

Bauchmuskeln spannen
Kreuz in den Boden drücken
Fersen in den Boden drücken
Arme und Hände in den Boden
drücken
Hinterkopf in den Boden drücken
Spannung halten, bis 10 zählen
Spannung lösen bis 5 zählen
Übung wiederholen

Aufpassen:

weiter atmen
Spannung halten
bis 10 zählen

▓▓▓▓▓ spannen
▶ drücken

29. Übungstag

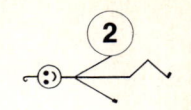

Ausgangsstellung:

Vierfüßlerstand: Schwanzwedeln:
auf den Knien und Händen stehen
die Hände stehen unter den Schultergelenken
die Knie stehen unter den Hüftgelenken
der Kopf ist gerade
der Blick ist zum Boden gerichtet

Anzahl:

4mal jede Seite wiederholen

Ausführung:

linken Beckenkamm in Richtung linke Schulter ziehen
über die linke Schulter hinweg den Beckenkamm ansehen
einen Augenblick diese Position halten
Kopf zurückdrehen, Beckenkamm zurücknehmen
Spannung langsam lösen

Aufpassen:

vorsichtig den Kopf über die Schulter drehen

➤ Bewegungsrichtung

29. Übungstag

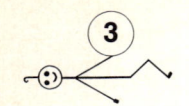

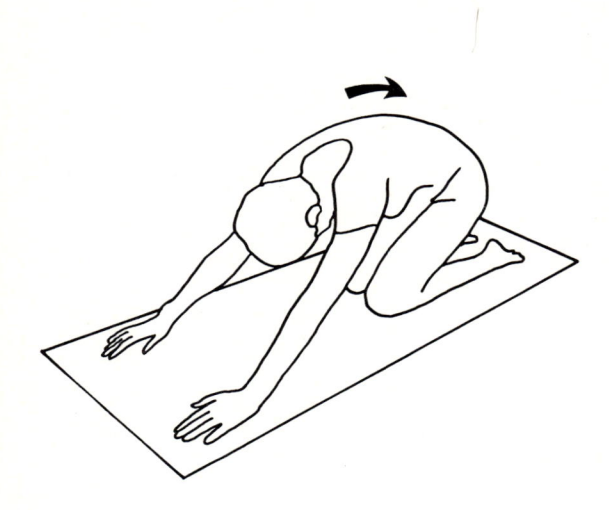

Ausgangsstellung:

Vierfüßlerstand: auf den Knien und Händen stehen
die Hände stehen unter den Schultergelenken
die Knie stehen unter den Hüftgelenken
der Kopf ist gerade
der Blick ist zum Boden gerichtet

Anzahl:

5mal wiederholen

Ausführung:

mit der Einatmung nach hinten auf die Fersen zurücksetzen
mit der Ausatmung wieder zurück in den Vierfüßlerstand kommen

Aufpassen:

die Hände bleiben am Boden

→ Bewegungsrichtung

29. Übungstag

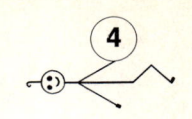

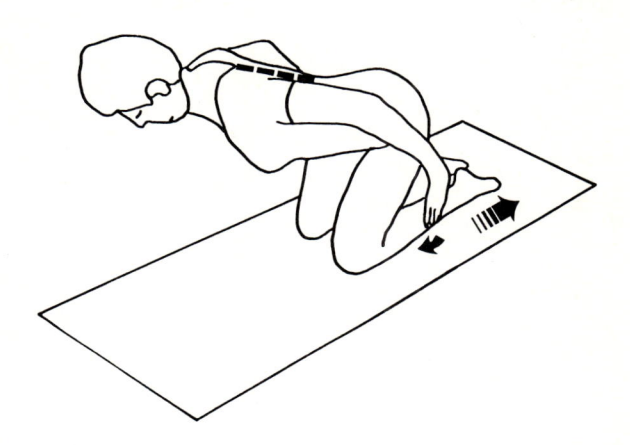

Ausgangsstellung:

Kniestand

Anzahl:

5mal wiederholen

Ausführung:

Oberkörper etwas nach vorn neigen
Gesäß zurückstrecken
beide Hände in Richtung Unterarme ziehen
beide Hände neben dem Gesäß nach hinten stemmen
einen Augenblick diese Position halten
Oberkörper aufrichten, Arme zurücknehmen
Spannung langsam lösen

Aufpassen:

Rücken strecken
Kopf gerade halten
weiter atmen

- stemmen
- strecken
- Bewegungsrichtung

29. Übungstag

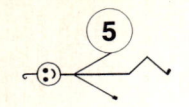

Ausgangsstellung:

Vierfüßlerstand: auf den Knien und Händen stehen
die Hände stehen unter den Schultergelenken
die Knie stehen unter den Hüftgelenken
der Kopf ist gerade
der Blick ist zum Boden gerichtet

Anzahl:

2mal wiederholen

Ausführung:

linkes Knie vom Boden abheben
an den Bauch heranbeugen
den Kopf neigen und unter dem Bauch mit dem Knie zusammenführen
Kopf wieder anheben
das Bein in Körperhöhe nach hinten strecken
gleichzeitig den rechten Arm in Körperhöhe nach vorn strecken
Arm und Bein wieder zurückstellen

Aufpassen:

Beim Strecken von Arm und Bein den Rücken nicht durchhängen lassen, Bauchmuskeln spannen
weiter atmen

→ Bewegungsrichtung

29. Übungstag

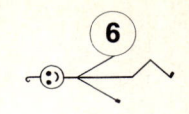

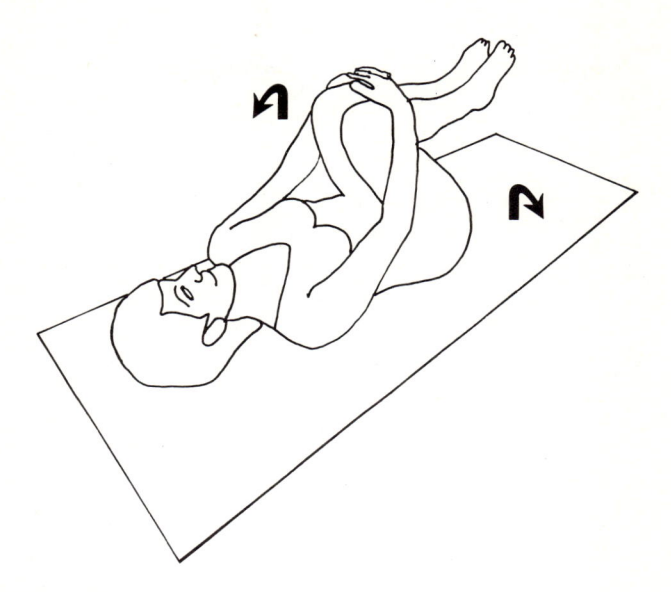

Ausgangsstellung:

Rückenlage
Beine gebeugt
Füße am Boden
Arme neben dem Körper

Anzahl:

einige Male hin und her wiegen

Ausführung:

beide Knie an den Bauch ziehen
mit beiden Händen die Knie fassen
bei Kniebeschwerden die Beine
unter den Knien halten
auf dem Rücken leicht zur Seite
nach rechts und links wiegen

Aufpassen:

nicht zur Seite umfallen
der Kopf bleibt liegen

Bewegungsrichtung

29. Übungstag

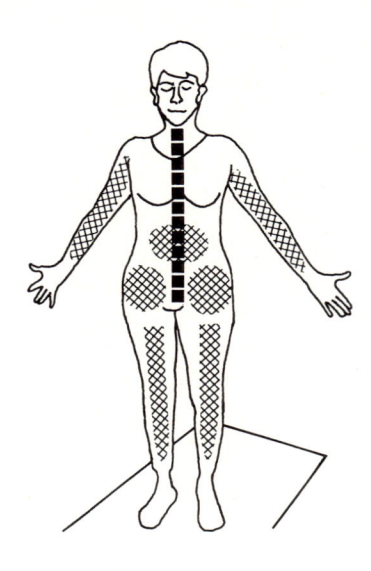

Ausgangsstellung:

Stand: Haltungskontrolle
Füße hüftbreit auseinandergestellt
Zehen zeigen nach vorn

Anzahl:

3mal wiederholen

Ausführung:

Bauch- und Gesäßmuskeln spannen
Beinmuskeln spannen
Schultern etwas zurücknehmen
Rücken strecken
Arme nach außen drehen
leicht vom Körper abspreizen
Finger spreizen
Kopf und Nacken lang herausstrecken
Spannung halten, bis 10 zählen
Spannung lösen

Aufpassen:

Kopf nicht nach hinten beugen
Kinn leicht zum Brustkorb ziehen
weiter atmen

XXXXXX spannen
▪▪▪▪▪ strecken

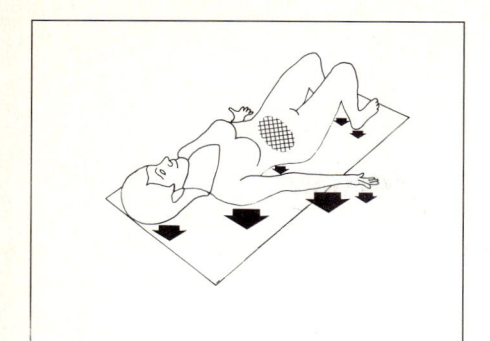

30

Übung 1-7

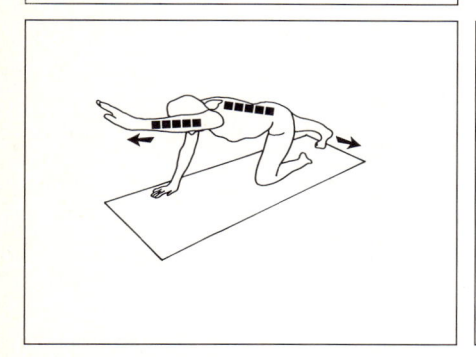

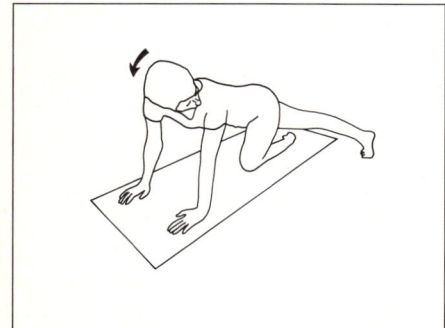

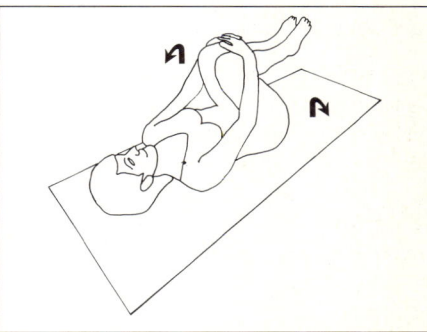

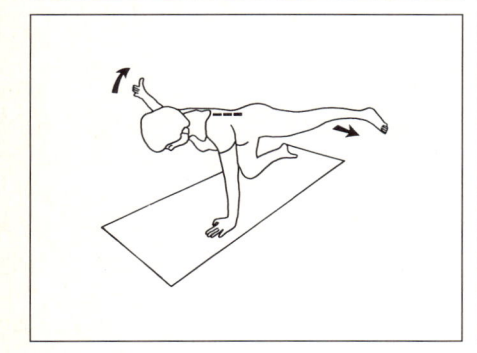

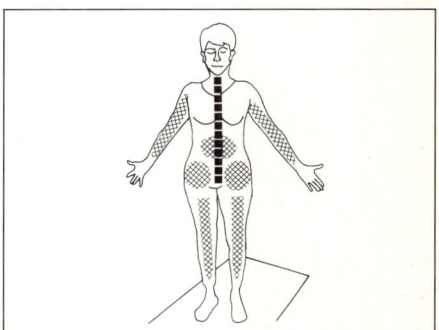

30. Übungstag

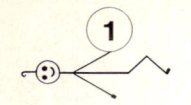

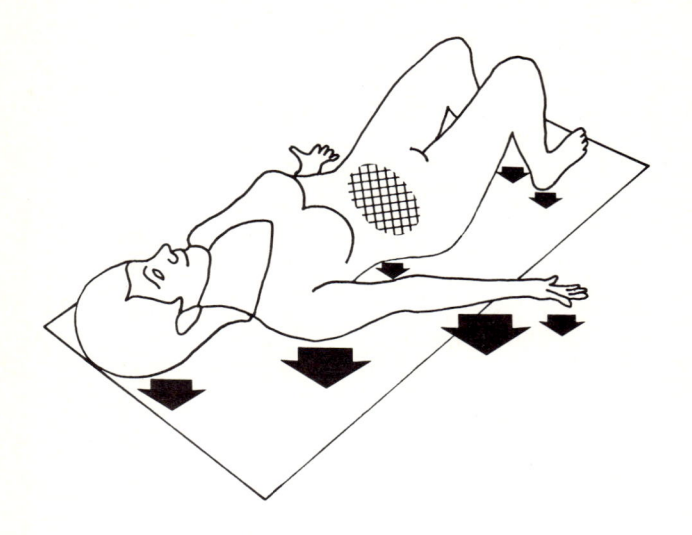

Ausgangsstellung:

Rückenlage
Beine gebeugt
Fersen am Boden
Arme gestreckt leicht abgespreizt
neben dem Körper
Handflächen nach oben

Anzahl:

3mal wiederholen

Ausführung:

Bauchmuskeln spannen
Kreuz in den Boden drücken
Fersen in den Boden drücken
Arme und Hände in den Boden drücken
Hinterkopf in den Boden drücken
Spannung halten, bis 10 zählen
Spannung lösen bis 5 zählen
Übung wiederholen

Aufpassen:

weiter atmen
Spannung halten
bis 10 zählen

xxxxxx spannen
▶ drücken

234

30. Übungstag

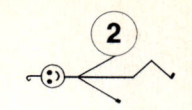

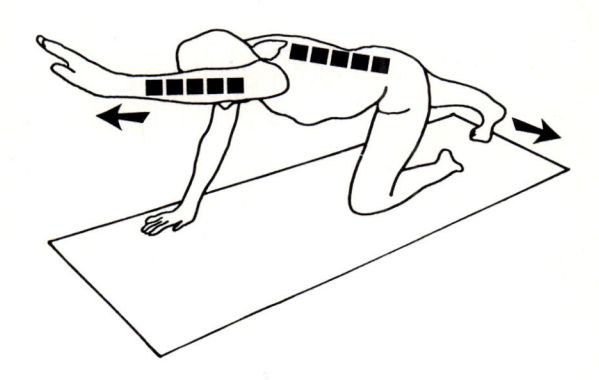

Ausgangsstellung:

Vierfüßlerstand: auf den Knien und Händen stehen
die Hände stehen unter den Schultergelenken
die Knie stehen unter den Hüftgelenken
der Kopf ist gerade
der Blick ist zum Boden gerichtet

Anzahl:

3mal wiederholen

Ausführung:

rechtes Bein nach hinten strecken
die Zehen stehen am Boden
die Ferse nach unten ziehen
den linken Arm in Körperhöhe
nach vorn strecken
einen Augenblick diese Position halten
Arm und Bein zurückstellen
Spannung langsam lösen

Aufpassen:

beim Strecken von Arm und Bein
den Rücken nicht durchhängen
lassen, Bauchmuskeln spannen
weiter atmen

■■■■■ strecken
→ Bewegungsrichtung

30. Übungstag

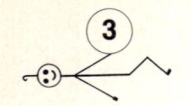

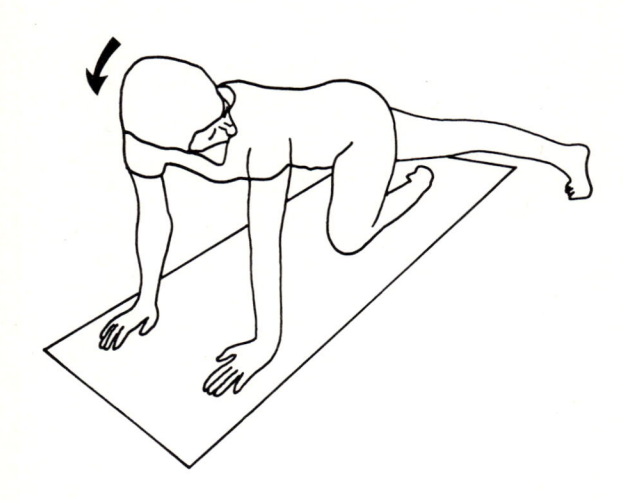

Ausgangsstellung:

Vierfüßlerstand: auf den Knien und
Händen stehen
die Hände stehen unter den
Schultergelenken
die Knie stehen unter den
Hüftgelenken
der Kopf ist gerade
der Blick ist zum Boden gerichtet

Anzahl:

3mal jede Seite üben

Ausführung:

rechtes Bein gestreckt über das
linke Bein auf die Zehen stellen
über die linke Seite den Fuß
anschauen
einen Augenblick diese Position halten
Kopf zurückdrehen, Bein zurückstellen
Spannung langsam lösen

Aufpassen:

Kopf vorsichtig drehen
weiter atmen

↳   Bewegungsrichtung

30. Übungstag

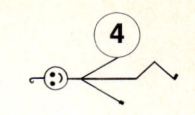

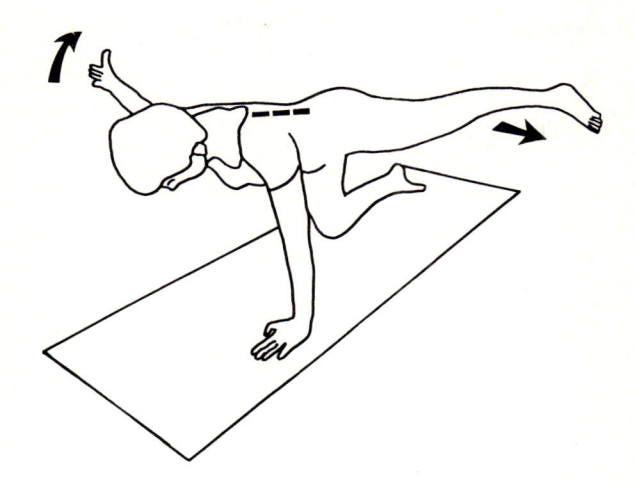

Ausgangsstellung:

Vierfüßlerstand: auf den Knien und Händen stehen
die Hände stehen unter den Schultergelenken
die Knie stehen unter den Hüftgelenken
der Kopf ist gerade
der Blick ist zum Boden gerichtet

Anzahl:

3mal wiederholen

▬▬▬▬▬ strecken
➷ Bewegungsrichtung
➔ Bewegungsrichtung

Ausführung:

rechten Arm und linkes Bein
in Körperhöhe strecken
den Daumen nach oben drehen
den Arm bis in Schulterhöhe zur Seite führen
das linke Bein leicht abspreizen
einen Augenblick diese Position halten
Arm und Bein zurückstellen
Spannung lösen

Aufpassen:

Rücken nicht durchhängen lassen
Bauchmuskeln spannen
auf den Boden schauen
weiter atmen

30. Übungstag

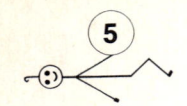

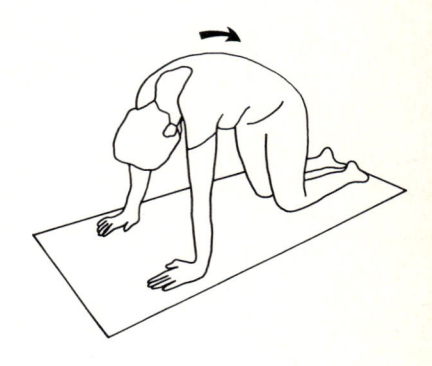

Ausgangsstellung:

Vierfüßlerstand: Katzenbuckel:
auf den Knien und Händen stehen
die Hände stehen unter den Schultergelenken
die Knie stehen unter den Hüftgelenken
der Kopf ist gerade
der Blick ist zum Boden gerichtet

Anzahl:

3mal wiederholen

Ausführung:

auf die Fersen zurücksetzen
nun die Nase dicht über den Boden
bis zwischen die Hände ziehen
die Arme strecken, den Oberkörper
heben, den Rücken rund machen und
wieder auf die Fersen zurücksetzen
mit der Einatmung nach vorn ziehen
mit der Ausatmung zurücksetzen

Aufpassen:

nicht innerhalb der ersten
4 Wochen nach einer
Bandscheibenoperation üben
nicht bei Schmerzen üben

↪ Bewegungsrichtung
→ Bewegungsrichtung

30. Übungstag

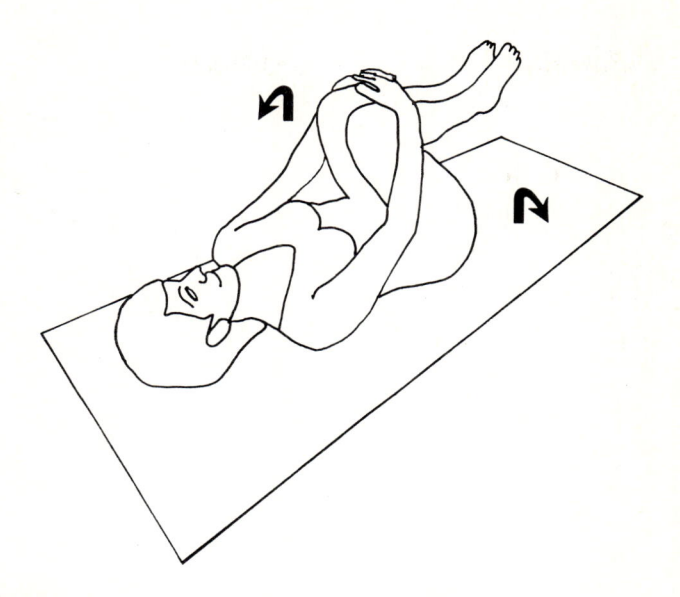

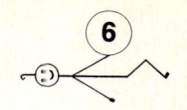

Ausgangsstellung:

Rückenlage
Beine gebeugt
Füße am Boden
Arme neben dem Körper

Anzahl:

einige Male hin und her wiegen

Ausführung:

beide Knie an den Bauch ziehen
mit beiden Händen die Knie fassen
bei Kniebeschwerden die Beine unter
den Knien halten
auf dem Rücken leicht zur Seite
nach rechts und links wiegen

Aufpassen:

nicht zur Seite umfallen
der Kopf bleibt liegen

Bewegungsrichtung

30. Übungstag

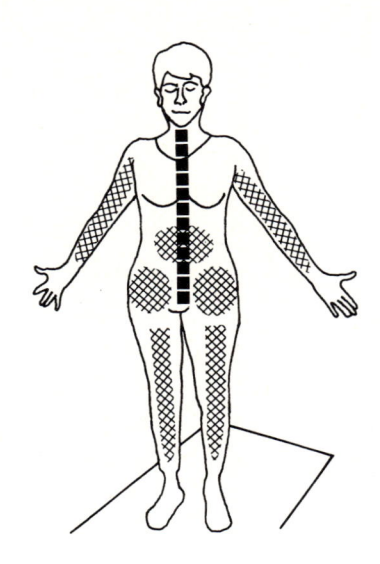

Ausgangsstellung:

Stand: Haltungskontrolle
Füße hüftbreit auseinandergestellt
Zehen zeigen nach vorn

Anzahl:

3mal wiederholen

Ausführung:

Bauch- und Gesäßmuskeln spannen
Beinmuskeln spannen
Schultern etwas zurücknehmen
Rücken strecken
Arme nach außen drehen
leicht vom Körper abspreizen
Finger spreizen
Kopf und Nacken lang herausstrecken
Spannung halten, bis 10 zählen
Spannung lösen

Aufpassen:

Kopf nicht nach hinten beugen
Kinn leicht zum Brustkorb ziehen
weiter atmen

░░░░░ spannen
▪▪▪▪▪ strecken

Teil II
Weitere Übungen

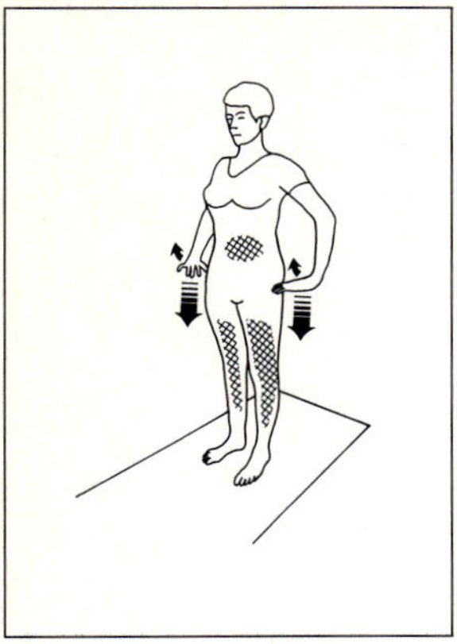
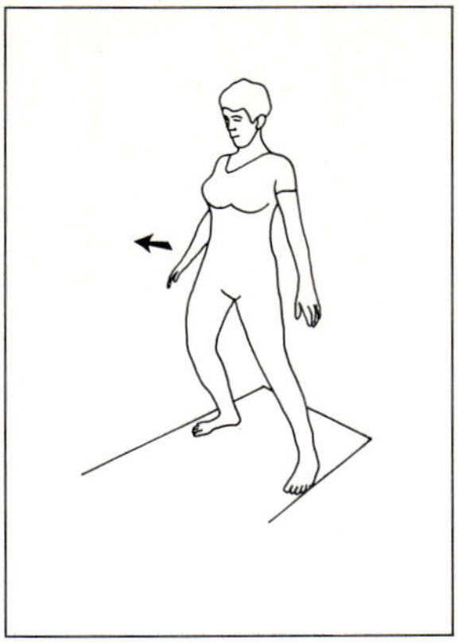
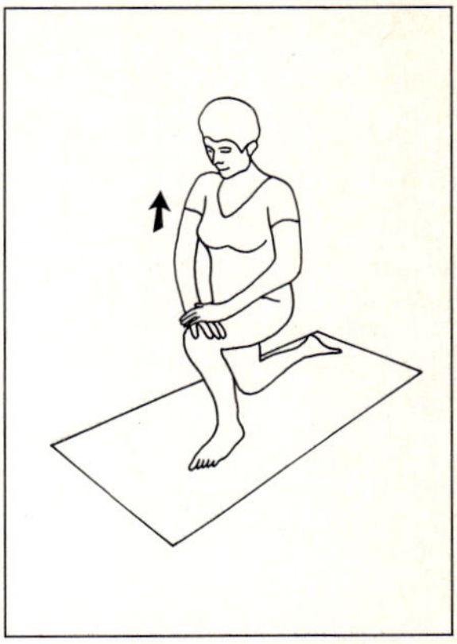
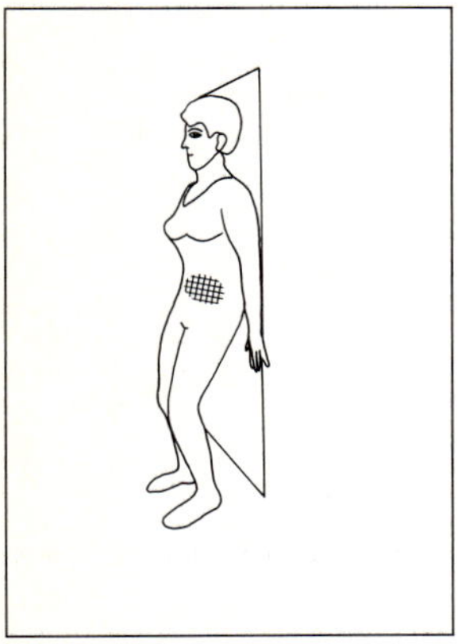
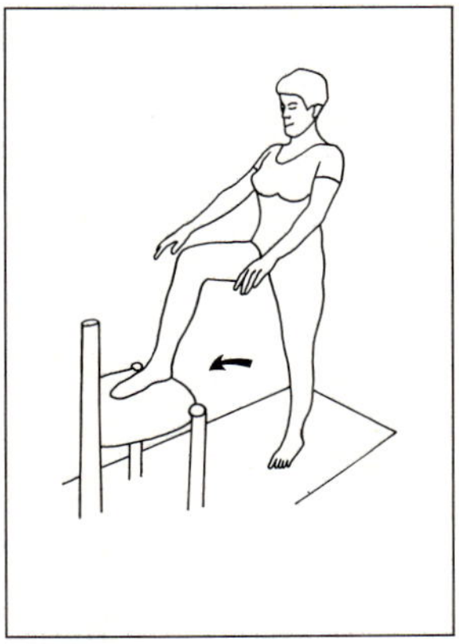
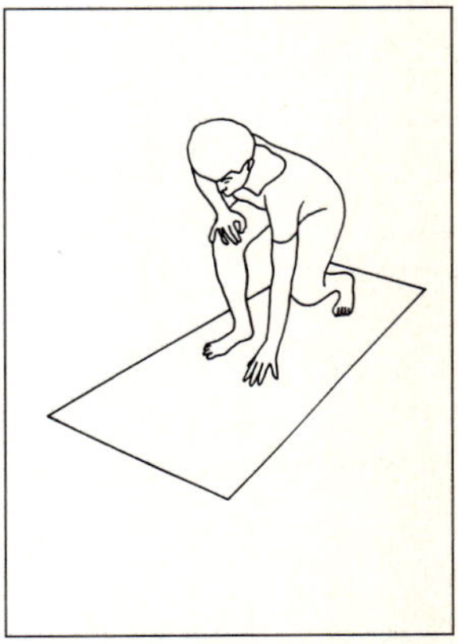
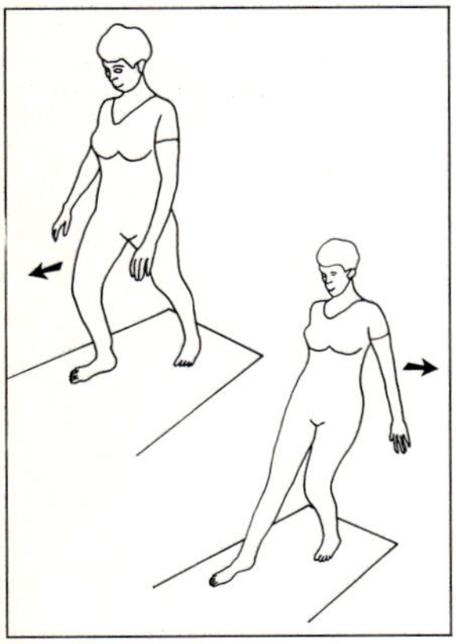
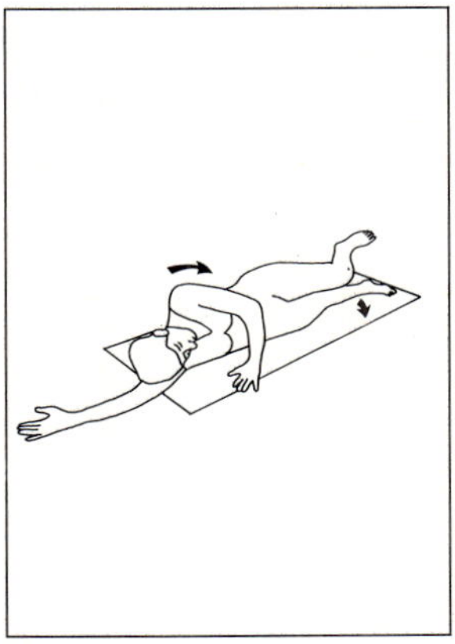
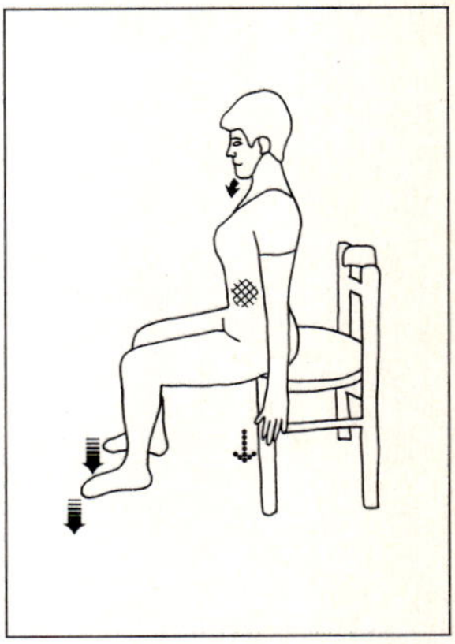

Übung im Stand

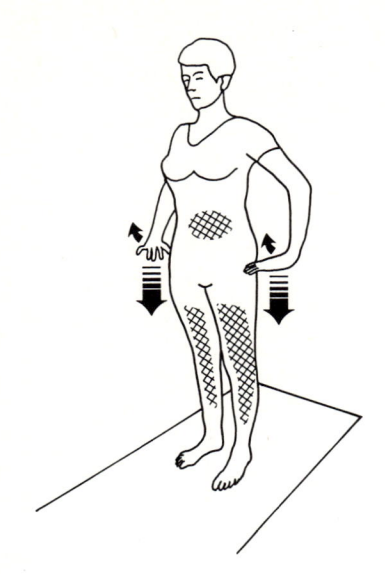

Ausgangsstellung:

Stand
Füße stehen hüftbreit auseinander
Zehen zeigen nach vorn

Anzahl:

3mal wiederholen

Ausführung:

Bauch- und Gesäßmuskeln spannen
Beinmuskeln spannen
Schultern etwas zurücknehmen
Rücken strecken
Arme beugen
Hände in Richtung Unterarme ziehen
Finger zeigen zum Körper
Finger spreizen
Kopf und Nacken lang herausstrecken
Hände zum Boden stemmen
Spannung halten, bis 10 zählen
Spannung lösen

Aufpassen:

Kopf nicht nach hinten beugen
Kinn leicht zum Brustkorb ziehen
Arme bleiben gebeugt
weiter atmen

spannen
stemmen
Bewegungsrichtung

Übung im Stand

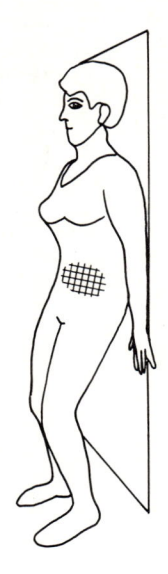

Ausgangsstellung:

Stand: an der Wand
die Füße stehen Handbreit von
der Wand entfernt
die Knie sind leicht gebeugt

Anzahl:

einige Male wiederholen

Ausführung:

Lendenwirbelsäule fest gegen
die Wand drücken
Schultern und Kopf an der Wand
halten
Bauch einziehen
nun die Knie langsam strecken
einen Augenblick diese Position
halten
Spannung langsam lösen

Aufpassen:

nur soweit beide Knie strecken,
daß der ganze Rücken die Wand
berührt

xxxxxx   spannen

Übung im Stand

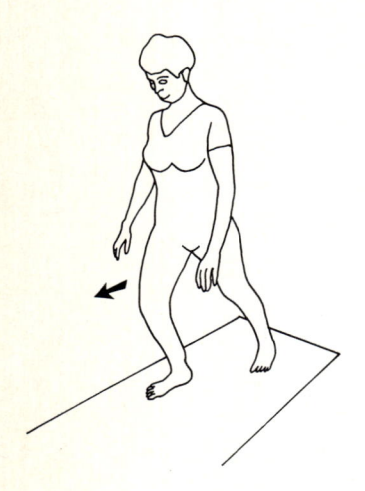

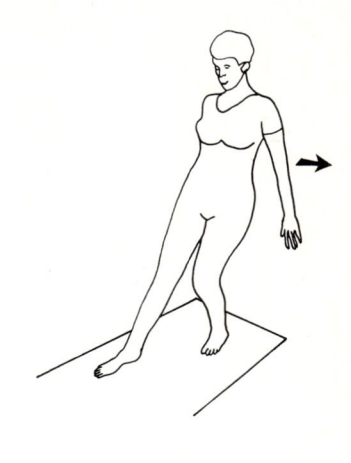

Ausgangsstellung:

Schrittstand

Anzahl:

einige Male üben

Ausführung:

Gleichgewichtsübung:
ein Bein macht einen kleinen
Schritt nach vorn
nun abwechselnd das Körpergewicht
auf das vordere und hintere
Bein verlagern
Hüft- und Kniegelenke beugen
die Beine wechseln

Aufpassen:

der Rücken bleibt gerade
die Arme schwingen mit

➜   Bewegungsrichtung

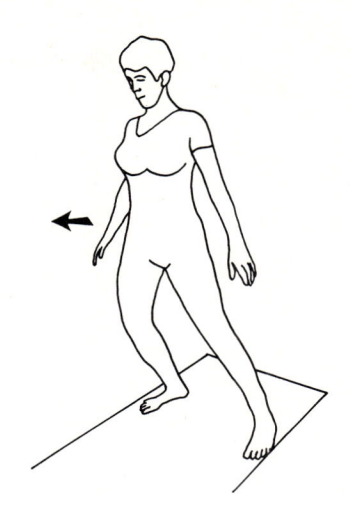

Übung im Stand

Ausgangsstellung:

Grätschstand

Anzahl:

einige Male üben

Ausführung:

Gleichgewichtsübung:
in kleiner Grätsche stehen
das Körpergewicht von einem Bein
auf das andere Bein verlagern
Hüft- und Kniegelenke beugen

Aufpassen:

der Rücken bleibt gerade

➜ Bewegungsrichtung

Übung im Stand

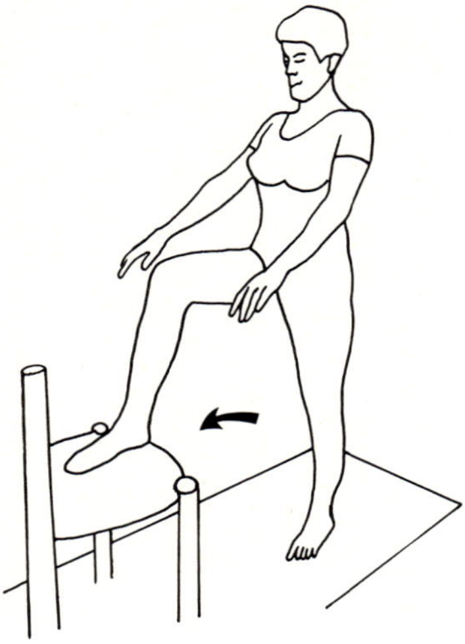

Ausgangsstellung:

Stand vor dem Hocker

Anzahl:

einige Male üben

Ausführung:

abwechselnd einen Fuß auf den
Hocker stellen
die Arme schwingen mit

Aufpassen:

der Rücken bleibt gerade

➘ Bewegungsrichtung

Das Drehen von der Rückenlage zur Bauchlage und zurück

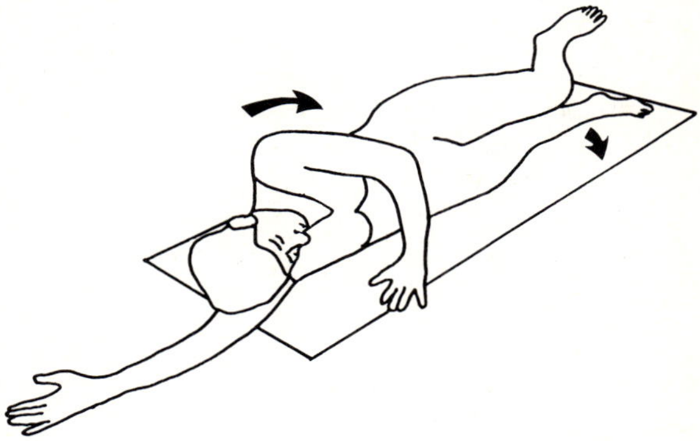

Ausgangsstellung:

Rückenlage
rechter Arm liegt gestreckt
nach oben am Boden

Ausführung:

über die rechte Seite drehen:
linkes Knie und linken Arm beugen
Knie zum Bauch heranbeugen und
ansehen
das Knie zur rechten Seite senken
der Körper dreht mit, die linke
Hand stützt am Boden ab
das linke Bein strecken: Bauchlage
Zurückdrehen:
linkes Knie zur Seite anbeugen
mit der linken Hand am Boden etwas
abstützen
das Knie anschauen
den Körper auf den Rücken
zurückdrehen
linkes Bein strecken: Rückenlage

Bewegungsrichtung

Das richtige Aufstehen aus der Rückenlage

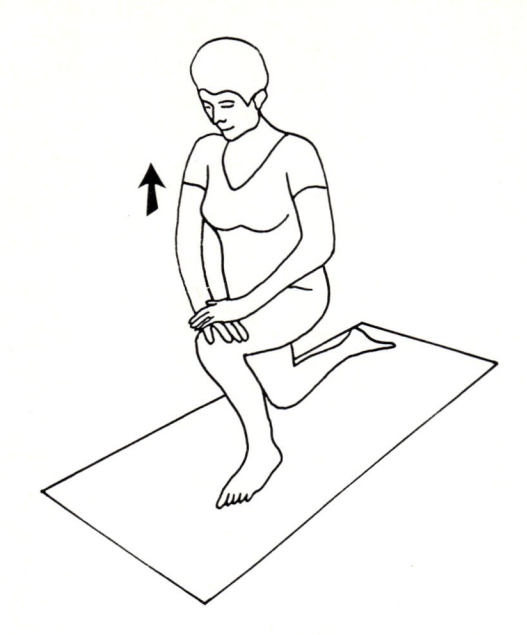

Ausgangsstellung:

Rückenlage

Ausführung:

beide Beine nacheinander an den Bauch heranbeugen
Körper zur Seite drehen
mit beiden Händen am Boden abstützen
über die Seite zum Sitz aufrichten
auf die Knie heben
einen Fuß vorstellen
mit beiden Händen auf das Knie stützen
zum Stand hochkommen

➜ Bewegungsrichtung

Das richtige Bücken

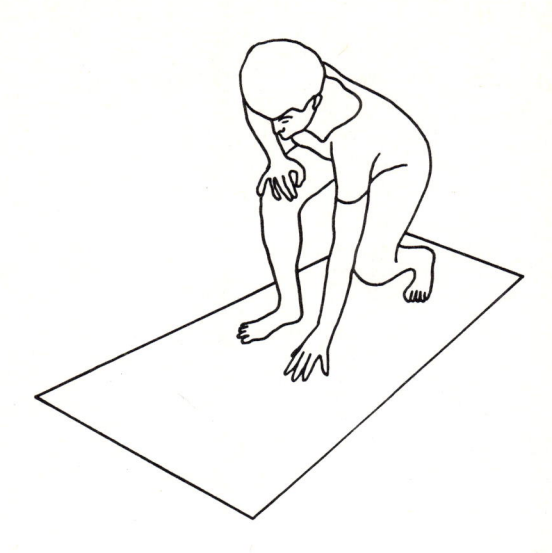

Ausgangsstellung:

Schrittstellung

Ausführung:

rechtes Bein nach vorn stellen
rechte Hand auf rechtes Knie stützen
beide Knie beugen

bei Kniebeschwerden:
an feststehendem Gegenstand beim Bücken abstützen oder festhalten

Aufpassen:

der Rücken bleibt gerade

Das richtige Sitzen

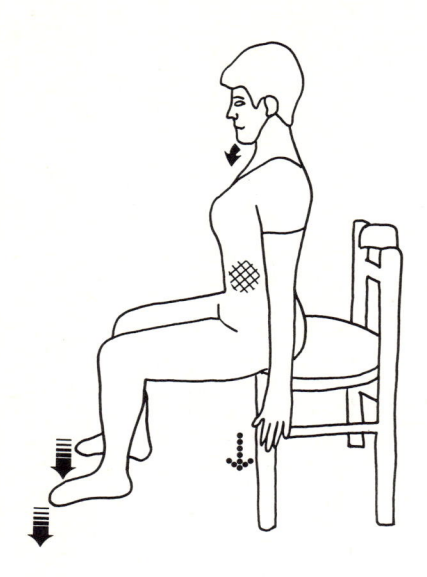

Ausgangsstellung:

Grundstellung: Sitz auf dem Stuhl im vorderen Drittel
Arme hängen neben dem Körper

Anzahl:

3mal wiederholen

Ausführung:

beide Füße fest in den Boden stemmen
Bauch einziehen
Schultern etwas zurücknehmen
Rücken strecken
Kinn in Richtung Brust ziehen
Scheitel zur Decke strecken
Fingerspitzen in Richtung Boden dehnen
einen Augenblick diese Position halten
Spannung langsam lösen

Aufpassen:

weiter atmen

⨯⨯⨯⨯⨯	spannen
·····>	dehnen
‖‖‖▶	stemmen
↘	Bewegungsrichtung

Teil III

Übungen bei Schmerzen

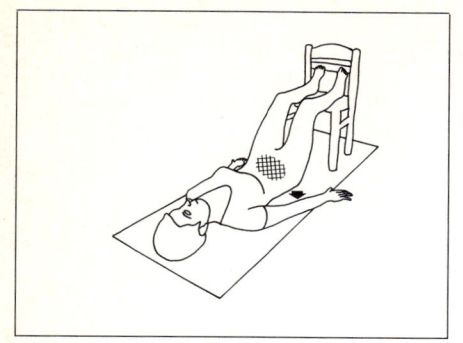

Aufpassen:
keine Übung darf den Schmerz verstärken –
sonst die Übung heute weglassen.

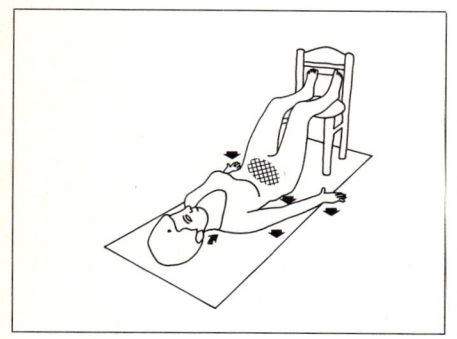

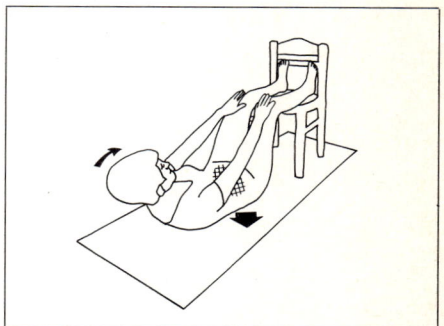

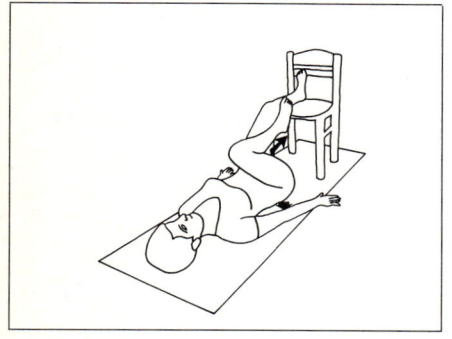

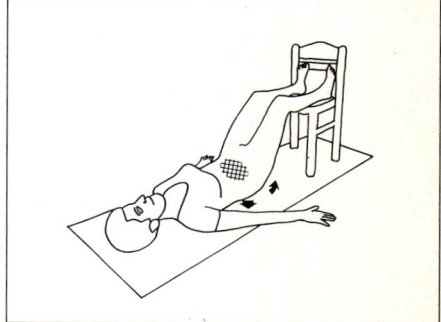

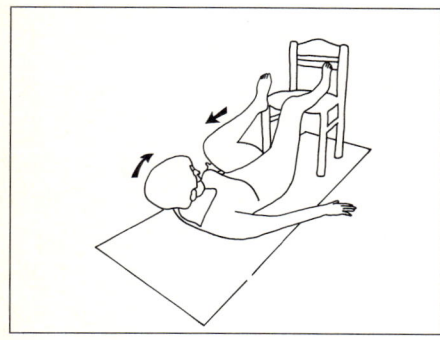

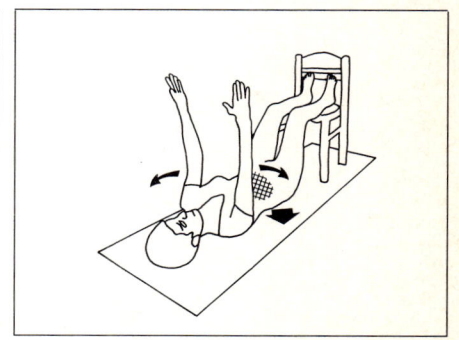

Übung bei Schmerzen

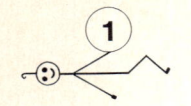

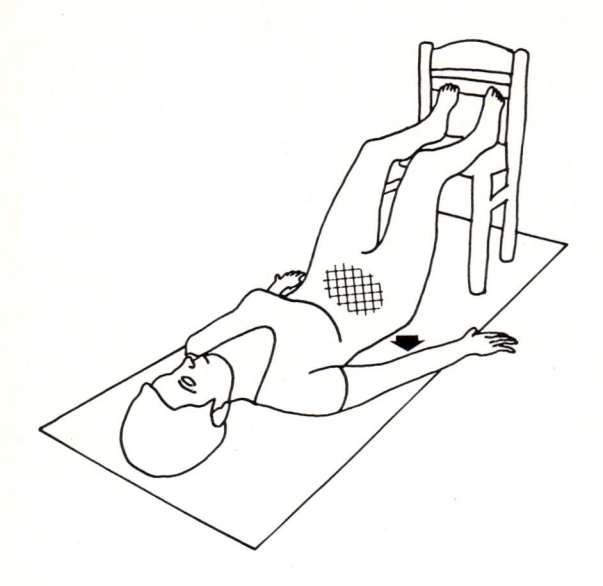

Ausgangsstellung:

Rückenlage
die Unterschenkel liegen auf einem
Sessel oder Hocker
die Arme liegen leicht abgespreizt
neben dem Körper

Anzahl:

5mal wiederholen

Ausführung:

Bauchmuskeln spannen
mit der Ausatmung das Kreuz
vorsichtig auf den Boden drücken
mit der Einatmung wieder lösen

Aufpassen:

vorsichtig üben, nicht pressen

xxxxxx spannen
▶ drücken

Übung bei Schmerzen

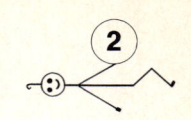

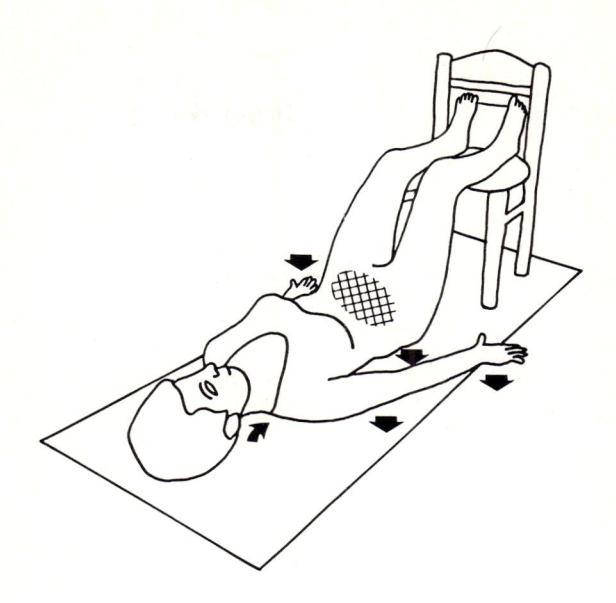

Ausgangsstellung:

Rückenlage
die Unterschenkel liegen auf einem Sessel oder Hocker
die Arme liegen leicht abgespreizt neben dem Körper

Anzahl:

5mal wiederholen

Ausführung:

Bauchmuskeln spannen
mit der Ausatmung das Kreuz vorsichtig auf den Boden drücken
die Arme in den Boden drücken
das Kinn in Richtung Brust ziehen
mit der Einatmung wieder lösen

Aufpassen:

vorsichtig üben, nicht pressen

    spannen
    drücken
    Bewegungsrichtung

Übung bei Schmerzen

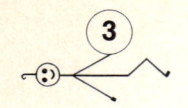

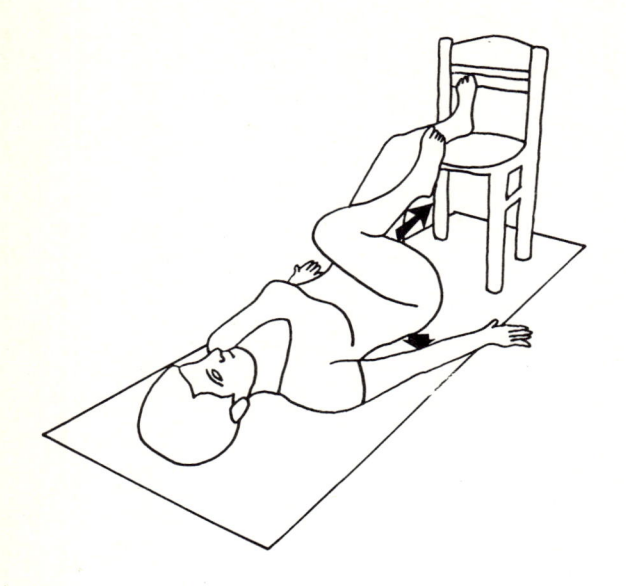

Ausgangsstellung:

Rückenlage
die Unterschenkel liegen auf einem Sessel oder Hocker
die Arme liegen leicht abgespreizt neben dem Körper

Anzahl:

2mal mit jedem Bein üben

Ausführung:

ein Bein vorsichtig an den Bauch heranbeugen
Bauchmuskeln spannen
Kreuz auf den Boden drücken
das Bein langsam zurücklegen

Aufpassen:

das Kreuz am Boden halten
weiter atmen

▸ drücken
➡ Bewegungsrichtung

Übung bei Schmerzen

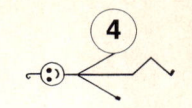

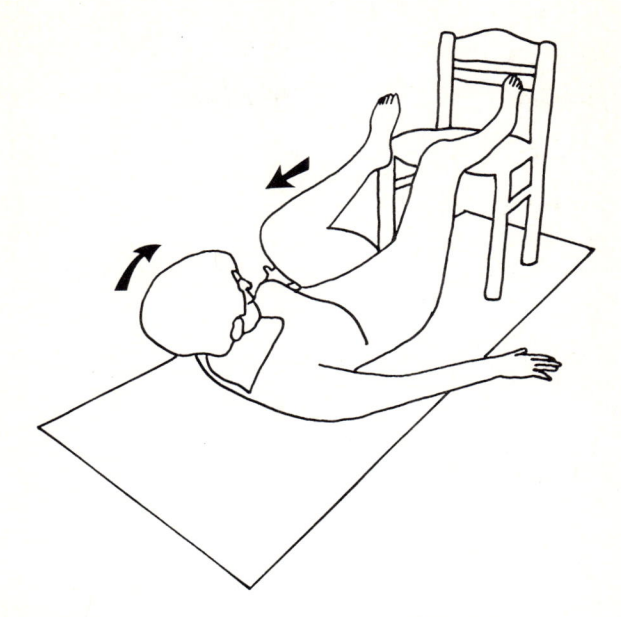

Ausgangsstellung:

Rückenlage
die Unterschenkel liegen auf einem Sessel oder Hocker
die Arme liegen leicht abgespreizt neben dem Körper

Anzahl:

2mal mit jedem Bein üben

Ausführung:

ein Bein vorsichtig an den Bauch heranbeugen
den Kopf in Richtung Knie anheben
das Bein und den Kopf langsam zurücklegen
Spannung lösen

Aufpassen:

weiter atmen

↱   Bewegungsrichtung
→   Bewegungsrichtung

Übung bei Schmerzen

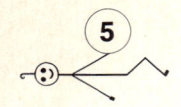

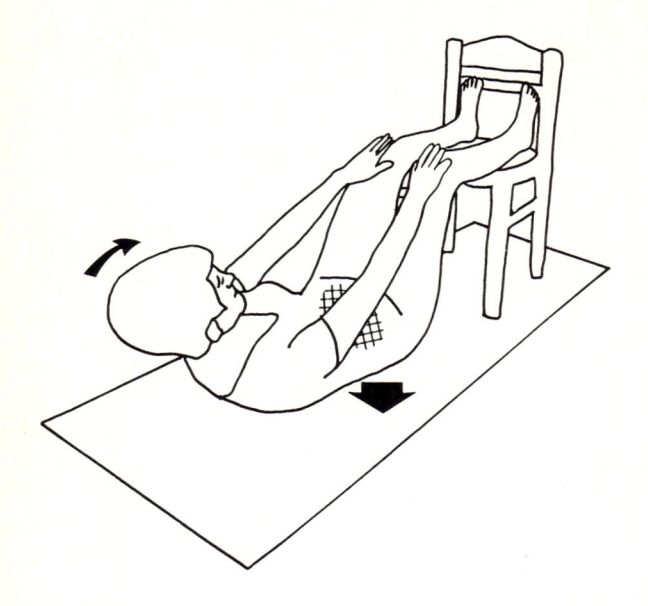

Ausgangsstellung:

Rückenlage
die Unterschenkel liegen auf einem
Sessel oder Hocker
die Arme liegen leicht abgespreizt
neben dem Körper

Anzahl:

3mal wiederholen

Ausführung:

Bauchmuskeln spannen
das Kreuz auf den Boden drücken
Kopf und Oberkörper aufrichten
mit beiden Händen auf die Knie
tippen
Oberkörper und Kopf zurücklegen
Spannung langsam lösen

Aufpassen:

vorsichtig aufrichten, der Schmerz
darf nicht stärker werden
weiter atmen

XXXXXXXX spannen
▶ drücken
↘ Bewegungsrichtung

Übung bei Schmerzen

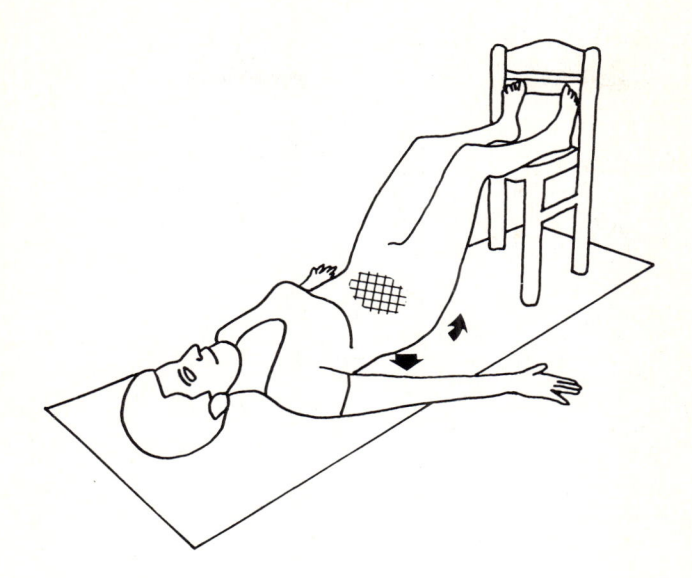

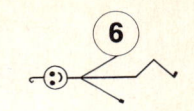

Ausgangsstellung:

Rückenlage
die Unterschenkel liegen auf einem
Sessel oder Hocker
die Arme liegen leicht abgespreizt
neben dem Körper

Anzahl:

3mal wiederholen

Ausführung:

Bauchmuskeln spannen
das Kreuz auf den Boden drücken
Gesäßmuskeln fest spannen
das Gesäß ein wenig vom Boden
abheben
langsam wieder zurücklegen
Spannung lösen

Aufpassen:

den Rücken nicht ins Hohlkreuz
drücken
weiter atmen

✕✕✕✕✕	spannen
▶	drücken
↘	Bewegungsrichtung

Übung bei Schmerzen

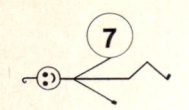

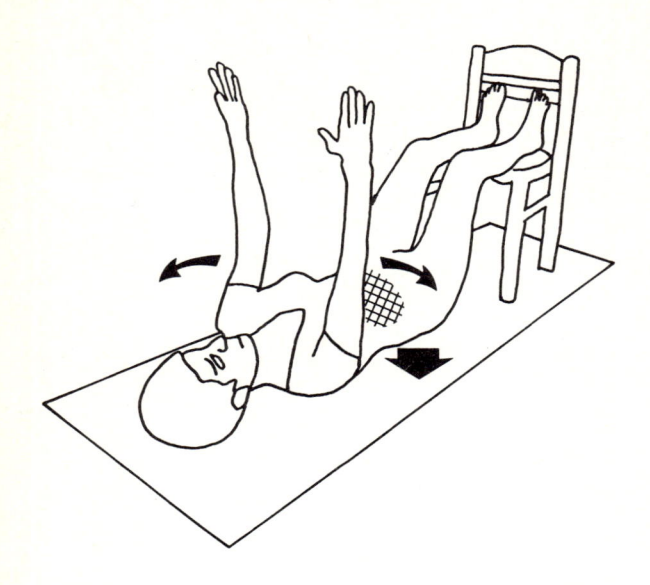

Ausgangsstellung:

Rückenlage
die Unterschenkel liegen auf einem
Sessel oder Hocker
die Arme liegen leicht gespreizt
neben dem Körper

Anzahl:

3mal wiederholen

xxxxxx   spannen
➤   drücken
↪   Bewegungsrichtung

Ausführung:

Bauchmuskeln spannen
das Kreuz auf den Boden drücken
beide Arme zur Decke strecken
nun beide Arme gestreckt zur
Seite senken, die Handflächen
zeigen nach oben
kurz vor dem Boden die Arme halten
die Schulterblätter an die
Wirbelsäule ziehen
einen Augenblick diese Position
halten
beide Arme anheben, neben den
Körper zurücklegen
Spannung langsam lösen

Aufpassen:

das Kreuz gut am Boden halten
weiter atmen

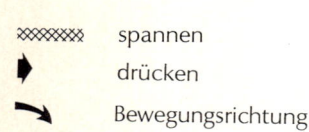

Teil IV

Übungen, die man nicht üben soll.
Übungen, die für den Rücken ungünstig,
ja schädlich sind.

1) Das Kopfkreisen: es belastet zu stark die Gelenke der Halswirbelsäule und die Bandscheiben.

Rückenlage:

2) Das Aufrichten mit gestreckten Beinen zum Sitz, wenn der Rücken nicht gut abgerollt werden kann.

3) Das Aufrichten mit festgeklemmten Füßen: diese Übung übt die Hüftbeugemuskulatur und weniger die Bauchmuskulatur.

4) Das sog. «Klappmesser» hier werden beide Beine, Arme und der Oberkörper gleichzeitig angehoben, die Füße und Hände berühren sich, das Anheben beider Beine ist für den Lendenbereich schädlich, das Kreuz kann nicht am Boden gehalten werden, das Becken kippt nach vorn und zieht den Rücken ins Hohlkreuz.

Bauchlage:

5) Bauchschaukel mit gestreckten Armen und Beinen

6) Bauchschaukel das sog. «Nest»: beide Knie werden angebeugt, die Hände fassen die Füße: diese Übung verstärkt das Hohlkreuz und belastet ungünstig die Lendenwirbelsäule.

7) Die sog. «Kobra»: beide Hände liegen unter den Schultergelenken am Boden der Kopf wird in den Nacken gezogen, der Brustkorb wird aufgerichtet bis die Arme gestreckt sind: diese Übung verstärkt das Hohlkreuz und belastet ungünstig die Lendenwirbelsäule.

Stand:

8) Das Abbeugen des Körpers nach vorn mit durchgestreckten Knien, bis die Handflächen den Boden berühren.

   Das Aufrichten zurück in den Stand mit durchgestreckten Knien: diese Übung bringt eine starke Belastung für die Lendenwirbelsäule.

9) Das Drehen mit feststehenden Füßen zur Seite mit gleichzeitigem Beugen.
   mein Rat: zum Drehen die Füße immer mitnehmen, kleine Schritte machen.

Krankengymnastik · Gymnastik

Rößler
Krankengymnastische Gruppenbehandlung – mit Pfiff
1988. VIII, 324 S., 298 Abb., Ringheftung DM 58,–

Kucera
Krankengymnastische Übungen mit und ohne Gerät
5. Aufl. 1988. XIV, 334 S., 2192 Übungen auf 306 Bildtafeln, Ringheftung DM 32,–

Beyschlag
Altengymnastik und kleine Spiele
Anleitung für Übungsleiter in Heimen, Begegnungsstätten und Verbänden
3. Aufl. 1989. XIV, 164 S., 52 Abb. auf 12 Bildtafeln, kt. DM 24,–

Klinkmann-Eggers
Grifftechnik in der krankengymnastischen Behandlung
Ein Repetitorium
3., neubearb. Aufl. 1985. VIII, 102 S., 99 Abb., Ringheftung DM 38,–

Schöning
Bewegungstherapie im Wasser
Grundlagen und praktische Übungsanleitungen
1988. XII, 286 S., 307 Abb., kt. DM 59,–

Risch
Gesunder Rücken · Gesunder Nacken
Wege zur Selbsthilfe
1989. XII, 123 S., 294 Fotos, Ringheftung DM 39,80

Risch
Gesunde Füße und Beine
Fuß- und Beingymnastik · Venentraining
2. Aufl. 1988. XI, 147 S., zahlr. Abb., Ringheftung DM 19,80

Winkel
Wichtige Informationen bei Rückenbeschwerden
Wie helfe ich mir selbst?
Wie vermeide ich Rückenbeschwerden?
1989. VIII. 36 S., div. Abb., kt. DM 12,–

Jung
Nimm den Stuhl und übe
Eine Gymnastik rund um den Stuhl
2. Aufl. 1989. X, 67 S., zahlr. Zeichnungen, Ringheftung DM 19,80

Kohlrausch/Teirich-Leube
Hockergymnastik
Eine Übungsbehandlung im Sitzen
9. Aufl. 1984. VIII, 24 S., 64 Abb., kt. DM 9,80

Kohlrausch/Schulz
Rheuma-Gymnastik
4. Aufl. 1987. 80 S., 163 Abb., Ringheftung DM 14,80

Preisänderungen vorbehalten.

GUSTAV FISCHER
STUTTGART · NEW YORK